本书为国家社会科学基金一般项目
“档案社会化服务的理论基础与实践发展研究”
（项目编号11BTQ036）的最终成果

Research on
the Social Service of
Archival Profession

当代档案学理论丛书

档案社会化服务研究

● 黄霄羽 著

中国人民大学出版社
· 北京 ·

总　序

人类社会信息化的进程以及我国不断推进的政治经济体制改革深刻地影响着档案事业和档案学的发展，档案工作实践中层出不穷的新事物、新问题强烈地呼唤着理论的关注与回应，造就了我国档案学术研究前所未有的繁荣局面。随着档案学研究领域的开阔与多学科化，研究内容的丰富与深化，研究方法的娴熟与多样化，我国档案学术研究的气氛日益活跃，一代学人正在成长。如果把档案学比作学术之林中的一棵大树的话，令人欣喜的是，它不仅在传统档案学理论的变革和完善之处新花绽放，在充满时代气息的档案信息化、电子文件等新领域中也是枝繁叶茂，硕果满枝头。

近年来我国档案学研究成果的丰硕是不争的事实，但成果的形式多为专业刊物上发表的论文，相比之下，专著数量显然不多。国家社科规划办公室所做的“十五”期间档案学科调查显示，据不完全统计，从 2000 年到 2004 年，我国出版的档案学专著只有 30 余种，档案学研究人员和学生也常有“专业书荒”之感。看来，多编写和出版一些高质量的专著应当引起档案学者的重视了。

中国人民大学设立的信息资源管理学院（原档案学院）是新中国开展档案专业教育最早的高等院校，也是目前国内公认的档案学研究的重镇。针对国内档案学专著相对薄弱的现实，学院精心组织编写了这套“当代档案学理论丛书”，其由一系列档案学专著组成。参加丛书编写的作者都是学院具有博士学位的中青年教师，是我国档案学研究的新锐力量，他们以自己对档案学科的钟情和深思写出了一本本在学术上独树一帜的档案学专著。

这套丛书所选择的题目大多经过相当的学术钻研和理论积累，内容涉及档案学的不同领域和方向，具有较强的前沿气息。总体说来，这套丛书具有高质量、内容新、开放式等特点：

一是高质量。中国人民大学档案学专业开启了我国档案学专业博士教育的先河，1994 年以来已经培养了一批档案学博士，几乎每一篇博士学位论文都由作者深入其中，灌注心智，反复打磨而成。这套丛书中的相当一部分是以我院教师的博士学位论文为基础进行补充和完善的，选题都是档案学某一领域和方向的前沿课题，内容具有较强的创新色彩，而且广征博引，研究方法各异，文字清新，既给人理论启迪，又让人获得知识享受。其中有些论文还获得中国人民大学和全国优秀博士学位论文的殊荣。由这样的专著组成的丛书应该具有较高的学术质量和品位，值得一读。

二是内容新。这套丛书的内容十分丰富，并且具有较强的新颖性。因为对于每一本书在选题时最重要的取向就是要有学术独创性，如果是博士学位论文改编而成的书，当初作者还发表过“独创性声明”。读者从每一本书中都可以看到档案学研究的新视角、新资料、新论断，诸如：根据档案学的形成和发展轨迹，从逻辑起点、形成因素、基本结构和学科价值四个方面梳理和明晰中国档案学的理念与模式之作；立足来源原则与文件生命周期理论的形成、发展和完善进程，从哲学高度总结档案学支柱理论的发展规律——魂系历史主义之作；阐述档案法治的含义、法理价值和实践状况，构建档案法治的理论体系之作；阐述电子文件对档案管理思想、管理原则、管理体制、管理方法带来的全面挑战，探索和构建电子文件管理理论框架之作；研究电子文件管理流程的理论和构建方法，从组织内外要素分析入手，探索电子文件管理设计、规划、组织、控制和协调全流程及其实现之作；从宏观管理原则与方法、微观保护对策与措施等方面研究光盘档案的管理和维护之作；研究档案害虫化学防治的原理与方法，探析害虫产生抗药性的生化机制、环境温湿度对杀虫效果的影响之作；等等。以上书中很多独树一帜之处正是这套丛书的价值所在。

三是开放式。这套丛书是中国人民大学信息资源管理学院近年来档案学研究成果的集结，书目的规划有开端没有收尾，因为我们希望把这套丛书做成具有开放式和连续性特点的学术品牌，不断将优秀的档案学专著及时补充进来。我们也相信，当代档案学理论的研究正未有穷期，更优秀的学术专著还在后面。

据我所知，迄今为止国内档案学专著的出版都是独立推出，不相关联的，以丛书方式系列出版尚无先例。我院作为档案教学和研究的重要基地，希望以系列化的成果形式来集中展示档案学术研究水平，也希望因此而得到读者的更多关注。当然，这套丛书中每一本书的写作风格不可能完全一致，有的专著中还存在一些遗漏、不当甚至错误之处，我们热忱地欢迎来自读者的批评、补充和指正。

冯惠玲

于中国人民大学信息资源管理学院

前言

2011年7月，笔者以“档案社会化服务的理论基础与实践发展研究”为题申报国家社会科学基金项目正式获得批准，项目号为11BTQ036。项目历时三年，形成的最终成果成为本书的基础。

档案社会化服务是中外普遍关注并且具有前沿性和现实性的课题，论题新颖并富有前沿气息。笔者针对“档案社会化服务”和“档案服务社会化”存在概念混淆的现实状况，选择档案社会化服务为论题展开系统研究。这是一个在国外偏重实践发展缺乏理论提炼的前沿课题，也是一个在国内概念尚未明晰的创新课题。

国外从20世纪40年代末起开展档案社会化服务实践，体现为商业性文件信息管理服务，以商业性文件中心为承担主体。商业性文件中心迄今已遍及全球，其成熟实践推动国外形成档案社会化服务产业，并多以文件信息管理服务业呈现。当前，我国社会主义市场经济迅猛发展，多种经济成分并存，市场主体多元。国有企业改制、非国有企业涌现、私立组织和私人档案保管需求不断增强等因素催生了日益强烈的档案社会化服务需求。鉴于社会需求不断增长，我国已出现相当数量的档案中介机构开展社会化服务实践。在社会分工日益精细并注重经济高效的今天，档案服务走向专业化和社会化是大势所趋。无论立足国内还是放眼国际，无论立足当下还是放眼未来，系统研究档案社会化服务的理论基础和实践发展都具有重要的现实意义，主要表现在三个方面。

第一，推动档案学理论的创新拓展。面对档案社会化服务实践的蓬勃发展，理论研究相对滞后。国外偏重实践缺乏理论概括；国内连基本概念都尚未明晰，更谈不上建立完备的理论体系。因此，系统研究档案社会化服务的理论基础具有明显的学术意义：既能立足概念首创及界定，开辟全新的档案社会化服务研究领域；又能引入独特的社会分工视角，构建档案社会化服务理论体系，丰富档案利用服务的理论内容；还能将档案服务置身于专业分工的社会环境，将经济学、管理学、社会学的相关理论与档案服务关联融合，实现档案学理论的创新拓展。

第二，指导档案社会化服务实践的科学开展。本书不仅要总结国外实践的成功经验，还将立足国情从宏观和微观层面指导档案社会化服务实践的开展。一方面，遵循借鉴国外成功经验与立足国情有机结合的指导思想，从宏观层面设计档案社会化服务的实践框架，解答档案社会化服务由谁做、做什么、怎么做和需要哪些条件等基本问题，帮助国家布局档案社会化服务的宏观规划和建设。为此，本书设计了由承担主体、服务内容、实现途径、保障条件四部分组成的档案社会化服务实践框架。另一方面，借助深入研究档案社会化服务的实现途径，帮助国内外主体从微观层面掌握档案社会化服务实践开展的具体方法和策略。

第三，提升并从宏观层面彰显档案社会化服务的专业和社会价值。本书引入“档案社会观”和社会分工视角来研究档案社会化服务。档案形成于社会生活的各个领域，与社会发展的方方面面紧密相关。档案不仅是行政管理、经济建设、法制构建和文化发展的凭证和依据，也是提高社会管理效率和服务水平的重要工具。立足社会分工研究档案社会化服务，旨在推动档案服务更好地满足社会需求——保存社会证据和记忆、优化社会资源配置、建立良性经济秩序、提高行政管理效率、完善信息法制建设、提升社会服务水平等等。这种研究跳出了档案圈，具有更高层次的社会现实意义，有助于我国档案服务产业的形成和良性发展，创造经济和社会效益，推动经济社会的可持续发展。

本书研究视角独特。本书从专业分工与社会发展相结合的视角切入，既符合马克思主义政治经济学的基本原理，又提升了研究成果的理论高度和社会价值。随着社会经济的发展，专业分工深入到社会生活的方方面面，本书以档案服务与社会分工的有机结合贯穿研究过程，兼具专业性和社会性。

本书内容丰富且体系完整，结构设计具有严密的内在逻辑。除前言和结论外，正文包括四大部分。第一部分是“导论”，在文献综述的基础上，阐述了全书的研究内容、方法和创新点。第二部分是“档案社会化服务的理论基础”，从理论上回答档案社会化服务“是什么”的基本问题。以辨析“档案服务社会化”与“档案社会化服务”的区别与联系为基础，界定档案社会化服务的概念及含义，阐明其特征、依据、功能及原则。第三部分是“档案社会化服务的实践发展”，从理论上回答档案社会化服务“由谁做”、“做什么”、“怎么做”和“保障条件为何”的基本问题。即从承担主体、服务内容、实现途径和保障条件四个方面构建档案社会化服务的实践框架。承担主体解答档案社会化服务“由谁做”，在分析国内外典型主体类型和特点的基础上，归纳档案社会化服务承担主体的共性特征。服务内容解答档案社会化服务“做什么”，在分析国内外典型主体业务内容的基础上，比较中外档案社会化服务内容的异同。实现途径解答档案社会化服务“怎么做”，在分析国内外档案社会化服务典型主体经营和管理要素的基础上，归纳出档案社会化服务的关键性经营理念、客户选择原则、经营模式类型、基础设施条件、核心制度和人才队伍建设方法。保障条件解答档案社会化服务“保障条件为何”，依据国内外档案社会化服务发展现状，提出档案社会化服务所需的保障条件主要包括法规制度、市场需求、行业发展和人才建设。第四部分是“档案社会化服务的价值取向”，从理论上回答档案社会化服务“有何意义”及“如何发展”的基本问题。立足档案社会化服务的范围特征，将档案社会化服务的价值取向分解为专业、社会、科学和发展四个维度，并总结出每个维度包含的具体内容。可见，本书遵循“导论—理论基础—实践发展—价值取向”的结构设计，四大部分在逻辑上紧密联系：导论是项目研究的基础；理论基础与实践发展相互作用；价值取向的导出以理论研究和实践发展为基础，同时对理论研究和实践发展产生导引作用。

本书的学术价值首先在于填补了国内外对档案社会化服务系统研究的空白，导论部分的文献综述对这一问题的国内外研究状况做了述评，指出：国内外文献偏重“档案服务”研究，较少涉及“社会化”，从社会分工视角研究档案专业性、专门化、社会化服务的文献，仅查找到 3 篇。这说明目前国内外从社会分工层面对档案社会化服务的宏观和系统研究基本处于空白阶段。因此，本书是研究档案社会化服务的系统成果，选题具有前沿性和新颖性，学术价值明显。具体表现在：一是立足概念首创及界定，开辟了全新的档案社会化服务研究领域；二是引入独特的社会分工视角，构建出档案社会化服务理论体系，丰富了档案利用服务的理论内容；三是将档案服务置于专业分工的社会环境，将经济学、管理学、社会学的相关理论与档案服务关联融合，实现了档案学理论的创新拓展。

本书也具有突出的实践应用价值。表现在，一方面，遵循借鉴国外成功经验与立足国情有机结合的指导思想，从宏观层面设计档案社会化服务的实践框架，可以解答档案社会化服务由谁做、做什么、怎么做和需要哪些条件等基本问题，有助于国家针对档案社会化服务的宏观规划和建设。另一方面，对档案社会化服务实现途径的具体研究可以在实践中直接应用，有助于国内外主体从微观层面寻找档案社会化服务实践开展的科学方法和有效策略。

基于选题的新颖性和前沿性，本书的学术思想具有颇多创新点。本书提出以下基本观点：(1) 档案社会化服务是社会组织基于社会分工，以经济、高效、优质、安全的方式提供的涉及档案的专业性、专门化和社会化服务，此观点说明档案社会化服务与档案服务社会化的区别在于服务主体非局限于档案部门而是社会组织，划清了二者界限。(2) 档案社会化服务的理论依据，有现代服务业领域的服务外包理论、档案专业领域的文件生命周期理论、政治经济学领域的社会分工理论、公共管理领域的新公共管理理论和公共选择理论。此观点说明档案社会化服务具有多领域的理论基础，需要多学科理论共同支撑。(3) 档案社会化服务的原则是客户导向、高效、优质和安全保密。此观点揭示档案社会化服务的一般和特殊原则，与档案社会化服务的价值取向形成呼应。(4) 我国档案社会化服务应立足国情，从承担主体、服务内容、实现途径、保障条件等方面探索科学的实践方法。此观点构建出档案社会化服务的实践发展框架。(5) 档案社会化服务的承担主体分为非营利型和营利型两种，国内外主体的共性特点是基本性质的独立性、业务领域的专业性和服务优势的效益性。(6) 档案社会化服务的内容全面多样，国内外相比，国外的服务内容更先进，技术水平更高，服务的针对性和细分特点更突出。(7) 档案社会化服务的实现途径是指承担主体的具体实施框架，从对外经营角度包括主体的经营理念、客户选择和经营模式，从对内管理角度包括主体的基础设施、内部制度和人员队伍。（8）档案社会化服务的保障条件包括政策法规、市场需求、行业发展和人才建设。（9）档案社会化服务的价值取向包括专业、社会、科学和发展四个维度，且具有紧密的递进关系：专业取向→社会取向→科学取向→发展取向。此观点提升了论题的理论高度。（10）档案社会化服务的专业取向是安全保密、优质高效和合法合规；社会取向是立足社会分工、体现规模效益并维护社会记忆；科学取向是由技术、知识要素主导以及多元化与专业化并重；发展取向是追求可持续发展和协同发展，达到可信和被社会认同。此观点深度挖掘了档案社会化服务的专业价值、社会意义、科学规律和发展导向。

总之，本书的突出特色可概括为，开辟了全新的研究领域，丰富并创新了档案服务的理论内容；主要建树表现为，明晰了档案社会化服务的理论概念和学术内涵，构建了档案社会化服务的实践发展框架，从专业、社会、科学和发展四个维度提出了档案社会化服务的价值取向。

本书的写作依托丰富的素材和翔实的资料，遵循理论联系实际的指导思想，运用实践调查、数据分析、文献研究、网络调研、实地访谈等研究手段，结合使用归纳、综合、比较等方法加以完成。本书还具有观点鲜明、述论结合、文字流畅等特点。

本书由于兼具理论性和实用性，读者对象既包括高校档案专业学生（博士生、硕士生、本科生）和档案教学研究人员，又包括档案专业的实践同行，还包括档案社会化服务行业的从业者及利益相关方等。

本书由黄霄羽规划和设计框架，并执笔完成。陆慧、张新娴、宋萍萍参与项目研究形成的阶段性成果是初稿部分章节的基础，高苏和谈伟参加了文献综述和部分内容的整理工作，赵传玉进行了全书的格式编排和文字润色。

本书完成之际，感谢国家社科基金为项目研究提供的立项支持，也感谢中国人民大学信息资源管理学院提供的出版资助。感谢所有指导、帮助和参与项目研究的人员，也感谢在项目研究中被引用或参考的文献的所有作者，他们的智力成果为本书写作做出了贡献。

本书的出版得到了中国人民大学出版社的大力支持，感谢人文分社社长潘宇编审对选题的肯定和提供出版帮助，感谢宋义平编辑在编辑出版中付出的努力。

本书的不足之处，欢迎读者批评指正。

黄霄羽

2015.7.3

目　录

图表目录

第一部分

导论

1 选题意义

档案社会化服务是中外普遍关注且具有前沿性和现实性的课题。国外从 20 世纪 40 年代末起开展档案社会化服务实践，体现为商业性文件信息管理服务，以商业性文件中心为承担主体。商业性文件中心迄今已遍及全球，其成熟实践推动国外形成档案社会化服务产业，多以文件信息管理服务业呈现。当前，我国社会主义市场经济迅猛发展，多种经济成分并存，市场主体多元。国有企业改制、非国有企业涌现、私立组织和私人档案保管需求不断增长等因素催生了日益强烈的档案社会化服务需求。鉴于社会需求不断扩大，我国已出现相当数量的档案中介机构开展社会化服务实践。在社会分工日益精细并注重经济高效的今天，档案服务走向专业化和社会化是大势所趋。无论立足国内还是放眼国际，无论立足当下还是放眼未来，系统研究档案社会化服务的理论基础和实践发展都具有重要现实意义，主要表现在三个方面。

第一，推动档案学理论的创新拓展。面对档案社会化服务实践的蓬勃发展，理论研究相对滞后。国外偏重实践缺乏理论概括；国内连基本概念都尚未明晰，何谈建立完备的理论体系？因此，本书系统研究档案社会化服务的理论基础，具有明显的学术意义：既能立足概念首创及界定，开辟全新的档案社会化服务研究领域；又能引入独特的社会分工视角，构建档案社会化服务理论体系，丰富档案利用服务的理论内容；还能将档案服务置于专业分工的社会环境，将经济学、管理学、社会学的相关理论与档案服务关联融合，实现档案学理论的创新拓展。

第二，指导档案社会化服务实践的科学开展。本书不仅要总结国外实践的成功经验，还需立足国情从宏观和微观层面指导档案社会化服务实践的开展。一方面，遵循借鉴国外成功经验与立足国情有机结合的指导思想，从宏观层面设计档案社会化服务的实践框架，解答档案社会化服务由谁做、做什么、怎么做和需要哪些条件等基本问题，帮助国家指导档案社会化服务的宏观规划和建设。为此，本书设计了由承担主体、服务内容、实现途径、保障条件四部分组成的档案社会化服务实践框架。另一方面，借助深入研究档案社会化服务的实现途径，帮助国内外主体从微观层面寻找档案社会化服务实践开展的具体方法和策略。

第三，提升并从宏观层面彰显档案社会化服务的专业和社会价值。本书引入"档案社会观"和社会分工视角来研究档案社会化服务。档案形成于社会生活的各个领域，与社会发展的方方面面紧密相关。档案不仅是行政管理、经济建设、法制构建和文化发展的凭证和依据，也是提高社会管理效率和服务水平的重要工具。立足社会分工研究档案社会化服务，旨在推动档案服务更好地满足社会需求——保存社会证据和记忆、优化社会资源配置、建立良性经济秩序、提高行政管理效率、完善信息法制建设、提升社会服务水平等等。这种研究跳出了档案圈，具有更高层次的社会现实意义，有助于我国档案服务产业的形成和良性发展，创造经济和社会效益，推动经济社会的可持续发展。

2 文献综述

2.1 国内文献综述

2.1.1 国内文献调研概览

档案社会化服务是基于社会分工提供的涉及档案的专业性、专门化和社会化服务。依据论题解读，笔者从“服务”和“社会化”两个方面进行文献分析。本书研究的档案社会化服务是一项专业服务，指的是由社会组织以经济、高效、优质、安全的方式向社会提供专业性档案服务。一方面，从服务角度，笔者选取“档案服务”、“档案服务产业”、“档案中介服务”、“档案外包”作为检索词。首先，了解“档案服务”相关研究现状，以梳理档案服务发展的脉络与创新拓展，这是构建档案社会化服务理论体系的基础。其次，笔者选取“档案服务产业”作为关键词，进一步了解将档案服务作为产业进行研究的主要状况。最后，由于在实践中已产生了档案中介服务和档案外包服务等社会化服务形式，但其基本概念尚未明晰，理论建构很不完善，笔者选取“档案中介服务”、“档案外包”作为关键词，了解相关领域研究现状。

另一方面，在社会分工日益精细并注重经济高效的今天，档案服务走向社会化是大势所趋。因此，从社会化角度，笔者选取

“档案服务社会化”、“档案社会化服务”和“档案工作社会化”作为检索词。由于目前学界对于档案社会化服务的概念界定不明确，特别是社会化服务和服务社会化两个概念混淆不清，因此笔者同时选取“档案服务社会化”、“档案社会化服务”两个关键词，以避免漏检。此外，还选择“档案工作社会化”作为关键词，旨在了解当前学界对于社会化认识的深度，为探索档案社会化服务的发展规律做铺垫。

为确保调查质量，笔者以中国期刊全文数据库、中国博士学位论文全文数据库、中国优秀硕士学位论文全文数据库、中国人民大学学位论文库为文献检索来源。笔者采用题名检索，将检索时间范围限定为1979—2013年，共检出文献1 152篇。[①] 对检索结果处理（去重及去除不相关）后得出1 067篇。处理后具体的文献检索结果如表2—1所示。

表2—1　　国内文献调研统计表　　单位：篇

检索词＼数据库	中国期刊全文数据库	中国博士学位论文全文数据库	中国优秀硕士学位论文全文数据库	中国人民大学学位论文库	总计
档案服务	935	0	6	3	944
档案服务产业	5	0	0	0	5
档案中介服务	19	0	1	1	21
档案外包	27	0	1	0	28
档案服务社会化	21	0	0	1	22
档案社会化服务	28	0	0	0	28
档案工作社会化	19	0	0	0	19
合计	1 054	0	8	5	1 067

① 本项目自2011年7月立项，先后于2011年10月、2012年10月和2013年10月进行了三次文献检索和研究，最终呈现的是2013年10月的检索结果。

2.1.2 关于档案"服务"方面的文献综述

2.1.2.1 档案服务研究综述

文献数量统计

笔者以"题名"为检索项，以"档案服务"为检索词，对发表在中国期刊全文数据库、中国博士学位论文全文数据库、中国优秀硕士学位论文全文数据库以及中国人民大学学位论文库中的文献进行了精确检索，结果共计944篇。从论文分布的时间来看，最早的研究是于绵琪1985年发表的《开辟档案服务的第三产业》，2000年以前该领域的研究文献相对较少；截至目前最新的研究是2013年8月车凤发表的《浅谈煤炭企业如何加强档案服务创新工作》，文章结合工作实际论述了煤炭企业加强档案服务创新工作的条件、基础和工作重点等。进入21世纪后，学者对档案服务领域的关注度逐渐提高，2001—2012年的相关文献共有860篇，2013年1—10月相关文献又增加了84篇，使得这一段时期内文献数量达到944篇，占整个检索结果的绝大部分。由此可见近十年来，国内学界对于档案服务研究的重视程度不断提高。

文献主题分析

通过整理944篇文献，笔者发现研究集中在理论和实践两个方面。理论研究主要探讨档案服务的理论意义和发展趋势等；实践研究主要分析档案服务领域的拓展、服务手段的更新、服务机制的建设以及当前档案服务中存在的问题及对策。除对档案服务的宏观研究外，大量学者还从机构（档案部门、高校、企事业单位等）角度分析了档案服务的开展状况。

文献内容分析

目前我国对档案服务的研究较深入，从理论和实践方面都进行了分析总结。综观这类文献，它们对档案服务的内涵理解都较狭窄，基本将档案服务等同于档案利用，检索到的相关文献中仅以“利用”为关键词的就有 193 篇。但档案利用与档案服务的主体不同，笔者主要从档案部门角度考察有关服务方面的研究状况。现有文献主要从以下六个方面对档案服务进行了研究。

第一，档案服务的意义。众多学者从不同角度阐述了档案服务工作的意义。潘玉民在《论建立现代企业档案工作服务机制的意义》中提出了开展档案服务能增强企业竞争力、推进企业自主创新、建设企业文化和满足企业知识管理的需要，也就是从服务生产建设角度归纳了档案服务工作的意义。[1]包蓉在《论档案服务与利用工作》中从档案部门角度指出搞好服务是档案部门和档案工作者的根本任务，档案工作的服务性是档案工作赖以存在和发展的基本因素。[2]归纳起来，从宏观上来讲，开展档案服务工作有两方面重要意义。其一是通过提供档案服务，联系社会各行各业，支援社会主义现代化建设，为国家各项事业建设提供信息保障和支持。其二是对档案工作本身的促进作用，服务工作帮助档案部门认识到了外界对档案的需要，对档案工作具有检验和推动的重要作用。

第二，档案服务的领域。检索结果中，与档案服务领域相关的共有 40 篇文献。其中，存在着将档案服务领域与档案服务手段与方式混淆的现象。不少学者将丰富档案服务方式错误理解为拓展档案服务领域，提出了加强档案编研工作、丰富馆藏等措施。其他相关文献中，臧耀成在《挖掘文化资源 拓展服务领域》中提出了要不断挖掘档案中的历史文化资源，形成丰富的独具特色的文化产品的观点[3]；赵红梅则在《创新档案服务理念 拓展档案服务天地》中提出档案服务领域要实现质的转变，由主要为内部对象服务转变为为社会全方位服务，充分开发档案信息资源[4]；广东省台山市还实施了家庭建档工作，《拓阔档案服务领域 开展家庭建档工作》一文阐述了档案要为人民日常生活服务的思想[5]。

综合各方观点，档案服务领域主要包括：服务国家政策的制定与实施；服务民生，拉动内需；服务经济发展需求，推动创新；服务文化事业，挖掘文化资源等。其中，档案服务与民生的关系成为众多学者研究的重点，他们强调了拓展档案服务领域与推进民生工程建设、服务新农村、解决三农问题之间的联系，阐明了档案服务在社会发展中的重要作用。

第三，档案服务的方式。刘志红在《由“被动”到“主动”——谈档案服务方式的转变》中阐述了提供合理档案服务方式的主旨思想就是要实现档案信息由过去的静态到动态的转变，实现由过去提供档案原件到“智能”服务的转变，这些转变的根本点是由“被动”到“主动”。她还提出了档案服务方式主要包括提供档案阅览服务、档案咨询服务、档案编研服务等。[6]姜延延在《档案服务方式多元化实现途径浅析》中指出开展档案多元化服务要扎实推进资源优势整合，强化多元服务的有效途径，主要是利用现代科技数字手段优化档案服务方式。[7]李财富、杨静在《中外档案服务社会化的比较研究》中提出要充分发挥现代化技术手段的作用，指出现代科学技术为档案工作带来了便捷，也使档案馆超越时空进行服务社会化成为可能。[8]

综合有关文献，对于档案服务方式的创新，学界认为其宗旨是要变被动服务为主动服务，并提供最为便利的方式以提高档案利用率，发挥档案价值。档案服务方式的改进应包括以下方面：档案借阅方式的简便，如推行开架借阅、通过网络或电话预约、送档上门等；档案咨询工作的深入，要求档案工作人员熟悉馆藏状况，帮助利用者了解档案，灵活运用各种方法解答利用者疑惑；档案编研工作的提高，要以所藏档案为对象，加以整理、编辑，在深入分析的基础上形成各种总结性材料，以提供利用。

第四，档案服务的机制。档案服务机制也是学者关注的焦点问题，共检索到相关文献76篇。档案服务机制的创新和实践是科学发展档案事业的要求，也是档案工作适应改革发展、更好地实现档案经济作用、社会作用的保证，具有重要意义。安文革在《对档案服务机制创新的思考》中提出了档案服务机制创新要从以下几点出发：服务观念、服务的内容和范围、服务方式、管理体制。[9]侯爱华、张士琴在《档案服务机制的创新与实践》中提出档案服务机制创新要加快档案工作理论、档案工作领导管理体制、档案工作机制、档案工作方式、档案工作技术手段的创新。[10]樊继红在《整合档案信息资源 创新档案服务机制》中则强调要发挥档案人员的创新主体作用，包括转变观念、提高业务技能、拓宽视野等。[11]

总结众多学者的观点，他们主要从档案人员、档案工作的角度探讨了档案服务机制创新。档案人员方面，首先要转变服务意识，正确的思想才能科学地指导实际工作，档案人员必须根据实际情况作相应的调整和重新定位。其次要有熟练的工作技能，这是做好档案服务工作的基本要求。再次还要拓宽视野、丰富各方面知识，从而借助档案为各行各业的发展提供信息支撑。档案工作方面，要从管理理念、服务途径以及管理模式方面入手，推进档案服务工作的发展。

第五，档案服务存在的问题及对策。王艳艳、孙红雷在《当前档案服务工作遇到的问题及对策》一文中较详细地分析了档案服务工作中存在的问题，例如档案队伍不稳定、服务不主动、宣传不到位、经费投入不到位等。[12]张云霞在《档案服务工作中需要注意的几个问题》中还提出了档案服务行为规范性的问题。[13]目前，学者对于档案服务工作中存在的问题主要从思想意识、实际工作和物质保障三个方面进行论述：思想意识方面，档案人员认识不准确，忽视了档案服务工作的重要性，缺乏主动服务意识，这一弊病是档案服务工作思路不宽，创造力不强，面对困难缩手缩脚的集中体现。实际工作方面，表现为工作团队不稳定，宣传工作不到位，服务项目较少，服务面狭窄等。物质保障方面，突出表现为经费不足，投入不到位，阻碍了档案服务工作的开展和深入。

有学者也提出了相应的解决对策，袁海燕在《新时期档案服务工作的新形势》中指出档案人员要加强责任感，做好档案接收、宣传利用、自动化检索等工作，同时积极开展编研，满足需求。[14]王玉真在《走出误区搞好档案服务工作》中提出：要适应市场经济形势，紧紧围绕经济建设这个中心搞好服务；创新服务机制，搞好超前服务；改善服务态度，增强主动服务意识；举办展览；推广现代管理方法，拓展服务空间等措施。[15]王友良、周罗轩在《高校档案服务创新的必要性及实施路径研究》中也强调了建立现代化管理方式、服务手段和服务方式的重要性，通过人员团队建设，拓展服务工作的范围。[16]综合各方学者观点，其核心思想就是要加强档案服务意识的建设，从而指导档案服务工作的开展，建立相应的管理机制；同时要争取社会各方面的认同，加大资金投入，做好物质保障。

第六，档案服务的发展创新。处在社会转型期，档案服务工作也要与时俱进，发挥创造性。检索结果中，与档案服务创新有关的文献共有 166 篇，从数量上来看，可发现学者们对于创新重要性的共识。创新是一项事业得以发展并不断前进的思想保证。张春霞在《档案服务工作创新》中强调了理念创新的重要性，要从档案意识抓起，逐步重视档案工作，才能创新档案服务工作。[17]黄婷在《导入品牌理念 提高档案服务质量》中提出了要树立打造档案服务品牌的意识，依法、高标准“治档”，提高档案服务质量的理念。[18]赵红梅在《创新档案服务理念 拓展档案服务天地》中提出了要从信息资源开发的角度出发开展档案服务工作，建立一个完整的社会信息系统。[19]在实践发展中，深圳市档案部门在《转变观念 创新机制 积极推进公共档案服务——深圳市档案部门公共服务体系建设调研报告》中介绍了具体的实践成果，通过整合档案信息资源，挖掘档案史料，举办档案展览，开展已公开现行文件的提供利用工作，建设数字档案馆，开展档案寄存业务等活动，总结了因服务实践创新从而提高服务能力的实践经验。[20]肖旭红在《利用科技创新 提升档案服务》中着重从利用科技手段角度阐述了档案服务工作的创新，例如信息化技术在档案管理系统中的应用等。[21]

目前的研究结果表明，档案服务创新主要包括以下几个方面：服务理念创新、工作实践创新以及科技的应用。服务理念创新，要求档案工作人员学习新知识，根据实际需求，分析档案利用需求，使档案信息与需求紧密结合，实现档案信息的合理运用。工作实践方面，体现在服务方式的选择、档案利用制度的变革、把握档案工作与经济建设的结合点、档案信息资源建设等方面。科学技术的应用，尤其是信息化技术和网络技术的发展，给档案服务工作注入了新的活力。建设档案信息服务体系，提供档案网上阅览，构建电子文件管理中心等都是学者们着重探讨的问题。

研究成果

总体而言，国内对档案服务的研究比较稳定并趋于成熟。关于档案服务的研究，经历了一个从理论到实践、再将实践经验归纳总结上升为理论的过程。对档案服务的理论基础进行深入探讨，包括档案服务的理论意义、方式方法、领域范围等。学者还对实践中产生的问题进行研究，总结经验，探讨解决策略。同时也根据形势变化，分析档案服务的改革创新问题。总之，关于档案服务的研究，文献量大，内容丰富，且逐渐走向成熟。

研究不足

目前，对于档案服务的研究，视野大都比较狭窄，研究水平相对较低，没有上升到一定理论高度，研究面较小，较微观。一方面，多数学者主要是从改进档案服务方式、提高档案利用率的角度出发撰写文献，没有建立起完整的档案服务体系框架。另一方面，这类文献基本上都是从机构角度出发，如档案馆、高校、企业单位等，探讨机构的档案服务工作及策略，未能从社会宏观角度探讨档案服务的发展问题。此外，多数学者对档案服务的理解都较狭窄，仅将其视为提供档案利用的工作活动。

2.1.2.2 档案服务产业研究综述

文献数量统计

以“档案服务产业”为检索词进行题名模糊检索，共查找到文献 12 篇，排除不相关文献，得出档案服务产业有关文献 5 篇，最早的研究是于绵琪 1985 年发表的《开辟档案服务的第三产业》，最新的研究是钱丽在 2013 年 5 月发表的《产业型档案信息服务市场的经济学分析》。至今学界对档案服务产业的研究仍然十分匮乏，只有少量文献。由此可见，学界对于档案服务产业的理解还较肤浅，多数学者还没有认识到档案服务产业化的发展趋势，未作进一步的研究与探索。

文献主题分析

综观相关文献，学者对档案服务产业的研究都集中在理论基础方面，主要是从提供档案信息服务的角度，探讨了档案信息服务产业化发展的含义、特点，并分析了其产生背景，包括原因、市场条件，初步规划了档案信息服务产业化的发展策略。

文献内容分析

笔者对相关文献内容进行分析，发现文献内容主要包括以下五个方面。

第一，档案服务产业的含义与特点。

对档案服务产业化界定较清晰的是李财富在《我国档案信息服务产业化问题研究》中所下的定义，他认为“档案信息服务产业化，就是指在国家宏观调控与引导下，将档案信息推向市场，逐步实现企业化经营，以增强自我发展和市场竞争能力”[22]。王协舟、刘安福在《档案信息服务与产业型档案信息服务——档案信息服务及其产业化的经济学分析之一》中认为“产业型档案信息服务是相对于公益型档案信息服务而言的，主要是指档案信息作为商品，参与市场流通的有偿服务”[23]。这既是对档案服务产业含义的描述，也是对其特点的概括和归纳。

综合以上观点，可看出学者对档案服务产业含义与特点的认识虽表述不同，但具有一些共同点：（1）档案服务产业以市场为导向；（2）采取企业化经营管理方式；（3）提供档案有偿服务。

第二，档案服务产业产生的背景条件。

档案服务产业的产生并不是偶然的，它是顺应历史发展潮流、满足市场需求而出现的新兴产业。它的产生与社会信息化发展以及市场经济体制深化改革密切相关。王协舟、刘安福在《档案信息服务与产业型档案信息服务——档案信息服务及其产业化的经济学分析之一》中认为档案服务产业产生的背景条件包括：第一，社会信息产业的兴起与发展；第二，信息技术在档案管理部门的推广与应用；第三，对档案信息经济价值认识的深化；第四，社会档案信息需求的增长。[24]李国伟在《将档案文献服务强化发展为信息产业的思考》中提出的背景条件是市场经济的需要以及档案馆自身生存发展的需要。[25]李财富在《我国档案信息服务产业化问题研究》中分析背景条件时提到了三个方面：一是市场经济的发展，使得实行产业化档案信息服务成为促进档案信息流通与利用的重要途径；二是国家加快发展第三产业的政策导向推动了档案服务产业化进程；三是相关法律法规的出台提供了法律保障。[26]笔者认为档案服务产业是内外因共同作用的结果，内因是根本，外因是推动条件。从内因来看，就是档案信息沟通的重要性促使社会对档案服务产生需求；以及档案部门自身适应市场形势，为实现自身生存发展而推动档案服务产业的诞生。从外因来看，就是国家政策的驱动、市场经济的发展以及法制保障。

第三，档案服务产业的意义。

档案服务产业是适应市场形势产生的，它的存在也必将在多方面发挥其社会功能和作用。于绵琪在《开辟档案服务的第三产业》中认为档案服务产业对于服务需求方来说提高了经济效益，促使工作环节优化；对档案部门来说，有利于其由封闭型向开放型转变。[27]这种说法侧重从档案服务角度对其意义进行分析，缺乏对产业化的深入认识。李财富在《我国档案信息服务产业化问题研究》中则认为在市场经济条件下，档案信息服务产业化发展有利于充分发挥档案的作用，强化档案工作为经济建设的服务功能，增强档案部门的活力，促进档案事业的发展。[28]因此笔者认为产业化发展的突出贡献就是强化了档案工作的经济性，借鉴商业模式，以先进的经营管理理念武装自己，促使档案服务市场更加活跃。

第四，档案服务产业承担主体。

档案服务产业作为顺应社会发展需求而产生的新行业，必须要有一定的承担主体，并推动其产业化进程。李财富在《我国档案信息服务产业化问题研究》中认为国家档案馆和机关档案室以提供公益性无偿服务为主，不适宜开展档案信息服务，产业化的主体应是企业档案部门和科技档案部门。[29]王协舟、刘安福在《档案信息服务与产业型档案信息服务》中认为我国传统的档案信息服务机构主要按系统和行业设置，当下系统的信息服务逐渐走向合作、向社会开放，向社会化信息服务模式转变。[30]由此可见，20世纪90年代末期，学者对于档案服务产业的承担主体还缺乏清晰明确的认识，而进入21世纪，随着实践的发展，学界已认识到了承担主体社会化的趋势及其重要性。

第五，档案服务产业发展策略。

档案服务产业化进程，还要通过科学发展策略的实施来推动。李国伟在《将档案文献服务强化发展为信息产业的思考》中从档案馆角度谈到了档案信息服务产业化的相关策略，包括：档案馆应成立一个具有对外经营性质的信息商品服务机构；加强文献信息产品的宣传、销售工作；档案馆其他部门要积极配合，充分发挥档案馆整体功能；发挥档案专业学会的公关职能；制定发展文献信息服务产业的政策法规。[31]于绵琪在《开辟档案服务的第三产业》中从微观角度谈到了具体的财力、物力、人力的投入，以及如何实现企业化管理。[32]李财富在《我国档案信息服务产业化问题研究》中则指出了法规政策的重要性，要处理好信息利用与保密的关系；同时认为规范产业化档案信息服务，其中最困难的是要综合运用价值规律、供求规律、效用规律、垄断规律确定产业化档案信息服务的收费标准。[33]以上学者的研究虽然都从不同角度提出了相应的发展策略，但他们对策略的分析都缺乏系统性，只涉及部分角度，未能从宏观上整体把握档案服务产业的发展方略，给后人研究留下较大的空间。他们研究的共同点是都运用了经济学理论，借鉴企业发展模式，采用商业运营技巧来发展档案服务产业。

研究成果

目前对档案服务产业的研究还很不充分，现有文献很少。虽然数量有限，不过学者还是对档案服务产业有了初步认识，给出了档案服务产业的基本定义。现有研究成果表明，学者都认识到了发展档案服务产业的重要性，探讨了档案服务产业产生的社会背景及其对社会产生的积极意义。对于档案服务产业化发展必要性的理解还是较科学与客观的。

研究不足

目前的研究存在较大不足。首先，对档案服务产业理论基础的研究十分匮乏，对档案服务产业的定义缺乏完整并得到学界广泛认可的定义，也未对档案服务产业的性质、特点、类型做出细致的归纳和研究。其次，缺乏实证研究，在实际生活中，对档案服务产业的发展状况、问题、瓶颈等情况没有做调研和概括，仅停留在理论层面探讨初步的发展思路。发展思路也比较狭窄，大多是强调以企业化管理模式来开展档案服务的，没有系统构建出产业化发展模式。

2.1.2.3 档案中介服务研究综述

文献数量统计

以“档案中介服务”为检索词进行题名检索，共查找到相关文献 30 篇。由于本书主要从档案服务宏观层面出发，侧重探讨服务基本内涵、理论意义以及在实践中的发展状况，而不是从微观角度对有关中介机构建立和发展情况进行研究，因而排除档案中介机构的微观研究文献后，得出档案中介服务相关文献 21 篇。从文献数量上来看，相关研究较少，研究范围不够全面。

文献主题分析

分析 21 篇相关文献，笔者发现现有文献主要针对档案中介服务进行了理论研究。首先，着重探讨档案中介服务的发展问题，包括发展要求、市场化发展、发展必要性、发展问题与对策等。其次，探讨了档案中介服务的法制建设、档案中介服务功能等。

其中，关于档案中介服务最早的研究是 1997 年王秀莲、崔淑芳发表的《浅谈档案中介服务的培育与发展》一文，探讨了档案中介服务业的生长点、发展存在的问题及培育中介服务业的对策。最新的研究是 2013 年黄禹康发表的《助推档案中介服务机构发展——湖南省档案局出台〈规范档案中介服务暂行规定〉》，文章介绍了湖南省档案局专门为制定湖南省《规范档案中介服务暂行规定》召开听证会，广集民意，规范指导档案中介服务机构的发展的情况。在学术界被引频次最高的文献是 2004 年李辰发表的《全国档案中介服务发展概述》一文，系统论述了档案中介服务的定义、理论基础和法律依据。

文献内容分析

笔者发现文献内容主要包括以下六个方面。

第一，档案中介服务的定义和内涵。

李辰在《全国档案中介服务发展概述》中将档案中介服务定义为“在社会主义市场经济条件下，由档案行政管理部门认定并接受其监督的档案中介组织，以档案和档案工作为服务对象，以档案整理与寄存、档案价值鉴定与评估、档案信息咨询与加工、档案干部培训等为服务内容，直接为机关、企事业单位或个人代办档案事务的一种行为”[34]。而从商业性的角度来看，成永付在《商业性档案中介服务的解析》中将档案中介服务界定为“以档案资源为依托，以获得利益最大化为目标，从事处于档案主体和客体之间联络调节、见证或介绍买卖的社会服务”[35]。

从以上观点可看出，对档案中介服务性质的不同认识会导致不同的界定，相关定义具有多重性的特点。但不管是哪一种定义方式，都明确了以下内容：(1) 档案中介服务的主体是档案中介组织；(2) 档案中介服务的客体是机关、企事业单位或个人；(3) 服务内容是以档案为对象的各类活动。从相关学者对档案中介服务的认识来看，笔者认为档案中介服务实际上就是档案中介组织作为服务主体直接向服务客体提供的档案服务。而中介是一种向客户提供中间代理服务的机构，它并不直接提供，但能寻找并安排相应的服务或物品。中介服务是介于生产经营者和消费者之间向双方提供的服务，而档案中介机构本身就是生产经营者，并不属于中介组织。因此，使用“中介”一词来命名这种类型的服务是不科学、不规范的，概念上的不清晰容易在实践中产生误导。

第二，档案中介服务的意义。

档案中介服务作为拓宽档案工作新领域的一种新生事物，在我国逐渐发展起来，有其存在的合理性和必要性，且具有重要意义。慈云力、任善军在《发展档案中介服务的必要性》一文中认为档案中介服务的意义在于完善市场体系，发展档案文化产业，促进档案法制建设，转变政府职能。[36]成永付在《商业性档案中介服务的解析》中将档案中介服务的意义表述为连接档案服务需求方和档案服务供给方的桥梁，有利于规范主体行为、维护市场秩序，促进档案管理水平的提高。[37]

综上所述，学者认为档案中介服务的意义表现为三点：对档案服务需求方来说，档案中介服务能满足需求，提供便捷高效的管理服务；从档案服务供给方来说，档案中介服务体现了档案中介组织的价值，发挥了其社会作用，同时也创造了一定的经济效益、文化效益；从整个社会来说，档案中介服务填补了市场空白，完善了市场经济体系，同时也促进了档案行业的科学发展。

第三，档案中介服务的业务范围。

档案中介服务要适应市场发展形势，就必须与时俱进，拓宽其业务范围，向多元化、综合化、集成化方向发展。吴加琪、罗辉在《档案中介服务功能的完善与拓展》一文中指出，档案中介服务要在传统服务的基础上，如档案咨询、档案整理、档案缩微，人才培训、档案寄存、档案软件开发等，继续向外拓展，挖掘潜力。例如，对企业档案进行质量论证，对企业档案资产进行评估，为档案拍卖提供场所，指导私人档案鉴定或代管，建立信用档案体系等。[38]刘秀芬在《浅议档案中介服务的开展》中认为档案中介服务业务范围拓展的重点是社区档案、私人档案与家庭档案。[39]刘宏在《以市场化运作方式发展档案中介服务》中认为应重点发展以下业务：业务培训；档案整理、立档服务；委托代查、代保管、代寄存档案服务；现代化档案管理技术推广应用等。[40]

综合相关文献，档案中介服务业务范围的研究有如下特点：(1) 由具体到抽象、由简单到复杂；(2) 专业性、技术性日益凸显；(3) 业务领域不断拓展，从传统服务向更多领域深入扩展。

第四，档案中介服务的法规建设。

档案中介服务要健康有序地发展下去，就必须建立完善的法规制度，真正使档案中介服务有法可依、有章可循，以此来规范服务行为，保障服务双方的利益，维护市场经济秩序。潘玉民、陈晓在《地方档案法规关于档案中介服务规定的集成与分析》中阐述了我国现有法规体系中对档案中介服务规定的基本情况。目前，我国还没有关于档案中介服务方面统一的档案行政法规或档案行政规章，但地方上关于档案中介服务的立法已先行，并取得了一定成效。地方法规以 1995 年 6 月《上海市档案条例》的公布为代表，揭开了对档案中介服务进行规范化管理的序幕。已有 20 余个省份对档案中介服务作了规定，规定内容主要包括档案中介服务从业人员的素质要求，档案中介服务从业人员的资格规定，档案中介服务业务范围，档案中介机构与档案行政管理部门的关系。[41]在《关于档案中介服务的法制建设问题》一文中，潘玉民总结了我国地方档案中介服务立法的两种基本情况：一是在已颁布的地方档案法规中设专门条款对档案中介机构和从业人员的管理作出规定；二是在社会中介机构的专门政府规章中对档案中介机构予以规定。[42]

从以上研究可看出，关于档案中介服务的立法虽然已有一定成绩，但我国现行法律法规体系仍然不够健全、规范，导致中介服务得不到有效的监督和规范，合法权益得不到有效的保护，制约了档案中介服务的发展。目前主要存在以下问题：（1）在全国范围内，至今还未有完整、健全的法律法规体系，档案中介服务的规范化发展难以得到保障。（2）地方上相关立法已有所展开，虽然取得了一定的成果，但内容较局限。（3）已有的法规条例中，条款宽泛，内容不详尽，可操作性有所欠缺。

第五，档案中介服务的发展问题。

我国的档案中介服务尚处在建立和发展的起步阶段，存在不少亟待解决的问题，学者也就这个问题进行了相关研究。《档案中介服务功能的完善与拓展》一文中，吴加琪、罗辉认为我国档案中介服务主要存在以下问题：市场竞争不公平，法律法规有待健全，业务范围狭窄，服务质量有待提高，不重视网络经济等。[43]李辰在《全国档案中介服务发展概述》中认为现存主要问题是法制化、规范化以及人才队伍建设问题。[44]《浅淡档案中介服务的培育与发展》一文指出问题在于市场发育不完备，中介服务业规模小、数量少，服务行为不规范三个方面。[45]

总结各方观点，我国档案中介服务的问题集中在以下方面：(1) 客观方面，发展环境较差，包括法律法规体系不完善、市场发育不健全等。(2) 主观方面，主要是指中介服务自身存在着业务面狭窄、服务行为不规范、服务质量参差不齐、人才培养机制不完善等问题。

第六，档案中介服务的发展前景。

档案中介服务要健康稳定发展，作为极具发展潜力的行业，就必须在建设中具备前瞻性的眼光，预测发展趋势，满足市场发展需求。刘秀芬在《浅议档案中介服务的开展》中指出新型服务理念的树立对档案中介服务发展的重要性。她提倡以下做法：建立与客户互动的交流方式；充分利用信息网络为档案业务扩展建立强大后盾；建立档案业务信息员队伍；增强人员的技术素养，满足客户的技术要求。[46]刘宏在《以市场化运作方式发展档案中介服务》中也论证了档案中介服务的良好市场前景，并指出档案中介服务拥有广泛的客户群体，以市场化方式运作档案中介服务，使其逐步成熟与完善，主要依靠加大宣传，加强管理，正确处理各方面关系，优化自身建设，建立高素质团队等措施来实现。[47]总之，档案中介服务具有广阔的发展前景，同时要依靠各方面的共同努力才能推进档案中介服务的健康发展，发挥其社会效应。

研究成果

总体而言，学界对于档案中介服务的研究日益细化，表现在以下方面：其一，对档案中介服务的定义做了较准确的概括，基本明确服务主客体及服务内容；其二，对档案中介服务的理论意义进行研究，总结其对于档案机构及服务需求方的积极意义；其三，对其发展前景的探析也较客观。在实践研究方面，也根据客观实际，总结档案中介服务面对的发展问题，认识到中介服务市场规范化发展的必要性。

研究不足

总的来说，国内对档案中介服务的研究还比较薄弱，相关文献数量较少，研究领域主要集中在对档案中介机构发展问题的探讨上，而关于服务层面的研究还十分少见。对档案中介服务的理论研究还很不充分，对其性质和功能没有深入细致地探讨。实践中，关于档案中介服务存在问题的研究，也大多只关注了市场建设和法规保障两个方面，而对于服务机制、服务客体研究等涉及不多。绝大多数学者只是从理论思辨的角度阐述问题，却少有立足档案中介服务的实际情况进行实证分析。

2.1.2.4　档案外包服务研究综述

文献数量统计

笔者以“题名”为检索项，以“档案外包”为检索词，对发表在中国期刊全文数据库、中国博士学位论文全文数据库以及中国优秀硕士学位论文全文数据库、中国人民大学学位论文库中的文献进行了模糊检索，结果共计28篇。从论文时间分布上来看，相关研究最早见于2003年，研究起步较晚，这与档案外包服务兴起的时间有关。2010—2012年，档案外包相关文献共计18篇，占检索到的有关文献的64%，2013年至今新增文献1篇。数据显示，对于档案外包的研究近些年增长较迅速，这与实际生活中档案外包服务的发展密切相关。

文献主题分析

通过分析现有文献主题，笔者发现目前对档案外包服务理论基础的研究较少，大多数文献集中对业务外包的发展策略进行研究，分析外包中产生的问题以及相应的解决策略。还有一部分文献强调外包服务的风险以及如何进行防范。另有少数学者从承担外包的企业单位着手介绍了外包发展状况，如介绍仁通档案服务外包专业公司等。

其中，关于档案外包服务最早的研究是2003年周毅发表的《档案信息化中的信息技术外包策略》一文，探讨档案部门在开展信息化过程中如何科学选择信息技术供应商以及档案管理部门在信息技术外包过程中究竟应扮演什么样角色的问题。最新的研究是2013年1月刘秀梅发表的《从保险档案谈档案外包业务》，该文以保险公司为例，分析档案业务外包对于企业的裨益。在学术界被引频次最高的文献是2004年黄力、李圭雄发表的《业务外包：档案中介机构发展面临的机遇与挑战》一文，介绍了业务外包市场形成的条件、面临的机遇与挑战。

文献内容分析

笔者通过分析，发现相关文献内容主要包括以下四个方面。

第一，档案外包服务可行性研究。

笔者综合相关文献，发现目前对于档案外包服务是否可行，学界存在争议。绝大多数学者认为档案外包服务具有优势，在实践中可行，并能发挥其功能作用；也有极少数学者认为档案外包服务存在较大弊端，在实践中不应采用。

首先，档案外包服务优势分析。

档案外包服务之所以能兴起并发展起来，主要因为其存在着合理性和优越性，对服务提供方和服务需求方都产生了正面效应，解决了一定的实际问题，其发展存在着一定的必然性。黄力在《企业档案管理业务外包可行性研究》中从外包服务需求方即企业角度阐述了档案外包服务的优势，包括：降低企业档案管理成本，提高档案利用效率；有助于提高企业核心竞争力；可减少众多企业在档案管理中的重复投入现象；可有效利用企业外部人员、技术及其他资源；有利于促进企业档案信息化建设；促进企业档案信息资源社会化服务的落实。[48]张萌在《档案整理工作中的业务外包问题》中指出业务外包可借助第三方档案业务资源（中介机构、服务商）整合社会上图书与档案专业的人力资源和技术资源等优势力量，去完成机关企事业单位因缺乏档案人员而造成的业务积压和数据录入等问题，同时节省机关人力，达到降低成本、提高工作效率的目的。[49]黄力、李圭雄在《业务外包：档案中介机构发展面临的机遇与挑战》中指出档案管理外包是符合社会分工细化要求和满足档案管理社会化需求的。[50]

目前，对于档案外包服务优势的分析，主要是从企业角度阐述业务外包对于企业生产经营的好处，可减轻企业负担，让企业有更多的精力投入到其他核心活动中去，提升生产力。遗憾的是，未能有学者从服务提供方，也就是档案部门角度阐释外包的优越性，从社会分工角度论述外包服务合理性的文献更是没有，由此可看出目前的研究还存在较大的局限性。

其次，档案外包服务劣势分析。

档案外包服务作为一种新鲜事物，发展时间较短，发展程度有限，也在较多方面存在弊端，成为阻碍其发展的绊脚石。罗亚利在《地方高校档案数字化外包策略研究》中指出档案外包服务涉及外包档案的保密问题，由于法律体系和行业规范的不完善，外包可能导致档案文献的泄密。此外，外包服务商可能与服务需求方沟通不畅，从而导致外包商不能很好地提供服务。[51]于众、张彤在《办公室档案工作业务外包“要不得”》中批驳了张萌的观点，认为：档案整理涉及保密问题，业务外包无法应对；档案工作业务外包也不利于档案的二次开发和利用；档案业务外包不利于工作开展。[52]

笔者认为档案外包服务机制还不完善，的确存在各种弊端，主要集中在档案信息保密问题的处理上，以及服务双方要求是否明确，外包服务质量能否达到预期效果等。但个别学者以此为据，对档案外包服务进行全盘否定也不可取。外包服务有其价值所在，现有不足要靠科学管理体制和有效应对策略来克服，而不是否定其一切积极作用。

综上所述，档案外包服务在当前环境下可行，并且必要，它对于解决现实问题具有积极意义。该项服务存在的不足要靠社会各界的共同努力来克服，从而使档案外包服务逐渐走上正轨，实现规范化、科学化发展。

第二，档案外包服务存在的问题。

由于外包服务尚处起步阶段，各方面机制都不健全，存在问题较多，众多学者从多方面阐述了档案外包服务应注意的问题。王晓琳在《档案业务外包理论与实践研究》中集中分析了外包立法与规范、档案人才的培养方面的问题。目前，档案外包服务尚没有一套健全、规范的法律体系，现有规定中也缺乏具体可行的监管措施。档案业务外包人才建设方面，从业人员素质问题是阻碍其发展的重要因素，档案工作人员知识面狭窄、年龄结构老化，难以应对档案服务现代化发展的需求。[53]丁建雄、贾秀娥在《对企业档案管理工作引入服务外包的思考》中指出要注意成本控制、外包服务质量监督管理、外包服务中档案安全、外包业务的后续服务等问题。[54]何世藻在《档案服务外包的实践与思考》中还着重强调知识产权保护问题，在档案业务外包中要防范意外损害，对档案外包成果知识产权、版权和所有权转移要有明确的合同规定，否则易产生各类纠纷。[55]

上述文献都从服务主体与客体两个方面介绍了现存问题。从主体来说，人才匮乏、队伍素质低下是严重障碍；从客体来说，要考虑到档案信息内容安全、知识产权安全、业务外包成本管理、外包质量的监督控制。此外，市场发育不健全、缺乏有力的监管体系和法规体系也是制约其发展的重要障碍。

第三，档案外包服务发展策略。

制定档案外包服务的发展策略，要通过落实各项可行策略和实施有效措施推动档案外包服务的科学发展，使其具备良好的生存环境、高效的运作机制、合理的业务规模、专业的服务团队，适应社会分工的需求，发挥其存在价值，实现服务双方的共赢。目前学术界对于档案外包服务发展策略的研究，主要从委托者（外包需求方）和被委托者（外包服务提供方）两个角度探讨。

从委托方的角度来看，档案业务外包存在档案载体破坏、档案信息泄露等风险，因此委托方必须做好外包服务过程管理，以提高外包服务质量。钟国文、童霞在《提高档案数字化外包质量的策略探析》一文中系统论述了过程管理的具体措施：首先，签订协议，明确责任。在确定外包商后，必须制定相应的外包业务合同，要对外包商的承包内容作出详细规定，如制定工作目标、合作方式、工作内容、工作进度、责任划分、知识产权归属、培训管理、违约责任、售后服务等，明确外包商的工作职责和任务。其次，制定外包工作的规范标准。如根据《关于移交进馆档案质量检查办法》、《纸质档案数字化技术规范》等标准和相关地方标准，制定档案数据采集标准、著录细则、加工流程，以便外包商有章可循。[56]

从被委托方的角度来看，作为档案外包服务的提供者，面对旺盛的市场需求，更要积极采取各项可行措施，发挥自身专业优势，提供高效优质的服务。王再兴在《我国档案业务外包的发展策略》一文中提出：第一，运行机制要改革，以妥善处理与档案行政管理部门的关系为前提；第二，业务规模要提升，充分凭借科学技术创新推动档案业务的扩展；第三，人才引进与管理，以优化人才结构与提升能力水平为目标。[57]此外，王晓琳在《档案业务外包理论与实践研究》中还补充了以加强外部监督与促进行业自律为原则进行建章立制的重要性。[58]

综合分析以上文献，笔者发现目前学者是从以下方面探讨档案外包服务发展策略的：（1）明确立场，要处理好与档案行政管理部门的关系；（2）优化档案外包服务发展环境，例如法规体系建设，标准和审批制度形成等；（3）发挥服务提供方的主观能动性，包括人才引进、业务拓展、加强宣传和运用科技等。以上策略中法规体系建设和规范化发展是难点，也是众多学者所论述的重点，这一点仅靠档案机构的努力是难以办到的，还需要等待市场发育完善，由全社会共同努力来逐步推动。

第四，档案外包服务前景展望。

对于大多数非档案机构而言，档案管理不是机构的核心业务，将该项业务外包可节约成本，提高机构工作效率。虽然目前外包服务制度不健全，存在一定风险，但从长远来看，多数学者对档案外包服务的市场前景持乐观态度，认为其有较大发展空间，具有市场潜力。薛健在《我国档案业务外包前景展望》中认为：档案中介机构呈现规模化、规范化发展态势；逐渐扩大档案服务对象，优势明显；拓展档案服务内容，潜力巨大；优化档案服务方式，渐入佳境。[59]档案中介机构是档案业务外包服务的承担者，其在体制、规模、工作方式上的不断进步，无疑对档案外包服务有极大的促进作用。王晓琳在《档案业务外包理论与实践研究》中强调：首先，档案外包服务的市场潜力巨大；其次，中介机构日趋规模化和规范化，在此基础上，中介机构展开深层次服务将大有作为。[60]

笔者认为基于社会分工需要而产生的档案外包服务，具有潜在的市场需求，并且这种需求逐渐递增，因此其市场前景广阔。保证其健康发展，关键还是要靠市场规范化运作，保障服务双方利益，逐步解决现实中存在的种种问题，发挥市场潜力。

研究成果

档案外包服务作为近年来兴起和发展的一项业务，相关研究还较少，从目前掌握的文献来看，研究成果主要集中于档案外包开展可行性、外包问题和策略、外包服务前景展望等。多数学者已认识到外包服务开展的必要性和优势，但不少学者也逐渐看到实践发展中外包服务的瓶颈。

研究不足

首先，外包服务的理论体系尚未构建，对外包服务的含义、性质没有准确界定。其次，目前对于外包服务问题及策略的探讨还处在初步阶段，仅仅从理论上指出了主客体以及发展环境中的问题，对于实际发展情况未做准确分析，提出的发展策略也多停留在理论思辨层面，在实践中具体如何操作、改善效果如何等研究都严重匮乏。

2.1.3 关于档案"社会化"方面的文献综述

在社会分工日益精细并注重经济高效的今天，档案服务社会化是大势所趋。因此，笔者从社会化角度选择了"档案服务社会化"、"档案工作社会化"和"档案社会化服务"几个关键词进行文献调研。从调研结果来看，关于社会化的已有文献较少。笔者对该领域文献的观点进行较详细的罗列和分析，试图更细致全面地展示档案社会化方面的研究成果和不足。

2.1.3.1 档案工作社会化研究综述

文献数量统计

档案工作社会化的相关文献数量较少。笔者以"题名"为检索项，选取"档案工作社会化"为检索词，对发表在中国期刊全文数据库、中国博士学位论文全文数据库、中国优秀硕士学位论文全文数据库，以及中国人民大学学位论文库中的文献进行精确检索，结果共计 19 篇。学界对档案工作社会化的研究最早是 1987 年胡水银的《推进科技档案工作社会化的重要途径》，其后从 1990 至今研究未曾间断，但研究成果非常有限，每年仅 1～2 篇相关文章。与档案工作社会化的发展需求和现状相比，理论研究远远不够。

文献主题分析

笔者发现研究集中于理论基础和实践发展两个方面。理论基础探讨了档案工作社会化的定义、进程、表现特点、动因等；实践发展主要分析目前档案工作社会化存在的一些问题及对策。

文献内容分析

笔者发现文献所涉及的内容可概括为以下六个方面。

第一，档案工作社会化的定义及内涵。

学者对档案工作社会化定义的认识存在不同角度，尚未形成一致意见，以下是几种代表性观点。

档案工作社会化的定义最早见于苗壮 1990 年发表的《试谈档案工作社会化》一文，作者从档案工作与其他社会领域的关系角度入手，认为“档案工作的社会化，就是档案工作与社会的政治、经济、科学、文化等领域相互依存、相互制约的整体化过程和发展形态”[61]。

郦懿清在《议档案工作社会化服务》中从档案行政管理部门提供服务的角度给出定义：“档案工作社会化是指国家各级档案行政管理部门为广大立档单位和个人提供的档案工作业务指导和服务，是以介于保管者和利用者之间的中介机构的形式提供系列化服务。”[62]

李正宁在《档案工作社会化和市场化发展趋势》中认为：“档案工作社会化，其定义内涵主要包括两个方面：一是档案功能的发挥与完善；二是档案向社会开放。”[63]

李灿玉、张兆忠在《档案工作社会化与档案社会化管理》中指出：“档案工作社会化就是档案、档案工作融入社会、服务社会的过程。档案工作社会化的本质是档案事业的发展与社会对档案、档案工作需要的有机结合；目的是使档案、档案工作的功能、作用社会化。”[64]

从上述表述可看出，学者从不同角度对档案工作社会化进行概念界定，尽管表述方式各不相同，但不难看出共性内容，这也正是档案工作社会化的内涵——档案工作的社会化是一个不断发展的过程；档案工作的社会化是建立在社会的分工与协作的基础之上的，体现了档案工作与社会其他各项工作之间的依存和联系；档案工作社会化的本质是要向社会提供档案利用服务，实现档案的价值。

第二，档案工作社会化的进程。

李彩艳在《浅论档案工作的社会化》中系统阐述档案工作社会化的进程。作者认为从生产关系的角度出发，可将人类社会划分为原始社会、奴隶社会、封建社会、资本主义社会和社会主义社会。与此相应就有各种社会形态的档案和档案工作：

（1）胚胎时期。

（2）产生与发展时期：文字的发明和使用，为古代档案工作的产生和发展提供了物质基础和社会条件。

（3）档案工作的普及化、社会化趋势。商品经济和工业生产的社会化，使档案及档案工作从封闭走向了开放。社会主义社会的档案工作较之于资本主义社会应具有更广泛的社会性。[65]

第三，档案工作社会化的基本内容和表现形式。

通过分析相关文献，笔者总结得出档案工作的社会化主要表现在以下四个方面。

（1）档案意识的社会化。一方面，苗壮在《试谈档案工作社会化》中谈到人们从“档案是党和国家机密”的观念中解放出来。李灿玉、张兆忠在《档案工作社会化与档案社会化管理》中认为公民利用档案的意识提高，公民为维护自身合法权利，有意识地查档案、找证据、通过法律程序解决问题。另一方面，李正宁在《档案工作社会化和市场化发展趋势》中认为档案工作者应摆脱旧框框，树立新观念，确立社会化提供档案服务的思想和意识。

（2）档案工作领域的社会化。苗壮在《试谈档案工作社会化》中认为档案工作的社会分工日益社会化，档案工作深入到社会各领域和各层次，分工更细化，社会化程度越来越高。李灿玉、张兆忠在《档案工作社会化与档案社会化管理》中认为，档案工作在纵向上不断延伸，目前从中央、省、市、县级机关、团体、企业、事业单位到乡镇机关、乡镇企业普遍建立健全了档案工作，行政村建档蓬勃兴起，档案工作开始向社会的细胞——家庭延伸。横向上不断扩展，目前，档案工作已扩展、渗透到政治、经济、军事、文化、科技、教育和社会生活的各个领域、各个方面。

（3）档案管理的社会化。苗壮在《试谈档案工作社会化》中认为，档案管理工作必须取得社会各方支持，加强社会协作，接受社会监督。李正宁在《档案工作社会化和市场化发展趋势》中认为档案管理工作在体制上必须引入社会化工作机制，社会办档案，档案直接为社会服务。档案管理部门应在社会大系统中建立完备的档案管理与利用运行机制。

（4）档案开发利用的社会化。李灿玉、张兆忠在《档案工作社会化与档案社会化管理》中认为：利用档案的主体社会化，不局限于机关工作者、科学研究者，而且扩展到了工人、农民、个体私营工商业者等；利用档案的目的多元化，涉及工作、管理、科研、教学、娱乐、生活等方方面面；利用档案的形式多样化，可直接查阅档案或资料汇编，也可通过参观展览、网络等方式利用。

第四，档案工作社会化的动因。

对档案工作社会化动因的分析，最早见于李彩艳 1990 年发表的《浅论档案工作的社会化》。作者提出："（1）生产劳动是档案和档案工作产生和发展的基础。（2）社会经济的发展和物质资料生产水平是档案工作社会化的前提。（3）社会经济水平的提高是档案工作社会化的直接动力。"[66]上述观点主要是从生产力和经济学的角度分析档案工作社会化的动因，之后学者苗壮在《试谈档案工作社会化》中，将分析动因的视角拓展到社会的更多维度，他指出："生产力的发展是根本动力；政治的民主化与公开化是档案工作社会化的重要前提；科学技术与文化的发展是档案工作社会化的必要条件。"[67]从经济、政治、文化等多重角度来分析动因。之后赵莉在《档案工作社会化与现代档案咨询服务》中，又从档案工作本身的角度，分析了其社会化的内外动因。"（1）最根本的原因就在于档案工作最主要的目的就是要有效地开发档案信息资源，变档案潜在价值为现实价值，实现社会共享，最大限度地服务于社会。（2）随着信息技术和社会信息化的发展，现代社会对档案工作的需求越来越多，越来越广泛，要求也更高。档案工作呈现出比过去更明显的社会化需求。"[68]

总结以上分析，不管怎样，档案是社会活动的产物和记录，档案和档案工作必将受到社会各方面因素的影响和制约。正是档案工作自身的特点以及社会的发展变化，推动了档案工作的社会化。

第五，推进档案工作社会化的具体措施。

多年来，我国档案工作主要是围绕着国家机关和社会团体而开展的，社会化程度相对较低，制约了档案事业的发展。加快档案工作的社会化进程，将档案推向市场，推向社会，使档案既为国家机关和社会团体服务，又为普通的社会公民服务，是当前各级档案部门亟待解决的问题。

对于如何加快档案工作社会化的进程，隋金光在《加快档案工作社会化进程的思考》中提出了六点建议：强化宣传教育，提高档案工作的社会化意识；丰富馆藏内容，大量征集和接收社会各界广泛关注的档案资料；加强监督指导，帮助社会公民建立个人和家庭档案；注重提供利用，为社会各界提供悠闲的场所和优质的服务；创新管理机制，缩短档案与社会的“距离”；加快人才培养，造就一支适应社会需求的高素质的档案干部队伍。[69]这些建议较全面地概括出学界对于推进档案工作社会化的主要实现方法。

除隋金光外也有一些学者先后涉及该方面的研究。李淑毅在《建立档案工作社会化服务体系的几点设想》中提出要建立新型的档案工作社会化服务体系。首先，要建立档案信息服务市场。其次，要发展中介性机构。最后，要开拓新的服务渠道。开发一些新的服务方式，如举办档案展览、档案信息发布会，加入互联网络等。[70]在法律法规保障建设方面，李灿玉、张兆忠在《档案工作社会化与档案社会化管理》中提出实施档案社会化管理要从两方面着手：一是明确管理重点，健全法规体系；二是建立监管机制，规范档案秩序。[71]在信息技术及网络建设方面，金凤清、常欣、韩滨婕在《档案工作的社会化》中提出档案馆应加强“档案信息中心”的建设，加强档案系统的网络化建设。因此，需要建立一支专业化的干部队伍，采用先进的科技手段，健全档案管理网络，对档案采取有效的集中统一管理。[72]

第六，档案工作社会化的意义。

随着档案工作社会化研究的深入发展，已出现了总结档案工作社会化意义的文献。张寒在 2012 年发表的《档案工作社会化的实践与探索》中指出，档案工作社会化的意义在于："（1）促进档案工作为大众服务、为社会服务；（2）促进档案工作主体向多元化发展；（3）促进档案开放，保障社会各界权益。"[73] 这个结论基本上明确了档案工作社会化的意义，对未来的研究具有较大的促进作用。

研究成果

总体而言，上述文献调查和分析说明，国内对档案工作社会化已有一定研究，现有研究成果为本书提供了一定的研究基础。从时间上看，2000 年是一个分界点。2000 年以前，学者对于档案工作社会化的研究多集中在理论基础方面，主要介绍档案工作社会化的定义、进程、表现形式、推动因素等；2000 年以后，学者更多地把研究重点转移到实践方面，即推进档案工作社会化的具体措施。

研究不足

现有研究主要是从档案行政管理部门的角度出发，并未立足档案工作整体发展的角度，显得比较狭隘。

现有成果的研究内容对我国档案工作社会化的现状缺乏深入分析，提出的建议措施缺少针对性和可操作性，给人过于宏观和空泛的感觉。

2.1.3.2　档案服务社会化研究综述

文献数量统计

笔者以"题名"为检索项，选取"档案服务社会化"为检索词，对发表在中国期刊全文数据库、中国博士学位论文全文数据库以及中国优秀硕士学位论文全文数据库中的文献进行了精确检索，结果共计 21 篇。在中国人民大学学位论文库中检索仅查找到

1篇博士论文。从论文分布的时间来看，最早的研究是2003年李文彬的《档案服务社会化的发展趋势》。在2003—2012年期间，"档案服务社会化"这一领域的文献研究数量呈曲线上涨趋势。可见，长期以来我国档案工作处于"重藏轻用"的状态，"档案服务社会化"问题被提出也只是近十年的事情，相关研究起步较晚。

文献主题分析

档案服务社会化研究主要涉及四个关注点，按相关文献数量递减依次为：（1）档案服务社会化理论的综合研究，包括内涵、主体、问题及对策等方面。（2）"高校档案服务社会化"研究，高校对档案信息服务的重视由来已久，如此丰富的研究成果与高校得天独厚的具体条件显然密不可分。（3）从其他视角来分析研究档案服务社会化，如从医院、地质档案馆、城建档案馆、区县档案馆等具体单位角度研究。（4）对于国外档案服务社会化的分析及经验借鉴。

文献内容分析

第一，档案服务社会化理论的综合研究。

关于档案服务社会化这一主题，学界主要立足宏观角度，从理论层面研究以下八个部分的内容。

（1）档案服务社会化的定义与内涵。马智鑫、刘东红在《试论档案服务社会化的内涵、主体和范围界定》中指出，档案服务社会化是指在档案服务的提供中减少档案部门角色而增多社会部门角色的行动，也即从档案部门内部转移部分功能或责任至社会部门。其实质是建立档案部门为主导、与社会和市场力量相结合的合作主义的档案服务提供模式。[74]张衍、丁子涵在《档案服务社会化研究述评》中提出，档案服务社会化是指为满足社会对档案的需求，档案保管机构在法律允许的前提下通过对档案信息资源的优化配置，以合理的服务方式向用户提供档案信息服务的过程。[75]

（2）档案服务社会化的历程。林虎在《中国档案服务社会化历程探微》中指出，档案服务社会化的发展历程为：中华人民共和国成立—60年代中期是“创立时期”；60年代后期—70年代中期是“停滞与倒退时期”；70年代末—80年代初是“复苏与全面发展时期”；80年代中后期至现在是“繁荣与蓬勃发展时期”。其历程反映出我国档案服务社会化的特征是“起步较晚、发展历程短、发展起伏较大但发展速度很快”[76]。

（3）档案服务社会化的可行性。饶圆在《档案服务社会化研究》中谈到，从外生条件的三个方面来看：首先，社会档案信息的诉求是档案服务社会化的牵引力；其次，档案中介机构（企业和非营利组织）为档案服务社会化提供了载体；最后，信息技术的发展和应用为档案服务社会化提供了工具支持。从内生条件的三个方面来看：首先，档案馆（室）藏结构优化的客观需要是档案服务社会化的驱动力；其次，较完备的档案事业体系为档案服务社会化奠定了基础；最后，一定规模的档案职业队伍为档案服务社会化提供了人力支持。[77]

（4）档案服务社会化的必然性。孙洪光在《档案服务社会化问题透视》中阐明了档案服务社会化的必然性，认为：“档案价值是档案服务社会化的源泉；档案可持续利用是档案服务社会化的原动力；社会变革促使档案利用社会化；新技术为档案服务社会化提供了技术支撑”。[78]

（5）档案服务社会化的主体。马智鑫、刘东红在《试论档案服务社会化的内涵、主体和范围界定》中对档案服务社会化的主体进行分析，指出档案服务主体呈现出多元化或多中心的趋势："随着时代的变化、经济的发展、社会的转型以及人们物质生活水平的逐步提高和精神需求的提升，依靠档案部门单一提供档案服务已不能满足社会成员对档案日益增长的需求。除档案部门之外，社区、私人企业及社会公众逐步参与到档案服务中来，成为档案服务提供的重要主体。"[79]

（6）档案服务社会化的内容。马智鑫、刘东红在《试论档案服务社会化的内涵、主体和范围界定》中还提到档案服务社会化的内容界定：一是已解密可对外开放的档案。二是已开放的现行文档资料和政务信息。三是对于在法律方面存在滞后但又确需公开的，可突出其在社会化范围的前瞻性，进行尝试性的社会化。四是其他可进行社会化的档案和现行文件。[80]

（7）档案服务社会化存在的问题及对策。付双双在《档案服务社会化问题透视》中指出目前存在的问题包括：档案管理成本与利用效益缺少考核标准；档案服务社会化缺少实质内容。作者又提出增强档案信息透明度，扩大档案收集范围，对档案资产进行产业化创新管理，对档案资源信誉风险进行有效监管等对策措施。[81]杨俊霞在《档案工作社会化服务功能建设的思考》中提出，档案工作要适应社会发展需求，由被动服务转变为主动服务，从整合档案资源、加强队伍力量、丰富档案资源、开展多种多样的服务形式、开辟各种服务渠道等方面强化档案工作社会化功能建设，使档案工作在服务中求得发展。[82]孙洪光在《档案服务社会化问题透视》中提出了推进档案服务社会化工作的有效对策，包括：扩大档案收集范围，增强档案信息透明度，对档案资源进行产业化创新管理，对档案资源信誉风险进行有效监管等。[83]李财富、杨静在《中外档案服务社会化的比较研究》中提出，我国在档案服务社会化实施力度、公开信息的查阅服务方式、档案服务社会化过程中的服务层次上都与国外有着显著差距，为此应采取如下措施：严格档案服务社会化考核制度；主动服务，减少设置人为障碍；密切与图书馆、博物馆、学校、影视传播公司等其他文化机构的关系；充分发挥现代化技术手段的作用；努力推进政务信息公开，保障公民的知情权。[84]

(8) 档案服务社会化的发展趋势。在发展趋势的研究方面，以李文彬的《档案服务社会化的发展趋势》一文概括最全面，包括以下五点：服务的内容将更加广泛，最终达到全覆盖服务；服务的形式将更加多样化，档案工作发挥的作用将越来越大；服务将更加积极、主动，更加自觉；服务手段将更加先进，服务的效果会更好（建立机读档案目录中心，逐步向网络化联机检索过渡。随着数字档案馆的出现，档案信息资源共享将会成为现实）；服务的热点将不断增多，而且将会更加突出，如信用档案信息、诉讼档案信息、农业科技档案信息、城建档案信息资源建设和利用工作等。[85]

第二，高校档案服务社会化的研究。

近年来，高校档案服务社会化是目前档案服务社会化研究的热点。究其原因，高校档案工作是整个国家档案事业的组成部分，同时，社会对高校档案信息的广泛需求也是促进高校档案服务社会化的主要动力。通过分析高校档案服务社会化的文献，笔者发现研究涉及高校档案服务社会化的必要性、主要内容、举措对策等诸多方面。

(1) 高校档案服务社会化的必要性。陈东宝在《高校档案服务社会化问题探讨》中提到，社会对高校档案部门的信息需求主要包括高校人才培养状况和科研成果项目等。社会各单位为能选到合适人才，需要高校提供人才学历水平的真实情况；企业为开发相关科研项目，需要和一些有科研攻关能力的大专院校合作。这些活动都迫切要求高校提供最权威、最准确和最真实的信息。可见高校档案信息服务社会化十分必要。[86]

武红在《谈高校档案服务的社会化》中，认同陈东宝的说法，认为社会对高校档案信息“产品”的广泛需求是促进档案信息服务社会化的外在因素；同时也创新性地提出，高校档案工作的快速发展是档案信息服务社会化的内在动力。正是人才队伍的壮大、数字校园技术的运用、对高校档案信息资源的研究等因素，推动高校的档案服务必然走向社会化。[87]

（2）高校档案服务社会化的主要内容。陈东宝在《高校档案服务社会化问题探讨》中将其概括为六方面：一是利用学籍学位档案，为国内外用人单位、中介机构提供毕业生学籍学位档案信息，帮助用人单位核实学历真伪；二是高校档案馆可根据学校科研动态建立多种类型科研成果数据库；三是为学生出具档案证明材料；四是将学校的办学特色、学科专业设置、毕业生就业情况等信息汇集起来向社会和用人单位提供；五是人事档案代理服务；六是档案咨询服务，高校档案部门可对外提供比如档案管理业务咨询、档案决策咨询、档案管理模式咨询等。[88]

（3）高校档案服务社会化存在的问题及对策。武红在《谈高校档案服务的社会化》中提到三方面问题，服务规范化问题、服务定位问题、档案利用制度问题；并强调创新服务机制、改善服务方式对策的重要性。[89]陈东宝在《高校档案服务社会化问题探讨》中则指出：首先，要强化高校档案服务社会化发展的意识。其次，要规范高校档案对外服务。最后，要实现服务方式和内容多样化，具体又包括努力开展网络档案信息服务，努力开展深层次专题服务，努力开展现代档案咨询服务。[90]。

第三，其他各种机构档案服务社会化的研究。

（1）地质档案信息服务社会化。长期以来，国家在矿产勘查和地质科研领域投入了巨大的资金、人力和技术，取得令人瞩目的成果，也积累了丰富的地质矿产档案信息资源，应充分发挥其价值。苑丽华在《地质档案资料社会化服务工作若干问题的思考》中率先提出目前存在的四个问题：一是信息采集手段落后，领域不宽，渠道不畅，导致许多信息缺失，或信息单一贫乏。二是地质资料信息化程度不高，服务手段单一，服务方式落后，不适应社会化的需要。三是数据库及其管理软件档次与开发水平不高，亟待加强。四是人员素质、年龄与知识结构不理想等。[91]

（2）医院档案信息服务社会化。杨美玲在《浅议医院档案服务的社会化》中主要从以下方面细致分析医院档案服务社会化的相关问题。首先，分析医院档案信息服务社会化产生的三点根源：社会对医院档案信息资源的广泛需求是促进医院档案信息服务社会化的外在因素；医院档案工作的快速发展是档案信息服务社会化的内在动力；医疗与科研相结合为医院档案信息服务社会化提供了舞台。其次，阐述医院档案信息服务社会化的三点基本原则：开放性原则、合作性原则及市场化原则。最后，列举医院档案信息服务社会化的三点主要内容：医院业务服务、病案证明出具服务及开展科研成果推广转化服务。[92]

（3）其他主题的档案服务社会化研究呈现分散但丰富的状态，主要体现在诸如“治淮档案服务社会化”、“地名档案服务社会化”、“农业档案服务社会化”、“城建档案服务社会化”、“区县档案服务社会化”及“档案服务社会化的伦理问题”等多主题研究并存的状态。

第四，国外档案服务社会化的研究总结。

与发达国家相比，我国档案服务社会化进程相对滞后。因此，学习发达国家档案服务社会化的有益经验，是推进我国档案服务社会化发展的有效途径。饶圆在《档案服务社会化研究》中提到，发达国家档案服务社会化的整体进程是建立在深厚的理论基础之上的，后者为前者提供了理论素养和逻辑认同。具体来说，深刻影响发达国家档案服务社会化进程的基本理论，主要有公共物品理论、政府公共信息服务理论、新公共管理理论和公民社会理论等。[93]

此文总结美国、英国和日本的档案服务社会化的理论基础和实践经验，得出三点启示：一是档案开放程度高，保障了全体公民和社会成员享有档案服务的现实可能性；二是以全民为档案服务对象，全方位地提供人性化的档案服务；三是档案服务主体呈现多元化。

研究成果

近些年来，我国“档案服务社会化”研究成果丰硕，大批学术论文充实和丰富了我国档案服务社会化研究。高校档案服务社会化研究相对繁荣，研究的视角更加多维，加强了档案服务社会化应用层次的研究，例如对国外档案服务社会化研究的关注与吸收。

研究不足

现有成果一定程度上出现了研究主题不平衡的现象。相关档案服务社会化的基本理论研究偏多，但实践方面的成果较缺乏。

2.1.3.3 档案社会化服务文献研究综述

文献数量统计

笔者以“档案社会化服务”为关键词进行题名检索，共检索到文献 28 篇。从文献数量可见“档案社会化服务”概念的认可度并不高。在 28 篇文献中，实际与档案社会化服务相关的文献仅 5 篇，其余文献大都混淆了“档案服务社会化”与“档案社会化服务”两个概念，不明白两者的真正含义。对两者概念区分不明，严重影响了研究成果的质量和准确性。从论文分布的时间来看，最早的研究是 1992 年王国兴的《档案社会化服务问题略论》。

文献主题分析

关于档案社会化服务的理论研究偏少，多是站在具体机构的角度讨论实践发展相关问题，分析档案社会化服务的内容、存在问题和民营企业参与发展状况等。

文献内容分析

现有文献对档案社会化服务的探讨主要包括以下四方面。

第一，档案社会化服务的概念。

王国兴在《档案社会化服务问题略论》中第一次提出了档案社会化服务的概念雏形，即“据档案界出现的档案专业组卷服务公司、桌面印刷系统、复印打字等经营性实体可断论，它是以档案系统为主参与经济改革、服务社会的一种新生事物”[94]。

第二，档案社会化服务的服务内容。

王国兴在《档案社会化服务问题略论》中将档案社会化服务内容分为三类包括：实体性的，如赣南专业组卷服务公司、档案（文化）用品销售等。指导性的，如对企事业单位、家庭或个人档案工作的业务指导，提供档案材料组卷、鉴定、保管等档案知识，并收取一定经济费用。其他形式的，如档案馆的有关资料开放、利用、咨询、研发等。[95]

第三，档案社会化服务的存在问题。

王国兴在《档案社会化服务问题略论》中指出目前档案社会化服务存在以下问题：首先，发展不均衡。档案社会化服务具有极大的发展潜力，但从实际发展状况来看，有的地方已做得较出色，而有些地方才刚刚起步，甚至还未开始，不能满足社会的发展需求。其次，存在争议。档案社会化服务同兴办第三产业、建立经济实体是密切相关的，它与传统的档案业务有明显差别，因而在档案界引起了争议。有人认为它在一定程度上缓解了机关内部机构臃肿、人浮于事的情况，同时又可创收，不失为明智之举。也有人对于这种办实体、讲利益的状况表示不理解与不满，在思想上无法接受。再次，经费问题。经费是开办档案社会化服务的物质保障，而经费来源仍然是阻碍档案社会化服务开展的主要障碍。最后，服务人员素质不高，效果差。[96]

第四，从民营企业角度看档案社会化服务的实践发展。

随着近年来档案社会化服务的推进，民营企业已逐步参与到城建档案服务之中，产生了一定的经济效益和社会效益，同时也引发学者对档案社会化服务的思考。张兵在《从长治亚和的实践看民企参与城建档案社会化服务》中从民营企业长治亚和与城建档案管理部门的合作角度入手，分析该种模式的档案社会化服务。作者指出：首先，市场经济发展，市场需求扩大是档案社会化服务发展的动力。有关单位独立完成档案工作存在一定程度的困难，并且在经济上也不够合算。档案社会化服务，一方面能以专业技术和设备优势，为企事业单位提供优化的服务平台，另一方面也能最大限度地节省人力、物力、资金的投入。这是档案社会化服务得以存在和发展的实践基础，也是其社会价值所在。其次，法规制度的建设是重要保障。一个行业得以稳定持续发展有赖于法规体系的完善，这样才能对档案社会化服务的各个环节予以控制，保障双方利益，维持其稳定发展。[97]

研究成果

档案社会化服务领域的研究成果较少，真正相关的文献只有5篇，基本没有形成系统的理论成果，多数文献只是选择了从机构角度对档案社会化服务进行初步介绍。

研究不足

目前对于档案社会化服务的研究是极其欠缺的，主要表现在：概念不清，将档案社会化服务与档案服务社会化混淆，“档案社会化服务”作为档案学术语还缺乏业界认同；研究体系不完善，目前对于档案社会化服务的研究极其狭窄，没有构建出完善的理论体系，仅对档案社会化服务的若干问题进行了初步探讨，缺乏系统性；研究不深入，对于档案社会化服务的研究停留在表面，缺乏深度和理论高度。

2.1.4 国内研究的总体评价

首先，从文献数量看，研究档案服务方面的文献较多，共计944篇。研究档案社会化方面的文献较少，只有69篇。其中与“档案社会化服务”这一课题直接相关的文献只有28篇，而真正与笔者所要探讨的基于社会分工视角的档案专业性、专门化、社会化服务的文献数量仅为3篇。可见，目前该领域的研究基本处于空白阶段，存在较大的研究空间。

其次，从该领域现有成果来看，一方面，学界已认识到档案服务的重要性，对档案服务进行了多方面的研究，包括档案服务的理论意义、方式方法、领域范围等。同时，档案中介服务和档案外包服务作为近年来兴起的服务类型，其研究日益细化，总结出具体机构服务面对的发展瓶颈，认识到市场规范化发展的必要性。另一方面，在社会分工日益精细并注重经济高效的今天，学界已达成共识即档案服务社会化是大势所趋，并对这种社会化的表现形式、推动因素、存在问题和对策进行了初步探讨。

再次，关于“档案社会化服务”这一课题的研究，目前还存在较多的不足之处。（1）概念不清。文献调查发现，已有研究使用概念较混乱，有的用“档案社会化服务”，有的用“档案服务社会化”，有的还用“档案工作社会化”，存在不同提法指向同一内涵或同一概念却有不同含义的现象，致使概念区分不明，清晰度较差。特别是已有研究多将档案社会化服务与档案服务社会化两个不同概念混为一谈。（2）基点存在偏差。主要是站在档案行政管理部门的角度来探讨研究，而没有站在宏观的整体档案工作发展的角度来分析，视角比较狭隘。笔者认为档案社会化服务的基点应是社会分工。由于档案社会化服务与档案服务社会化不能等同，因此看似繁荣的现有研究尚未准确把握住档案社会化服务的关键点。（3）主要以档案中介机构为切入点，研究范围不够系统全面，研究深度和高度也较欠缺。这些研究多论及档案中介机构产生的必要性、服务内容、现存问题和发展方向等问题，并未从专业分工的角度指明档案社会化服务的范围，也未能从社会发展的高度宏观揭示档案社会化服务的专业优势和社会意义。（4）还存在主题不平衡、研究起步较晚、理论研究偏多等不足，对目前我国档案社会化服务的现状缺乏实证分析，学者提出的建议措施缺少针对性和可操作性，过于宏观和空泛。

2.2 国外文献综述

2.2.1 文献调研概述

国外档案社会化服务在实践中主要体现为商业性文件中心所提供的专业服务。然而本书所关注的"档案社会化服务"试图从宏观角度来研究基于社会分工的专业服务，因此笔者没有将商业性文件中心这类具体机构作为文献调研的重点，而是立足档案服务和社会化的角度来进行文献调研。由于在国外"档案社会化服务"并没有成为规范化的专业术语，笔者尝试使用"archival social service"、"record social service"在 ProQuest 和 Ebsco 两个数据库中进行题名检索，但未获得相关文献。考虑到中外的话语环境存在较大差异，笔者又采用扩大检索词的范围或选择下位词的方式，选择"archive/document/records service"、"archive/records/document outsourcing/outsource"作为检索词，在 ProQuest 和 Ebsco 两个数据库中进行题名检索，经过去重及去除不相关处理后，得到的最终检索结果如下表 2—2 所示。

表 2—2 外文文献检索统计表

检索词 \ 数据库	ProQuest	Ebsco	总计
archive service	4	5	9
archive outsource/outsourcing	1	1	2
records service	1	0	1
records outsource/outsourcing	0	1	1
document service	1	1	2
document outsource/outsourcing	0	1	1
outsourcing	2	0	2
总计	9	9	18

2.2.2 文献研究综述

根据文献调查结果，检索出的文献列表如表 2—3 所示。

表 2—3 外文文献检索结果列举

时间	题名	作者	发表期刊
1993	Archives Services in Changing Societies in Southern Africa	Njovana，S.	S. A. Archives Journal
1993	Archives Services in Zambia	Mbewe，Mark F.	S. A. Archives Journal
1997	Outsourcing for Imaging	Dmytrenko，April L.	Records Management Quarterly
1998	Privacy in a Public Place：Managing Public Access to Personal Information Controlled by Archives Services	Sillitoe，Paul J.	Journal of Society of Archivists（Great Britain）
2000	Outsourcing：The Right Decision?	Benedon，William	Information Management Journal
2000	Reference Service in an Academic Archives	O'Donnell，Frances	Journal of Academic Librarianship
2002	Preserving the Historical Record of American Labor：Union-Library Archival Services Partnerships，Recent Trends，and Future Prospects	Connors，Thomas James	Library Trends
2003	Improving Internet Archive Service through Proxy Cache	Yu，Hsiang-Fu，et al.	Internet Research
2004	Introducing Multicultural Resources and Services at Library and Archives Canada	Kim，Mijin	Feliciter

续前表

时间	题名	作者	发表期刊
2005	Machines and Machinations: The Integrated Care Record Service in the UK National Health Service	Gandecha, Reshma Ramesh; Atkinson, Christopher; Papazafeiropoulou, Anastasia; Stergioulas, Lampros.	International Technology and Information Management
2006	Outsource Document Archiving, but Not Regulatory Control	Manning, Bo	AIIM E-DOC
2006	Social Capital, Government Policy and Public Value: Implications for Archive Service Delivery	Horton, Sarah	Aslib Proceedings
2007	Consider Outsourcing Your Medical Records Management, but Ask These Questions First	Juliano, Elizabeth B.	Managed Care Outlook
2008	Off the Record: Outsourcing Security and State Building to Private Firms and the Question of Record Keeping, Archives, and Collective Memory	Rosén, Frederik	Archival Science
2009	Better Print and Document Services: A Hidden Source of Value.	Lagutaine, Ferruccio; Martinotti, Stefano	McKinsey Quarterly
2009	Better, Faster, Stronger: Integrating Archives Processing and Technical Services	Colati, Gregory C.; Crowe, Katherine M.; Meagher, Elizabeth S.	Library Resources & Technical Services
2010	Outsourcing Document Management	Churchill, Chris	Infonomics
2010	Document-Management Service Saves $2~3 Million		Health Management Technology

从文献数量方面来看，国外对档案社会化、专业化服务的理论研究较少。20 世纪 70 年代至今，仅有 18 篇文章对这一领域进行研究，总体数量少，而且大部分是关于档案服务方面的，社会化方面的文献数量为零。此外，文献发表时间多集中在近十年内，可见，国外在档案社会化服务的理论研究方面，同样起步较晚且较薄弱。

从文献内容方面来看，国外相关研究成果集中于以下六个方面。

第一，梳理档案服务开展的历史。1993 年发表的两篇文章都探讨了这一问题。“Archives Services in Changing Societies in Southern Africa”集中介绍了津巴布韦国家档案馆档案服务的开展情况，概述了津巴布韦国家档案馆的组织和服务功能，着重阐述了 1980 年津巴布韦独立后国家档案服务的发展。[98]“Archives Services in Zambia”描述了赞比亚国家档案馆的档案服务功能和历史，并分析了影响服务开展的各项因素。[99] 2002 年发表的“Preserving the Historical Record of American Labor：Union-Library Archival Services Partnerships，Recent Trends，and Future Prospects”着重概述美国劳工档案的价值和服务情况，并介绍一个新形成的计划——劳工档案计划，即评估国家劳动档案工作和劳动档案工作者面临的挑战的计划。[100]

第二，从不同领域和角度论述档案服务的功能。国外在相关领域的研究大多从不同行业角度出发，论述档案服务某一方面的功能，这点与国内相关研究的视角略有不同。“Reference Service in an Academic Archives”一文专门论述了档案服务在学术研究中的重要作用，尤其是参考作用。[101]“Document-Management Service Saves ＄2～3 Million”和“Consider Outsourcing Your Medical

Records Management, but Ask These Questions First”中都阐述了医疗领域中，医疗档案服务的重要作用主要体现为提高工作效率和降低管理成本。[102][103] “Social Capital, Government Policy and Public Value: Implications for Archive Service Delivery”一文立足社会资本、公共价值、政府政策的角度，分析档案服务对现代政府工作流程的重要作用，提出档案部门提供实际档案服务、展开教育活动、扩大服务范围和服务方式，有助于建立社会资本，能给社会带来更大的影响。[104]

第三，分析档案外包服务的优势。国外在对档案业务外包服务的学术研究中强调了外包的优势。在“Outsource Document Archiving, but Not Regulatory Control”中，作者提出外包不仅有利于减轻公司负担，有效管理信息，还能符合《萨班斯法案》的要求。“Outsourcing Document Management”中，作者论述外包可降低成本，并提高文件扫描质量等。[105]

第四，探讨档案外包服务的实际应用。在“Outsourcing: The right Decision?”一文中，作者介绍了是否要在实际工作中选择档案外包的形式，选择档案外包的必要条件，以及对所选择的商业性文件中心的具体要求等。该文从客观角度分析外包服务的可行性，并且对外包服务的应用提供可供借鉴的实际经验。[106] “Outsourcing for Imaging”一文也提出了在数字扫描领域进行业务外包的注意事项，从侧面反映了外包服务在实践应用中的现状。[107]

第五，国外档案外包服务的发展趋势。结合企业文件数字化的趋势，外包服务开始着眼于数字文件的全生命周期管理。“Outsourcing Document Management”一文指出目前的文件外包服务商已能提供涵盖从文件形成到销毁的全套文件管理方案。其中的特色在于：智能扫描/转换、图像点播服务、电子文件托管库、实体/

虚拟文件双重托管等业务。它们能很好地管理数字化的文件，提高检索使用效率。[108]

第六，提出改进档案服务的具体策略。国外文献中没有系统总结档案服务策略和方法的文章，大部分是针对国家、机构提出的具体的服务方法或改进策略，因此从整体上看比较散乱，但其中不乏可供我国参考借鉴的闪光点。例如，从法律制度的角度，“Privacy in a Public Place：Managing Public Access to Personal Information Controlled by Archives Services”一文指出，公民的隐私保护和信息资源的开发服务之间存在矛盾，需要制定法律政策来加以解决。法律的制定从两方面着手：档案申请查询个人信息时，检查这些信息的敏感度和保密等级。通过采用标准化的检索步骤，提供最佳的常规管理。[109]从技术手段的角度，“Improving Internet Archive Service Through Proxy Cache”一文指出，提供档案下载服务的 Web 服务器和缓存服务器中档案的命中率相当低，因而设计一个系统将缓存与更优的检索机制相结合，以解决这一问题，可提高档案的下载利用服务。[110]从集成管理的角度，“Better Print and Document Services：A Hidden Source of Value”介绍了麦肯锡公司的一个集成的文档管理策略，提供文件从形成到销毁全过程的咨询服务，使文档更符合规范要求、更便于利用，同时显著降低成本、优化业务。[111]

通过文献调查和分析，笔者认为国外在档案社会化服务研究方面呈现出以下特点。

其一，对档案服务理论基础的研究严重不足。尽管国外相关领域实践上的发展已较成熟，但理论基础较薄弱。在档案服务方面，各种类型的新闻报道较多，但学术研究较少。现有文献对档案服务理论基础的探讨也不系统，多数文章仅仅是从机构角度介绍有关机构服务的开展情况，或是提出服务策略的改进意见，相关理论总结和归纳十分薄弱。

其二，缺乏服务宏观层面的总结和分析，多数是从机构或行业角度分析某方面问题的。国外对于档案社会化服务的研究多数是分领域进行论述的，例如医疗领域、商业领域等。这些领域中，档案社会化服务模式虽然各有不同，但共同点较多，应进行深入的归纳分析。但国外学者很少有从整个社会层面对档案社会化服务进行宏观研究和论述的。

总体而言，国外档案社会化服务在实践上发展较早，商业化服务较成熟，但缺乏对实践经验的深入分析和系统归纳，而且对该领域的专门理论研究更是薄弱，存在较大的研究空间。相关文献偏重介绍文件信息商业化、专业化服务的实践情况，并未将档案社会化服务作为一个领域展开深入的理论研究，可见国外现有成果的理论性和系统性也较差。本书从服务角度出发，对相关理论进行研究，有助于构建档案社会化服务的理论体系，指导并推动档案社会化服务实践的发展。

2.3 国内外文献综合评述

通过文献调研，笔者总结出档案社会化服务及相关领域的研究状况如下。

第一，从检索文献的内容来看，国内外文献的共同点在于，都是关于“服务”方面的研究较多，关于“社会化”方面的研究较少。国内尚有69篇，国外则完全查找不到。而与“档案社会化服务”这一课题真正一致，基于社会分工视角，研究档案专业性、专门化、社会化服务的文献，仅能查找到3篇。可见，目前国内外学者很少有从整个社会分工层面对档案社会化服务进行宏观研究和论述的，本书所涉及领域的研究基本处于空白阶段，具有较大的研究空间。

第二，国内外文献研究的不同点在于，国内注重的是基础理论研究，研究的主题涉及档案服务的理论意义、方式方法、领域范围、档案中介服务和档案外包服务等，缺乏实证研究，因此研究成果有些空洞，缺乏说服力。与之相反，国外的研究多数是从机构或行业角度，介绍文件服务或档案服务的行业新闻、发展动态、实践成就等，属于微观研究。国外研究的一个突出局限是并未将档案社会化服务作为一个专门领域展开深入的理论研究，现有成果的理论性和系统性比较差。因此，笔者在未来的研究过程中将吸取国内外各自所长，保持理论研究与实证研究的平衡，力争在理论上构建档案社会化服务体系，在实践上总结档案社会化服务的有效经验。

2.4 国内主要相关项目统计分析

笔者分别以全国哲学社会科学规划办公室、教育部中国高校人文社会科学信息网官方发表的立项数据为数据源，对档案学类项目中有关“档案服务”的立项情况进行统计与分析，共检索到14条有关项目记录。通过表2—4、表2—5中所示立项时间可看出，2000年以来，有关“档案服务”的研究立项逐渐增多，且在2009年以后更为集中，这在某种程度上反映出“档案服务”主题越来越受重视。

表 2—4　国家社科基金项目档案学科类“档案服务”相关项目汇总

序号	项目类别	项目名称	立项时间	负责人	工作单位
1	一般项目	面向社会的档案服务体系建设与创新研究	2013	李财富	安徽大学
2	一般项目	公共档案馆档案信息服务社会化绩效评价研究	2013	王灿荣	吉首大学
3	青年项目	公共文化服务体系中公共档案馆发展战略研究	2012	苏君华	南昌大学
4	一般项目	档案社会化服务的理论基础与实践发展研究	2011	黄霄羽	中国人民大学
5	一般项目	档案网站信息资源的开发与服务研究	2009	刘国华	郑州航空工业管理学院
6	一般项目	档案服务社会化研究	2006	李财富	安徽大学
7	一般项目	价值目标与伦理重构：档案馆社会化服务的功能与效能研究	2005	覃兆刿	湖北大学

注：数据采集时间是 2013 年 10 月 20 日，所检索的时间范围是 1991—2013 年。

表 2—5　教育部中国高校人文社会科学基金项目档案学科类“档案服务”相关项目汇总

序号	项目类别	项目名称	立项时间	负责人	工作单位
1	一般项目	图书馆、档案馆数字化服务融合研究	2012	张卫东	吉林大学
2	一般项目	公共服务背景下我国档案管理体制嬗变研究	2012	罗军	上海大学
3	一般项目	档案馆信息资源服务公众现状及推进策略研究	2012	张林华	上海大学

续前表

序号	项目类别	项目名称	立项时间	负责人	工作单位
4	一般项目	国家档案馆公共服务评价体系设计与实证研究	2011	傅荣校	浙江大学
5	一般项目	档案信息资源开发增值与服务的实现研究	2010	赵爱国	山东大学
6	基地重大项目	面向公共需求的档案资源建设与服务研究	2009	周耀林 朱玉媛	武汉大学
7	一般项目	网络环境中文件、档案信息资源的开发与社会服务	2001	冯惠玲	中国人民大学

注：数据采集时间是 2013 年 10 月 20 日，所检索的时间范围是 1996—2012 年。

通过对表 2—4、表 2—5 中所列举的项目进行分析，笔者发现，国内同行对于“服务”类问题的研究主要以档案部门自身为出发点，研究其面向社会公众提供专业服务的行为和规律，如档案资源的开发，以及档案馆服务公众的现状、评价、策略等。其服务主体定位较单一，不够广泛。简而言之，现有立项更多的仍是在研究“服务社会化”。

而本书以社会分工为基点，揭示的是档案服务的专业分工特征，研究的服务主体更为广泛、服务内容更加多样，更具有宏观性、创新性的特点。

3 研究内容

本书以档案社会化服务为研究对象，研究重点是档案社会化服务的实践发展，通过研究档案社会化服务的承担主体、服务内容、实现途径和保障条件等内容，发现和解决现有问题，参考国外成功经验，为我国档案社会化服务实践提供科学的方法。研究难点是档案社会化服务的价值取向。

研究的基本思路，是在明确档案社会化服务概念内涵的基础上，借助实践调研发现档案社会化服务的现存问题，尊重国情来探讨科学的发展策略，立足社会发展高度，总结档案社会化服务的价值取向和发展规律。为确保研究结果的科学性、客观性和准确性，笔者拟采用以下研究方法：（1）文献研究：通过图书馆、数据库、网络多渠道广泛搜集相关文献，进行文献研究并撰写文献综述。（2）实践调查：采用问卷调查、实地调研、专家访谈等方式进行实践调查，收集相关数据和信息。（3）网络调查：通过网站访问、邮件调查等方式补充数据和信息。（4）数据统计：运用统计方法对相关文献和实践数据进行统计分析，发现问题。（5）案例分析：选择典型案例，分析优劣。（6）比较分析：比较中外档案服务实践，分析异同。

具体说来，本书的研究内容主要包括以下几个方面。

第一，档案社会化服务的理论基础。通过对理论基础部分的研究，回答档案社会化服务“是什么”和“为什么”的问题。首先明确档案社会化服务的定义，划清“档案社会化服务”与“档案服务社会化”的界限。此外，还要全面解读档案社会化服务的含义、性质、特征、依据、功能和原则。

第二，档案社会化服务的实践发展。此部分的研究要了解档案社会化服务发展的实际现状，发现现状中存在的问题，从承担主体、服务内容、实现途径、保障条件等方面着手探索科学的实践方法，从而确定档案社会化服务的实践框架，回答档案社会化服务“由谁做”、“做什么”、“怎么做”和“保障条件为何”的问题。

第三，档案社会化服务的价值取向。明确档案社会化服务的存在价值和意义，探讨档案社会化服务的未来发展方向和趋势，从专业、社会、科学和发展四个维度递进研究价值取向，回答档案社会化服务“有何意义”及“如何发展”的问题。

这三部分的内容在逻辑上是紧密联系的：理论基础与实践发展相互作用；价值取向的导出以理论研究和实践发展为基础，同时对理论研究和实践发展产生导引作用（见图 3—1）。

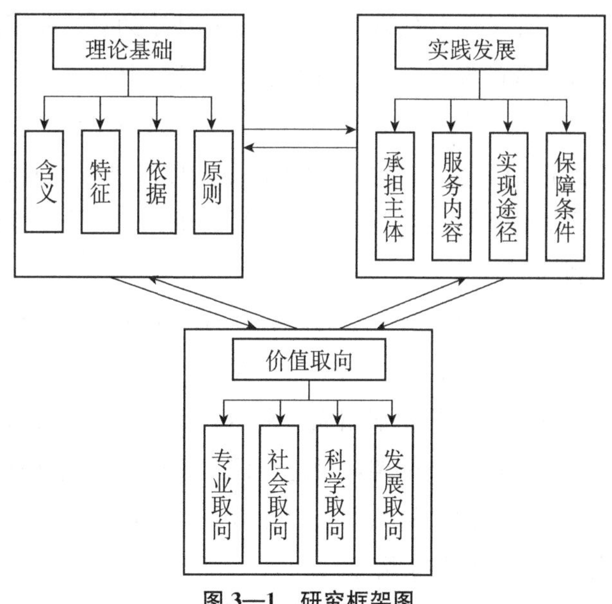

图 3—1 研究框架图

研究创新

本书在研究选题、研究内容、研究视角、研究方法、研究材料和基本观点等方面均有创新，具体创新点如下。

第一，研究选题新颖。本书在区分“档案社会化服务”和“档案服务社会化”概念的基础上，提出并界定了“档案社会化服务”的确切含义。这在国内外档案学界尚属首次。笔者通过文献调查发现国内外尚未对档案社会化服务进行全面系统的研究。国外在这一领域主要关注实践的发展，未有理论的总结和深化；国内在理论和实践的发展都属于较低水平，理论上尚未明确提出档案社会化服务这一概念，更未有对这一问题的系统研究。因此，本书准确解读档案社会化服务内涵，意在奠定研究的概念基础；并且，首次对档案社会化服务进行系统的研究，在选题方面具有较大的创新性。

第二，研究内容创新。本书首次全面系统地构建档案社会化服务的内容体系，涵盖理论基础、实践方法和价值取向等三部分内容。这三部分内容是相辅相成，密不可分的，它们共同构成了档案社会化服务的基本框架，对完善该领域相关研究具有重要意义。并且，本书首次概括档案社会化服务的价值取向，为其理论研究和实践发展提供科学指导。

第三，研究视角独特。从专业分工与社会发展相结合的视角切入，既符合马克思主义政治经济学的基本原理，又提升了研究成果的理论高度和社会价值。随着社会经济的发展，专业分工深入到社会生活的方方面面。在档案服务领域，本书首次着眼于社会分工的特殊优势，阐述了档案社会化服务的构想和意义。

第四，研究方法多元结合。本书在研究过程中结合采用多种科学的研究方法，包括文献研究法、实地调研法、网络调查法、案例分析法、归纳综合法等，将之贯穿于整个研究过程中，确保研究方法的科学性和研究过程的严谨性，使研究结果更加科学合理。

第五，研究材料新颖。本书所涉及领域在档案学界的研究中尚属空白，研究中使用的素材多为第一手材料，并通过实地调研、网络调研等方法获取最新的资料，以保证研究成果的创新性和科学性。

第六，基本观点创新。本书的基本观点有：（1）档案社会化服务是社会组织基于社会分工，以经济、高效、优质、安全的方式提供的涉及档案的专业性、专门化和社会化服务。此观点说明档案社会化服务与档案服务社会化的区别在于服务主体非局限于档案部门而是社会组织，划清了二者界限。（2）档案社会化服务的理论依据，有现代服务业领域的服务外包理论、档案专业领域的文件生命周期理论、政治经济学领域的社会分工理论、公共管理领域的新公共管理理论和公共选择理论。此观点说明档案社会化服务具有多领域的理论基础，需要多学科理论共同支撑。（3）档案社会化服务的原则是客户导向、高效、优质和安全保密。此观点揭示档案社会化服务的一般和特殊原则，与档案社会化服务的价值取向形成呼应。（4）我国档案社会化服务应立足国情，从承担主体、服务内容、实现途径、保障条件等方面探索科学的实践方法。此观点构建出档案社会化服务的实践发展框架。（5）档案社会化服务的承担主体分为非营利型和营利型两种，国内外主体的共性特点是基本性质的独立性、业务领域的专业性和服务优势的效益性。（6）档案社会化服务的内容全面多样，相比国内，国外的服务内容更先进，技术水平更高，服务的针对性和细分特点更突出。（7）档案社会化服务的实现途径是指承担主体的具体实施框架，从对外经营角度包括主体的经营理念、客户选择和经营模式，从对内管理角度包括主体的基础设施、内部制度和人员队伍。（8）档案社会化服务的保障条件包括政策法规、市场需求、行业发展和人才建设。（9）档案社会化服务的价值取向包括专业、社会、科学和发展四个维度，且在逻辑上具有紧密的递进关系：专业取向→社会取向→科学取向→发展取向。此观点提升了论题的理论高度。（10）档案社会化服务的专业取向是安全保密、优质高效和合法合规；社会取向是立足社会分工、体现规模效益并维护社会记忆；科学取向是由技术、知识要素主导以及多元化与专业化并重；发展取向是追求可持续发展和协同发展，达到可信和被社会认同。此观点深度挖掘了档案社会化服务的专业价值、社会意义、科学规律和发展导向。

总之，本书的研究成果有利于解决我国档案社会化服务认识模糊、专业性不强、质量不佳、方法不够科学等现实问题，也可为图书情报等相关专业开展社会化服务提供借鉴参考。

导论中的引用文献

[1] 潘玉民．论建立现代企业档案工作服务机制的意义 [J]．档案学通讯，2006 (6)：22－24.

[2] 包蓉．论档案服务与利用工作 [J]．商业文化，2011

(7)：52.

[3] 臧耀成．挖掘文化资源 拓展服务领域 [J]. 中国档案，2007 (12)：18－19.

[4] [19] 赵红梅．创新档案服务理念 拓展档案服务天地 [J]．兰台内外，2010 (2)：35.

[5] 拓阔档案服务领域 开展家庭建档工作 [J]．广东档案，2007 (2)：24.

[6] 刘志红．由“被动”到“主动”——谈档案服务方式的转变 [J]．职大学报，2011 (1)：89－91.

[7] 姜延延．档案服务方式多元化实现途径浅析 [J]．中国地名，2011 (2)：44.

[8] [84] 李财富，杨静．中外档案服务社会化的比较研究 [J]．档案学研究，2013 (1)：76－81.

[9] 安文革．对档案服务机制创新的思考 [J]．兰台世界，2006 (5)：20.

[10] 侯爱华，张士琴．档案服务机制的创新与实践 [J]．山东档案，2008 (2)：51－52.

[11] 樊继红．整合档案信息资源 创新档案服务机制 [J]．黑龙江史志，2011 (15)：24－25.

[12] 王艳艳，孙红雷．当前档案服务工作遇到的问题及对策 [J]．图书与档案管理，2007 (21)：270.

[13] 张云霞．档案服务工作中需要注意的几个问题 [J]．治黄科技信息，2011 (3)：30－32.

[14] 袁海燕．新时期档案服务工作的新形势 [J]．黑龙江史志，2011 (18)：49－50.

[15] 王玉真．走出误区搞好档案服务工作 [J]．科技档案，

2005 (3): 12 - 15.

[16] 王友良，周罗轩．高校档案服务创新的必要性及实施路径研究 [J]．湖南冶金职业技术学院学报，2009 (9): 66 - 70.

[17] 张春霞．档案服务工作创新 [J]．河南科技，2010 (8): 29.

[18] 黄婷．导入品牌理念 提高档案服务质量 [J]．中国品牌，2012 (8): 78 - 79.

[20] 王良城，崔瑞武．转变观念 创新机制 积极推进公共档案服务——深圳市档案部门公共服务体系建设调研报告 [J]．中国档案，2010 (9): 30 - 33.

[21] 肖旭红．利用科技创新 提升档案服务 [J]．档案管理，2011 (3): 91.

[22] [26] [28] [29] [33] 李财富．我国档案信息服务产业化问题研究 [J]．兰台内外，1997 (5): 38 - 40.

[23] [24] [30] 王协舟，刘安福．档案信息服务与产业型档案信息服务——档案信息服务及其产业化的经济学分析之一 [J]．图书馆，2007 (1): 105 - 108.

[25] [31] 李国伟．将档案文献服务强化发展为信息产业的思考 [J]．北京档案，1998 (4): 25.

[27] [32] 于绵琪．开辟档案服务的第三产业 [J]．齐齐哈尔社会科学，1985 (4): 78 - 79.

[34] [44] 李辰．全国档案中介服务发展概述 [J]．中国档案，2004 (10): 18 - 19.

[35] [37] 成永付．商业性档案中介服务的解析 [J]．兰台世界，2005 (12): 12 - 14.

[36] 慈云力，任善军．发展档案中介服务的必要性 [J]．黑

龙江档案，2003（5）：15－16.

［38］［43］吴加琪，罗辉．档案中介服务功能的完善与拓展［J］．北京档案，2004（7）：24－25.

［39］［46］刘秀芬．浅议档案中介服务的开展［J］．科技致富向导，2010（11）：83－84.

［40］［47］刘宏．以市场化运作方式发展档案中介服务［J］．科技创新导报，2007（34）：168.

［41］潘玉民，陈晓．地方档案法规关于档案中介服务规定的集成与分析［J］．档案学研究，2007（6）：45－50.

［42］潘玉民．关于档案中介服务的法制建设问题［J］．兰台世界，2003（12）：6－7.

［45］王秀莲，崔淑芳．浅淡档案中介服务的培育与发展［J］．北京档案，1997（6）：40.

［48］黄力．企业档案管理业务外包可行性研究［J］．档案学研究，2004（4）：17－20.

［49］张萌．档案整理工作中的业务外包问题［J］．北京档案，2011（2）：33－34.

［50］黄力，李圭雄．业务外包：档案中介机构发展面临的机遇与挑战［J］．北京档案，2004（5）：27－28.

［51］罗亚利．地方高校档案数字化外包策略研究［J］．兰台世界，2010（6）：30－31.

［52］于众，张彤．办公室档案工作业务外包“要不得”［J］．秘书，2011（4）：12－13.

［53］［58］［60］王晓琳．档案业务外包理论与实践研究［D］．苏州大学，2010：32－47.

［54］丁建雄，贾秀娥．对企业档案管理工作引入服务外包的

思考［J］．兰台世界，2009（11）：38－39.

［55］何世藻．档案服务外包的实践与思考［J］．中国档案，2010（7）：26－27.

［56］钟国文，童霞．提高档案数字化外包质量的策略探析［J］．机电兵船档案，2012（1）：48－50.

［57］王再兴．我国档案业务外包的发展策略［J］．黑龙江档案，2011（1）：39.

［59］薛健．我国档案业务外包前景展望［J］．黑龙江档案，2011（2）：27.

［61］［67］苗壮．试谈档案工作社会化［J］．档案，1990（5）：9－12.

［62］郦懿清．议档案工作社会化服务［J］．山西档案，1999（4）：33.

［63］李正宁．档案工作社会化和市场化发展趋势［J］．城建档案，2000（5）：13－14.

［64］［71］李灿玉，张兆忠．档案工作社会化与档案社会化管理［J］．中国档案，2000（8）：11－12.

［65］［66］李彩艳．浅论档案工作的社会化［J］．档案时空，1990（2）：13－16.

［68］赵莉．档案工作社会化与现代档案咨询服务［J］．档案时空，2004（4）：4－6.

［69］隋金光．加快档案工作社会化进程的思考［J］．办公室业务，2003（6）：30－31.

［70］李淑毅．建立档案工作社会化服务体系的几点设想［J］．山东档案，1997（5）：27.

［72］金凤清，常欣，韩滨婕．档案工作的社会化［J］．兰台

内外，2002（3）：33－34.

[73] 张寒．档案工作社会化的实践与探索［J］．四川档案，2012（1）：31－32.

[74][79][80] 马智鑫，刘东红．试论档案服务社会化的内涵、主体和范围界定［J］．云南档案，2009（6）：44－46.

[75] 张衍，丁子涵．档案服务社会化研究述评［J］．图书情报工作网刊，2012（6）：45－50.

[76] 林虎．中国档案服务社会化历程探微［J］．山东档案，2013（01）：11－13.

[77][93] 饶圆．档案服务社会化研究［J］．档案学通讯，2009（6）：51－53.

[78][83] 孙洪光．档案服务社会化问题透视［J］．黑龙江档案，2012（3）：59.

[81] 付双双．档案服务社会化问题透视［J］．档案，2008（4）：38－39.

[82] 杨俊霞．档案工作社会化服务功能建设的思考［J］．中州煤炭，2006（3）：107.

[85] 李文彬．档案服务社会化的发展趋势［J］．档案管理，2003（2）：20－21.

[86][88][90] 陈东宝．高校档案服务社会化问题探讨［J］．兰台世界，2005（4）：35－36.

[87][89] 武红．谈高校档案服务的社会化［J］．山西档案，2007（1）：86－87.

[91] 苑丽华．地质档案资料社会化服务工作若干问题的思考［J］．兰台内外，2006（3）：28.

[92] 杨美玲．浅议医院档案服务的社会化［J］．科技情报开

发与经济，2008（21）：101－102.

［94］［95］［96］王国兴．档案社会化服务问题略论［J］．档案管理，1992（5）：25.

［97］张兵．从长治亚和的实践看民企参与城建档案社会化服务［J］．山西档案，2010（1）：28－30.

［98］Njovana S. Archives Services in Changing Societies in Southern Africa［J］. S. A. Archives Journal，1993，35（6）：33.

［99］Mbewe，Mark F. Archives Services in Zambia.［J］. S. A. Archives Journal，1993，35（7）：39.

［100］Connors T J. Preserving the Historical Record of American Labor：Union-Library Archival Services Partnerships，Recent Trends，and Future Prospects［J］. Library Trends，2002，51（1）：85－100.

［101］O'Donnell F. Reference Service in an Academic Archives［J］. Journal of Academic Librarianship，2000，26（2）：110－118.

［102］Document-Management Service Saves ＄2～3 Million［J］. Health Management Technology，2010，31（3）：22－23.

［103］Juliano E B. Consider Outsourcing Your Medical Records Management，but Ask These Questions First［J］. Managed Care Outlook，2007，20（12）：8－11.

［104］Horton S. Social Capital，Government Policy and Public Value：Implications for Archive Service Delivery［C］//Aslib Proceedings. Emerald Group Publishing Limited，2006，58（6）：502－512.

［105］［108］Churchill C. Outsourcing Document Management［J］. Infonomics，2010，24（2）：46－48.

[106] Benedon W. Outsourcing: The Right Decision? [J]. Information Management Journal, Prairie Village, 2000, 34 (1): 34-41.

[107] Dmytrenko A L. Outsourcing for Imaging. Records Management Quarterly [J]. 1997, 31 (4): 67.

[109] Sillitoe P J. Privacy in a Public Place: Managing Public Access to Personal Information Controlled by Archives Services [J]. Journal of the Society of Archivists, 1998, 19 (1): 5-15.

[110] Yu H F, Chen Y M, Wang S Y, et al. Improving Internet Archive Service through Proxy Cache [J]. Internet Research, 2003, 13 (1): 61-71.

[111] Lagutaine F, Martinotti S. Better Print and Document Services: A Hidden Source of Value [J]. McKinsey Quarterly. 2009, (3): 22-23.

第二部分

档案社会化服务的理论基础

5 档案社会化服务的内涵

在国外，档案社会化服务的实践早在20世纪40年代就已开展，目前趋于成熟。近20年来，我国经济的发展也推动着政治体制改革的行进，市场主体逐渐多元化，不少档案中介机构也开始了档案社会化服务的实践尝试。相对于实践的蓬勃发展，我国的理论建设很不完善，对档案社会化服务至今尚未进行概念界定和定义解读。借助文献调查，笔者发现，已有研究存在的突出问题是概念不清，提法较混乱。有的用“档案社会化服务”，有的用“档案服务社会化”，有的用“档案中介服务”，有的还用“档案工作社会化服务”、“档案专业社会化服务”等，存在不同提法指向同一内涵或者是同一概念却有不同含义的现象。由于概念区分不明，清晰度较差，很多成果将档案中介服务、档案服务社会化、档案社会化服务等不同概念混为一谈，不仅仅妨碍了研究的准确性和深度，更严重的是让真正意义上的档案社会化服务的创新性得不到正确、科学的认识和评价，弱化了档案社会化服务及其机构存在的价值，阻碍了档案社会化服务产业发展的进程。因此，笔者认为有必要对档案社会化服务进行概念界定和含义解读。

5.1 档案社会化服务概念的现状

笔者将文献调研中收集的相近概念进行梳理，发现以下几种代表性观点具有不同的研究切入点。

“档案中介服务”——李辰在《全国档案中介服务发展概述》中将其定义为“在社会主义市场经济条件下，由档案行政管理部门认定并接受其监督的档案中介组织，以档案和档案工作为服务对象，以档案整理与寄存、档案价值鉴定与评估、档案信息咨询与加工、档案干部培训等为服务内容，直接为机关、企事业单位或个人代办档案事务的一种行为”①。该定义以档案中介组织为切入点，强调服务主体。

“档案服务市场化”——张彦等在《档案服务市场化应打破的四种瓶颈》中认为其是“按照市场运作理念，引入市场机制，适应市场，找准经济建设服务的切入点，来拓宽档案服务领域和方式，突出重点，全方位、多层次、多角度地为经济建设和社会发展服务”②。该定义以市场运作为切入点，强调服务特征。

“档案服务社会化”——马智鑫、刘东红在《试论档案服务社会化的内涵、主体和范围界定》中指出它是“档案部门在提供服务上，以社会需求为导向，以公共利益的最大化为目标，以提高档案服务质量和效率、降低服务成本、最大限度地满足社会公众的需求、实现社会效益和经济效益的最佳为目的，立足档案工作，运用社会和市场的力量，开展在社会领域的多方位合作，适当引入市场机制，形成以档案部门为主导、多种形式参与的档案服务提供机制”③。该定义以档案部门为切入点，强调服务目标。

---

① 李辰：《全国档案中介服务发展概述》，载《中国档案》，2004（10）。

② 张彦、徐健、李红霞、宋青霞：《档案服务市场化应打破的四种瓶颈》，载《山东档案》，2003（2）。

③ 马智鑫、刘东红：《试论档案服务社会化的内涵、主体和范围界定》，载《云南档案》，2009（6）。

"档案社会化服务"——王国兴在《档案社会化服务问题略论》中将其定义为"据档案界出现的档案专业组卷服务公司、桌面印刷系统、复印打字等经营性实体可断论，它是以档案系统为主，参与经济改革、社会服务的一种新生事物"①。该定义以档案系统为切入点，强调服务主体。

"档案工作社会化服务"——郦懿清在《议档案工作社会化服务》中给出的定义是"国家各级档案行政管理部门为广大立档单位和个人提供的档案工作业务指导和服务，是以介于保管者和利用者之间的中介机构的形式提供系列化服务"②。该定义以档案行政管理部门为切入点，强调服务主体。

"档案专业社会化服务"——杜媛媛在《浅论档案专业社会化服务的难点及解决办法》中将其定义为"以丰富的档案资源为基础，通过多种途径、多种形式开发和利用档案资源，同时建立健全档案信息资源社会化服务体系，使档案资源为政府部门和公众发挥最大的作用"③。该定义以开发利用档案资源为切入点，强调服务内容。

"档案专业社会化服务"——陈姝在《关于构建档案专业社会化服务体系的思考》中将其定义为"是档案事业的发展与社会对档案、档案工作需要的有机结合，是档案、档案工作融入社会、服务社会的动态过程"④。该定义以社会为切入点，强调服务对象。

以上代表性定义各有侧重，有的强调服务主体，有的强调服

---

① 王国兴：《档案社会化服务问题略论》，载《档案管理》，1992（5）。

② 郦懿清：《议档案工作社会化服务》，载《山西档案》，1999（4）。

③ 杜媛媛：《浅论档案专业社会化服务的难点及解决办法》，载《现代商业》，2010。

④ 陈姝：《关于构建档案专业社会化服务体系的思考》，载《北京档案》，2010（3）。

务特征，有的强调服务目标，有的强调服务内容，有的强调服务对象等。这说明对档案社会化服务的研究存在概念名称及定义解释不尽一致、较混乱的现实状况。

5.2 “档案社会化服务”与“档案服务社会化”辨析

在我国已有文献使用的诸多概念中，与“档案社会化服务”最相近的是“档案服务社会化”。笔者选择它们作为检索词，对上述数据库中的文献进行精确检索，分别得到 20 篇（档案服务社会化）和 17 篇（档案社会化服务）。但仔细阅读文献内容，笔者发现“档案服务社会化”和“档案社会化服务”虽为两种提法，却有不少文献将两者混为一谈。因此，笔者认为有必要辨析这两个概念，消除歧义。

无论是“档案服务社会化”还是“档案社会化服务”，其关键词都是“档案服务”，前者可理解为档案服务之社会化，后者可理解为档案之社会化服务。“社会化”在两个概念中的不同位置，反映出档案服务的不同基点和特点。

档案服务之社会化强调的服务主体是档案部门，揭示的是档案服务的方向和趋势。从历史溯源来看，档案馆向社会公众开放源起 1789 年的法国档案工作改革。自此之后，公共档案馆向公众开放并为公众服务成为国外普遍遵行的一项原则。与国外相比，我国档案馆的开放进程较晚。1980 年党中央制定了“开放历史档案”的方针，直到 1987 年颁布的《档案法》才为我国档案开放确立了法律依据。尽管我国档案馆十分重视档案服务，但档案馆为社会民众服务的热潮形成于 21 世纪。在政务信息公开浪潮推动下，我国很多档案馆普遍开展了已公开现行文件查阅服务，不断加大馆藏开放力度，积极采取有效措施为公众服务，为民生服务。基于我国现实，档案室虽然没有为公众服务的法定义务，但不少档案室也积极开展了为社会服务的行动。因此，档案馆和档案室等档案部门就是“档案服务”的主体。

档案服务社会化的基点和立场是档案部门，揭示出档案服务之“社会化”的方向和趋势——不断面向社会公众。这种社会化也是一个不断发展的过程，是档案、档案工作融入社会、服务社会的过程，本质上是档案部门服务的发展与社会对档案需要的有机结合，使档案价值得以最大化实现。在这一基点和立场上，“档案服务社会化”指的是档案部门面向社会公众提供专业服务。

档案之社会化服务选择的基点是社会分工，揭示的是档案服务的专业分工特征。档案社会化服务是档案界关注的热点，其实践活动在全国各地如火如荼地开展。从 20 世纪 90 年代起，随着我国社会主义市场经济的建设发展，经济成分日渐多元，逐步涌现了文件档案管理的多元化需求。为满足这种需求，一种提供文件档案管理的社会化有偿服务机构——档案中介机构应运而生。文献显示，浙江、上海、沈阳等地最早在 1992 年就出现了档案信息服务中心、档案事务所、档案咨询中心等档案中介机构。据不完全统计，截至 20 世纪 90 年代末，全国已有 100 多所档案中介机构。时至今日，我国档案中介机构的发展更加迅猛，不仅名目繁多，而且覆盖地域范围日渐扩大。档案中介机构提供的服务在我国被视为档案社会化服务的重要内容，很多涉及档案社会化服务的论文与档案中介机构及其服务相关。笔者认为，档案中介机构提供的是商业性、社会化的专业服务，这是从社会分工的角度来区分的。这种商业性、社会化的专业服务机构并非我国首创，早在20世纪40年代末美国就首先出现了类似机构。资料显示，1948年美国建立了第一家商业性文件中心。经过60余年的发展，商业性文件中心在国外成为提供商业性、专业性、社会化的文件管理和信息服务的服务型企业，并发展成为一种成熟的行业。

“档案社会化服务”的基点是社会分工，强调这种服务是档案专业领域内一种基于社会分工的服务，突出其带有的专业属性和社会属性。一方面旨在显示这种档案服务的专业性、专门化特征；另一方面可强调这种档案服务具有集中专业资源进行优化配置、经济集约高效的优势。

通过比较，“档案服务社会化”和“档案社会化服务”虽都是围绕“档案服务”提出的概念，但二者存在明显区别。一方面，二者的基点立场不同。档案服务社会化是基于公共档案馆和档案室等部门的立场来理解和界定档案服务的，更关注档案服务的实施主体；而档案社会化服务是基于社会分工的角度来理解和界定档案服务的，更突出档案服务的宏观特征。另一方面，二者的承担主体特点不同。“档案服务社会化”有着明确的承担机构——档案部门；而“档案社会化服务”的承担主体更为广泛和复杂。可见，只有将二者辨析清楚，才能准确界定档案社会化服务的概念并解读其含义。

5.3 档案社会化服务的概念界定和含义解读

笔者在《“档案服务社会化”与“档案社会化服务”辨析》一文中曾提出“档案社会化服务”的定义——“从社会分工角度出

发，涉及档案管理的专业性、专门化服务，一般为有偿服务。"① 这一定义略显简单，描述了服务领域和特征，却未明确服务主体。为此，笔者经过深入研究对档案社会化服务概念进行完善，将其定义为："社会组织基于社会分工，以经济、高效、优质、安全的方式提供的涉及档案的专业性、专门化和社会化服务，与档案服务社会化的区别在于服务主体不局限于档案部门而是社会组织。"该定义既全面揭示出档案社会化服务的内涵和外延，又清晰展示出与档案服务社会化的区别。

分解档案社会化服务的定义，其含义包括三个层次。首先，档案社会化服务从本质上来说是一种服务，是满足需求方的一种活动。将服务作为档案社会化服务的属概念，清晰地界定了档案社会化服务的外延。其次，档案社会化服务是档案专业服务，其服务内容和范围都是与档案专业有关的。将档案社会化服务划归于档案专业领域，揭示了档案社会化服务的内涵。最后，档案社会化服务的最显著特征在于社会化，是立足社会分工的服务。这一界定也体现了档案社会化服务的内涵。

具体说来，档案社会化服务定义的含义可从三方面解读。

第一，档案社会化服务是一种服务。档案社会化服务是以服务为属概念的。学界对服务的理解，角度存在差异。社会学意义上的服务，是指为别人、为集体的利益而工作或为某种事业而工作。经济学意义上的服务，是指以等价交换的形式，为满足企业、公共团体或社会公众的需要而提供的劳务活动。显然，档案社会化服务所属的服务概念，更多地具有经济学意义。学者霍尔 1977 年提出的服务概念得到了大多数学者的认同："服务是指人或隶属

① 黄霄羽：《档案服务社会化"与"档案社会化服务"辨析》，载《中国档案报》，2010-01-25。

于一定经济单位的物在事先合意的前提下由于其他经济单位的活动所发生的变化。"① 当代市场营销学泰斗菲利普·科特勒给服务下的定义是："一方提供给另一方的不可感知且不导致任何所有权转移的活动或利益，它在本质上是无形的，它的生产可能与实际产品有关，也可能无关。"② 马克思也指出，服务，一般地说，不过是指这种劳动所提供的特殊使用价值，就像其他一切商品一样；但是这种劳动的特殊使用价值在这里取得了"服务"这个特殊名称，是因为劳动不是作为物，而是作为活动提供服务的。③ 可见，服务是不以实物形式而以提供劳动的形式满足他人某种特殊需要的。档案社会化服务自然就是以劳动形式而不是实物形式向服务对象提供某种使用价值的过程。从这一角度看，档案社会化服务属于服务的一种，是服务的下位概念，因为其实质就是专业机构凭借其占有的资源优势，向社会各方面提供服务，满足客户特定需求的一种活动。

第二，档案社会化服务是涉及档案专业的服务。对档案定义的解释虽形形色色，但学界对档案概念已有共识。举两个典型定义如下：一是中华人民共和国档案行业标准《档案工作基本术语》表述为："国家机构、社会组织或个人在社会活动中直接形成的有价值的各种形式的历史记录。"④ 二是《档案学概论》（第二版）的表述为："档案是社会组织或个人在以往的社会实践活动中直接形

---

① 转引自杨圣明、刘力：《服务贸易理论的兴起与发展》，载《经济学动态》，1999（5）。

② 百度百科："服务"，见 http：//baike.baidu.com/view/133203.htm，2012-12-11。

③ 参见孟旭、张树青：《关于服务定义研究视角的探讨》，载《商业时代》，2009（15）。

④ 转引自冯惠玲、张辑哲：《档案学概论》（第二版），6页，北京，中国人民大学出版社，2006。

成的具有清晰、确定的原始记录的固化信息。”① 档案社会化服务的领域是在档案专业范围内，这里所指的档案是广义概念，也就是包含文件档案全生命周期的概念，即文件从其形成到销毁或永久保存的全过程都在档案社会化服务的研究范围之内。换言之，凡是与档案专业相关的工作范围，都是档案社会化服务涉及的领域，档案社会化服务与其他服务的关键不同点，就在于它的专业界限。

第三，档案社会化服务是一种社会化或者说立足社会分工的档案专业服务。社会化在社会学和政治经济学理论中的含义不尽相同。在社会学理论中，社会化是指个人与社会的一种互动过程，一种联系的纽带。通过这种互动或纽带，人们获得个性，并且学会和掌握社会的规范、观念、语言、技术以及思想和行为的一定模式。其定义是一个人获得自己的人格和学会参与社会群体的方法和社会互动过程。② 马克思认为的社会化，是指人类整体应有的一种社会存在状态，人类社会化是人类发展的目标。人类社会化进程首先是从生产领域开始，然后向社会的其他领域不断拓展的过程。就社会领域而言，生产社会化发展不断推动社会结构的分化和专门化，以及带来新的综合。结构功能主义学派甚至把它视为现代社会最主要的特征。③

在政治经济学理论中，社会化的基础是社会劳动分工理论。该理论的主要内容如下：社会分工是指人类从事各种劳动的社会

---

① 冯惠玲、张辑哲：《档案学概论》（第二版），6 页，北京，中国人民大学出版社，2006。

② 参见［美］戴维·波普诺：《社会学》（第十版），142 页，北京，中国人民大学出版社，1999。

③ 参见江德兴：《马克思社会化理论与政治权利的演变》，6～10 页，北京，社会科学文献出版社，2005。

划分及其独立化、专业化。社会分工是人类文明的标志之一，也是商品经济发展的基础。没有社会分工，就没有交换，市场经济也就无从谈起。社会分工的优势就是通过擅长的人做擅长的事情，使平均社会劳动时间大大缩短，生产效率显著提高。能提供优质高效劳动产品的人就能在市场竞争中获得高利润和高价值。基于社会分工理论提出的专业服务在提高生产力和生产管理效率方面具有明显优势，主要体现在以下几点：首先，专业分工能提高劳动者的熟练程度；其次，节省工作时间和成本；最后，简化和降低劳动的复杂性。档案社会化服务就是基于社会分工的立场，顺应社会实践发展的需要而产生的一种专业性、专门化、面向社会的服务，能优化档案工作质量，提高档案工作效率。其特点和优势在于，集中和整合档案专业的资源（包括专业人才、专业制度、专业方法等）优势，为需求方提供专业化、社会化、规范化的档案服务。

6 档案社会化服务的特征

6.1 服务性

档案社会化服务是一项基于社会分工的专业服务。因此，档案社会化服务具有档案服务和社会服务的一般性特征，例如，档案服务的安全性、知识性，以及社会服务的客户至上性。同时，档案社会化服务还具有自身独特的服务性。笔者通过研究发现，档案社会化服务的服务性主要体现在以下几个方面。

第一，服务对象广泛。档案社会化服务是以社会分工为基点提出来的。与其他的社会化服务类似，档案社会化服务的对象涉及社会生活的方方面面。从一般意义上来说，现代社会的任何领域和机构，都会产生各种各样的档案。凡是有档案产生的领域或者机构，都有可能需要档案社会化服务。由此可见，档案社会化服务的对象极为广泛，包罗万象。在国内，档案社会化服务机构的服务对象多包含大型央企、国企、大型知名民营企业、政府机构（综合局馆）等多种性质的单位；涉及的行业和领域更是分布广泛，包括政府系统、能源、汽车制造、建筑房地产、军工（航空)、通信、金融保险、税务、医疗等众多行业。

第二，服务内容全面。如前所述，社会实践活动中众多领域和机构产生了数量庞大的文件档案，这些文件档案都需要存储、整理、归档、检索、提供利用等服务，这每一项服务又都包含着较繁复的具体业务。例如文件管理解决方案、数字归档、在线备份、咨询服务、技术托管服务、收发室服务、成像处理、异地安全销毁等均属于文件档案服务的业务范畴。如果对业务内容进行分类，可分为档案基础型业务和增值型业务。其中，档案基础型业务包括文档搬运、装具或设备提供、文档清洁、文档整理立卷、影像载体保存、开放排架、库房管理、缩微复制、文档回收、文档销毁、硬拷贝、编制检索工具等；增值型业务包括文件管理方案设计、文档数字化、文档管理系统开发、文档管理软件设计、数据重置、灾备计划编制、电子保存、电子文件管理、信息管理、文档和信息咨询、业务外包、员工培训等。从这里可看出，档案社会化服务既包括档案实体管理，又涵盖档案信息开发，因此说，档案社会化服务是一种服务内容相当全面广泛的专业服务。

第三，服务方式多样。作为专业服务的一种类型，档案社会化服务以满足客户需求为中心，以提升服务质量为手段，以提高客户满意度为最终目标。为有效地满足客户需求，档案社会化服务包含多种多样的服务方式。档案社会化服务机构一般都具备了优良的设施和先进的技术，因此可提供多样化和个性化的服务。服务方式多样主要体现在：一切从客户的实际出发，满足不同类型的客户对文件档案管理和信息服务的个性化需求。如国内档案社会化服务机构北京紫光慧图信息技术有限公司在为客户提供档案管理软件服务时，前期深入客户企业，充分了解客户档案管理部门的业务流程及档案需求，有针对性地对现有软件产品进行二次开发，以满足不同客户的个性化需求。[①] 同时，还体现在主动服务、超前服务和开放式服务上。这也是现代社会专业分工的优势所在。

第四，服务机制新颖。档案社会化服务是一种新颖的社会化分工状态下的服务。所以，这种服务具备自身特有的服务机制。服务机制新颖主要体现在理念先进、管理科学、服务规范上，因此具备管理效益高、服务安全优质等特点。如国外商业性文件中心 Iron Mountain 就树立了“安全为本、客户至上、合法合规、行动导向”的先进服务理念，从员工安全培训、行业领先设施、车辆运输监控、先进技术引进等方面入手开展科学的管理，同时强调服务的合法合规，承诺遵从各地域范围及行业领域内的相关法律、标准。[②] 档案社会化服务作为一种新型的行业，从人才资源、专业技术、服务功能等方面都应建立起自身的一套规范体系。

6.2 专业性

档案社会化服务致力于提供专门化的档案服务，具有专业性的特征。这种专业性特征主要表现在以下几个方面。

第一，档案这一特定对象的专业性要求档案社会化服务的专业性。档案作为社会实践活动中直接形成的固化信息，其本身的专业特性对档案社会化服务提出了特定的要求。档案具有原始记录性、历史再现性、知识性、信息性、政治性、文化性、教育性等特点。档案社会化服务必须基于档案的本质属性即原始记录性，

① 网络调研，见 http：//www.thams.com.cn/，2013－10－20。
② 网络调研，见 http：//www.ironmountain.com，2013－10－20。

提供科学、安全的专业服务。

第二，档案人才的专业性决定了档案社会化服务的专业性。人是生产力中最活跃的因素。作为提供档案社会化服务的档案人员，一般都非常强调其专业知识和技能。档案社会化服务机构所录用的档案人员应是具备完善的档案专业知识和技能的高素质人才，他们拥有较全面、科学的档案学专业知识、专业眼光和专业素质。正是借助高素质档案人员的努力，才能保证档案社会化服务的专业性。如紫光慧图建立档案专业人才队伍，将专业档案咨询服务嵌入软件的销售和安装中，并积极与开设档案学专业的高校合作交流，提升自身人员的专业知识，从而提升了其所提供的服务的专业性。①

第三，档案业务的专业性凸显了档案社会化服务的专业性。档案管理是一项专业管理活动，其业务内容具备很强的专业性。档案从收集、整理、鉴定、保管到编研和利用服务的各项管理环节，都需要专业知识和技能。如果不具备专业知识和技能，社会组织是很难提供档案社会化服务的。

6.3 知识性

由于档案社会化服务隶属于现代服务业，而现代服务业区别于其他产业和传统服务业的重要特征即知识密集程度高，具体体现在两方面。一方面，知识资源是现代服务业发展壮大必需的主要资源。现代服务业人力资本、知识资本投入是整个行业要素投

① 访谈地点：紫光慧图（北京市海淀区清华大学华业大厦一区 1506 室）；时间：2012－07－23。

入结构的核心，能带来产品价值显著增加的也是这部分软性投入。① 因此，从档案社会化服务要素投入的角度看，其投入表现出高知识密集度的特性。

另一方面，档案社会化服务的产出也具有高知识密集度的特点。为消费者提供档案实体管理和基于此的知识的生产、传播和使用服务是其核心产品，档案信息和知识在这个服务过程中实现增值。在企业经营上，档案社会化服务机构依托电子信息等高科技，将信息化与现代经营理念结合，从投入、产出以及管理流程的特点，均体现出知识密集程度高的行业特征。②

6.4 效益性

社会分工是社会进步的必然途径，符合人类历史的发展潮流。社会分工是指人类从事各种劳动的社会划分及其独立化、专业化。现代社会专业分工之所以越来越突出，正是因为专业分工实现了高效益。档案社会化服务是现代社会专业分工中的一个分支，毋庸置疑，档案社会化服务有着明显的效益性。通过实践调查和理论研究，笔者发现档案社会化服务的效益性不仅体现在宏观层次的社会资源优化配置上，更体现在微观层次的档案工作和档案服务上。

从宏观层次来看，档案社会化服务是一种规模化、规范化的服务，能有效地节省社会资源，提高服务效率，开拓服务渠道，最终实现社会资源的优化配置。对于档案专业人员而言，档案社

①② 参见原毅军：《面向全球市场的中国服务业发展》，11～12 页，大连，大连理工大学出版社，2008。

会化服务的发展有助于提升档案知识运用于实际的效率，起到人尽其用的目的；对于档案服务对象而言，这种集约化的服务有利于实现科学的管理和利用，满足了社会对档案信息的需求；对于社会建设而言，档案社会化服务不仅有助于提升全社会的档案服务水平，更有利于提高社会的档案意识，便于人类历史记忆的保存，促进社会主义文化建设的发展。不管从什么角度来说，档案社会化服务的效益性都非常显著。

从微观层次来看，档案社会化服务有助于实现更加高效的档案工作和档案服务。档案工作的最主要目的就是有效开发档案信息资源，实现社会共享，最大限度地服务于社会。以国外商业性文件中心 Recall 为例，其为澳大利亚排名前五的金融机构提供了集成化的文档管理解决方案，涵盖了数字化、数据抓取和处理等，保障了金融行业的资金安全，提高了处理周转效率，体现了档案服务的效益性。① 可以说，现代社会的档案工作和档案服务两者在很大程度上实现了有机统一。档案社会化服务作为一种面向社会的专业服务，每一服务环节都体现了档案管理的要求和宗旨，有效地优化了档案工作环节，实现了更为优质、精细、灵活的微观层次的档案工作和档案服务。同时，档案社会化服务主体借助自身服务创造了巨大的财富，以国外商业性文件中心 Iron Mountain 为例，图 6—1 展示了近 5 年该公司的年度营业总额，从统计数据中不难看出该公司的年度总收入已超 30 亿美元。

综上所述，档案社会化服务具有服务性、专业性、知识性、效益性等四个方面的特征。这四个特征是一个相互依存、不可分割的有机整体。服务性是档案社会化服务的本质属性，是实现档

---

① 参见《澳大利亚前 5 大金融机构高度赞扬 Recall 的应用数字化解决方案》，见 http：//www. recall. com/document-storage/case-studies/，2012－04－15。

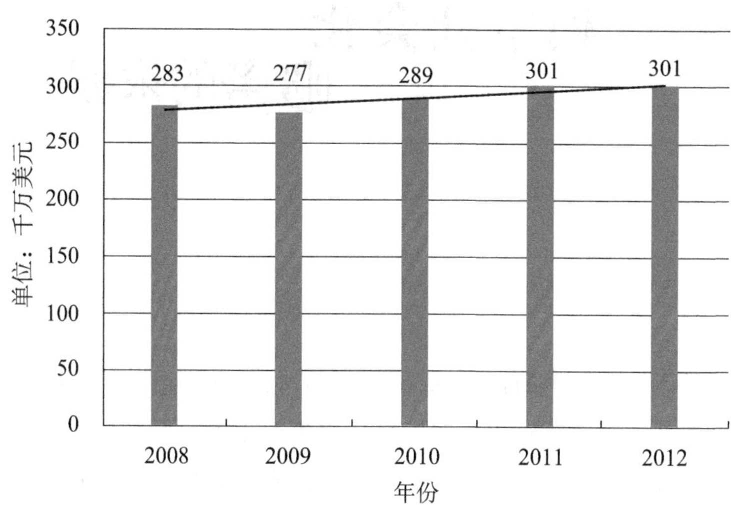

图 6—1 2008—2012 年 Iron Mountain 公司年度营业总额柱状图

资料来源：http：//phx. corporate-ir. net/External. File? item=UGFyZW50S UQ9NTAyNjIwfENoaWxkSUQ9NTUwNDQ1fFR5cGU9MQ==&t=1。

案社会化服务之专业性、知识性、效益性的前提和基础；专业性是档案社会化服务的特有属性，是实现档案社会化服务之服务性、知识性和效益性的有效途径和手段；知识性和效益性是档案社会化服务的优势所在，是实现档案社会化服务之服务性和专业性的既定目标。

7 档案社会化服务的依据

基于社会分工的档案社会化服务，目前在国内外均已有了一定的实践发展，但对于档案社会化服务产生的原因和依据，学界的探讨却并不深入。笔者从档案社会化服务的理论依据和实践条件两方面进行分析，探讨档案社会化服务存在及发展的依据。

7.1 档案社会化服务的理论依据

前文解读档案社会化服务的含义包括三个层次：首先，档案社会化服务是一种服务，是服务的下位概念；其次，档案社会化服务是涉及档案专业的服务，其服务内容和范围都与档案专业有关，档案社会化服务与其他服务的关键不同点，就在于它的专业界限；最后，档案社会化服务是社会化或者说立足社会分工的服务，是基于社会分工的立场，顺应社会实践发展的需要而产生的一种专业性、专门化、面向社会的服务，其特点和优势在于集中和整合档案专业的资源（包括专业人才、专业制度、专业方法等）优势，为需求方提供专业化、社会化、规范化的档案服务。服务—档案专业服务—社会化的档案专业服务，这种外延范围就为笔者提供了探寻档案社会化服务理论依据的基本思路。

档案社会化服务的理论依据主要涉及现代服务业领域、档案专业领域、社会分工领域和公共管理领域。第一，档案社会化服务从服务产业分布来看隶属于现代服务业，因此现代服务业中的服务外包理论成为其理论基础；第二，档案社会化服务是一种专业的档案服务，档案学专业领域内的文件生命周期理论也是其有力的支撑；再次，档案社会化服务是一种基于社会分工的服务，因此政治经济学中的社会分工理论可为其提供依据；最后，档案社会化服务是一种面向大众的服务，其实践发展也可得到公共管理学中相关理论的支持。综上所述，档案社会化服务的理论依据主要包括现代服务业领域的服务外包理论、档案专业领域的文件生命周期理论、政治经济学领域的社会分工理论、公共管理领域的新公共管理理论和公共选择理论，其具体理论依据的整体关系如图 7—1 所示。

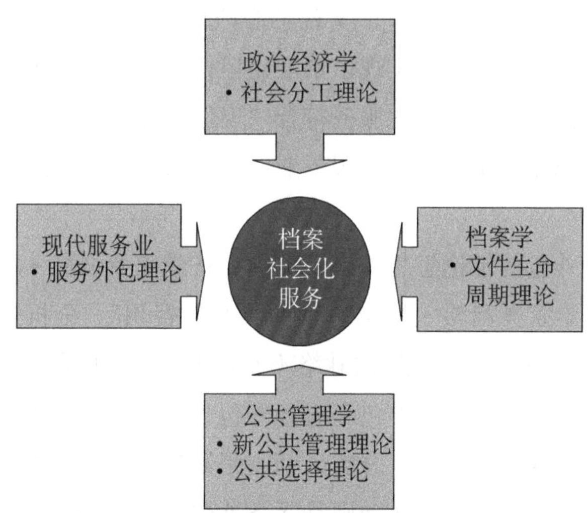

图 7—1 档案社会化服务理论依据整体图

7.1.1 基于现代服务业的理论——服务外包理论

服务业在 20 世纪作为一个完整的概念提出，早期被称作第三产业。“第三产业”这一概念最早由英国经济学家阿·费希尔提出，英国经济学家克拉克在1957年以“服务性行业”代替了“第三产业”概念。根据服务业排他式定义，凡不能划入农业和工业的产业部门全部划归服务部门。

“现代服务业”一词在我国最早出现于1997年十五大报告中，中长期科技发展规划将其定义为“是在工业化比较发达的阶段产生的，主要依托信息技术和现代管理发展起来的信息和知识相对密集的服务业”。其主体是为了适应现代社会发展特征和要求而提供市场化服务的部门。既包括伴随着信息技术和知识经济的发展而产生的新兴服务业，又包括利用现代信息技术、经营理念、管理模式和服务方式改造传统服务业而促成的服务业升级。其特征在于：建立在信息基础设施之上；将信息技术和知识融入服务的各环节；实现了客户服务的集成化、定制化、精准化；服务内部管理实现了精准化运作、精确化管理、协同化创新。显然，档案社会化服务符合“现代服务业”的相关特征要求，并且属于其下的生产性服务业—专门服务业—管理及科技咨询服务。①

服务外包的理论思想可溯及英国经济学家罗纳德·科斯和奥地利经济学家奥利弗·威廉姆森的“交易费用”，分析途径沿着“交易成本—采购—外包”的脉络不断发展。外包依据转移活动对象的差异可分为制造业外包和服务外包。如果转移对象属于制造加工零部件或某种组装、总装活动则是制造业外包；如果转移对象是作为投入的服务性活动则是服务外包。服务外包是把原来在企业内部提供的服务性投入活动，通过正式或非正式的“服务水

---

① 参见高新民、安筱鹏：《现代服务业：特征、趋势和策略》，9～15页，杭州，浙江大学出版社，2010。

平合约”转移给外部厂商去完成的现象。服务外包使原先通过企业内部协调组织的服务性投入活动，转变为通过市场合约方式联系的活动。

按业务内容划分，服务外包主要分为信息技术外包（ITO）和业务流程外包（BPO）。前者是指企业向外部寻求并获得包括全部或部分信息技术类的服务，服务内容包括系统操作服务、系统应用服务、基础技术服务等。后者是指企业将自身基于信息技术的业务流程委托给专业化服务提供商，由其按照服务协议要求进行管理、运营和维护服务等。服务内容包括企业内部管理服务、企业业务运作服务、供应链管理服务等。①

档案社会化服务的内容包括档案业务流程外包，是现代企业的一种经营战略，有助于简化职能结构，降低经营成本。而提供此类服务的专业机构和部门亦可获得规模经济效应，以较低成本提供更多服务。

7.1.2 基于档案学的理论——文件生命周期理论

在国外，档案社会化服务的最佳实践范例是一种提供档案专业服务的商业化机构——商业性文件中心。而商业性文件中心作为文件中心的一种形式，是效仿政府文件中心的产物，具有文件中心的基本职能和作用。

文件中心是基于文件生命周期理论的最佳实践。文件生命周期理论的基本内容包括三点：第一，文件从其形成到销毁或永久保存是一个完整的运动过程；第二，文件的完整运动过程由于文件价值形态的变化可划分为若干阶段；第三，文件在每一阶段因

---

① 参见吴国新、高长春：《服务外包理论演进研究综述》，载《国际商务研究》，2008（2）。

其特定的价值形态而与服务对象、保存场所、管理形式之间存在一种内在的关系。文件生命周期理论将文件视为广义概念，包括现行文件、半现行文件和非现行文件。现行阶段的文件因机关需要频繁利用，一般保存在机关内部，服务对象以本机关为主。非现行阶段文件对机关的作用基本丧失，其中大多数因为没有历史价值而被销毁，少数具有永久保存价值的文件则需永久保存，保存场所转移至档案馆，服务对象由机关扩展到社会各界。而对于半现行阶段的文件，现行作用已开始衰退，利用率也逐渐降低，服务对象仍以机关为主，但文件的历史价值尚未得到检验，不宜过早销毁或移交到档案馆，因此这一阶段需要有一个过渡性保管机构集中保管。文件中心正是保管这些半现行文件的最佳场所，既能满足机关自身的利用需求，又能检验文件是否具有历史价值，并且其经济实用的独特优势能充分满足机关低成本、高效率的要求。

而商业性文件中心也同样是基于文件生命周期理论的完美实践。一方面，商业性文件中心符合文件生命周期理论阶段式有效管理的要求。文件生命周期理论要求为各阶段文件找到最适宜的保管场所和管理方法。商业性文件中心正是对文件实施阶段性管理。它依托先进的科技对半现行文件提供集成化、专业化的管理，使文件在商业性文件中心内部得到安全、高效的管理，成本更低，效率更高，更加经济实用。因此可以说，商业性文件中心是企业半现行文件最佳的保管场所，符合文件生命周期理论对文件阶段式管理的要求。另一方面，商业性文件中心突出地体现了文件生命周期理论全过程管理的思想。商业性文件中心的服务对象主要是企业，企业出于效益的考虑要求商业性文件中心对其文件进行全过程管理并提供全方位服务。从文件的生成、管理和维护到最终处置，整个过程均由商业性文件中心进行高效管理。总之，文件生命周期理论正是商业性文件中心产生和发展的理论基础和科学依据，也是档案社会化服务的理论依据之一。

当然，文件生命周期理论并非国外独有，尽管我国迟至20世纪80年代后期才开始明确采用“文件生命周期理论”的提法，但这一理论的思想火花早在20世纪30年代就已萌发，当时的一些学者就提出文书和档案实属同一事物，是同一事物的两个阶段。20世纪50—60年代，我国的一些档案学者开始对档案的形成过程及规律进行研究，提出了“档案自然形成过程论”的基本思想，认为档案的形成过程是由文书部门或有关人员立卷归档形成档案开始，经过档案室，最后集中到档案馆。① 此后随着我国文件管理工作的发展，到20世纪80年代后期，我国的档案学者在借鉴国外文件生命周期理论的基础上开始对文件和档案的运动过程及规律开展深入研究，提出了全面的“文件运动周期理论”，指出文件从产生到成为档案以至消亡是一个完整的运动过程，并对这一过程进行了阶段划分。

由此可见，不论是国外的文件生命周期理论，还是我国的文件运动周期理论，从萌芽到完善的过程都是殊途同归的。文件档案作为国内外共有的事物，其运动过程和规律是普遍的客观存在，科学阐释文件运动过程与规律的文件生命周期理论或文件运动周期理论的适用性也无国界之分，可为我国的档案社会化服务提供专业领域的理论支撑。

7.1.3 基于政治经济学的理论——社会分工理论

社会分工的思想起源于古希腊著名哲学家柏拉图。在柏拉图

---

① 参见国家档案局：《曾三档案工作文集》，北京，档案出版社，1990。

看来，劳动分工是自然的或天赋的要求，上天赋予人们不同的天分，要求人们从事不同的职业。到 1776 年，英国著名经济学家亚当·斯密在《国富论》中第一次提出社会分工理论（也叫劳动分工理论）。他认为社会分工对于提高劳动生产率具有十分重要的意义，具体原因有三：第一，社会分工使得劳动者熟练程度（劳动技能）增进，势必增加他所能完成的工作量。第二，从一种工作转到另一种工作，通常会损失不少时间，有了分工，就可节省工作转换的时间。第三，机器的发明，能在很大程度上简化和便利劳动，而这些机器的发明也是由于劳动分工。① 当然亚当·斯密的社会分工理论并没有把单个生产内部的分工和社会范围内的分工相区别。

事实上，现代社会分工理论认为，社会分工是指人类从事各种劳动的社会划分及其独立化、专业化。社会分工是超越一个经济单位的社会范围的生产分工，包括社会生产分为农业、工业等部门的一般分工，以及把这些大的部门再分为重工业和轻工业、种植业和畜牧业等产业或行业的特殊分工。社会分工是人类文明的标志之一，也是商品经济发展的基础。没有社会分工，就没有交换，市场经济也就无从谈起。社会分工的优势就是让擅长的人做自己擅长的事情，使平均社会劳动时间大大缩短，生产效率显著提高。能提供优质高效劳动产品的人才能在市场竞争中获得高利润和高价值。

当然，对于档案服务来说，目前许多政府机构、企业、组织内部设立了档案馆、档案室等，为其提供基本的档案服务。但随着科学技术的发展，生产力的提高促进了社会分工，档案服务职能的分工也越来越细化，对档案服务机构的人员、设备、安全等

---

① 参见［英］亚当·斯密：《国富论》，北京，华夏出版社，2005。

多方面提出了更高的要求。例如，社会不仅需要会进行收集、整理、鉴定、保管等传统档案管理的人才，还需要越来越多的专门人才承担档案数字化、档案管理软件的开发维护、电子文件长久真实保存等诸多工作。

鉴于目前我国企事业单位内部的档案机构专业化程度一般较低，且对于档案管理的需求有相似性，如果这些不同的组织都能将其内部专业化程度较低的档案管理工作交给社会上专业化程度更高的档案服务机构来负责，则具有两方面优势：一方面，有利于提高档案管理的专业水平和工作效率；另一方面，可减少自行雇用人员、配置设备的费用，降低人力物力成本，有利于实现资源的优化配置，更为经济节约。因此，从社会分工理论角度看，档案社会化服务就是让专业机构做自己擅长的事，提供优质高效的档案服务产品，与不同的组织实现共赢。

7.1.4 基于公共管理学的理论

公共管理学，是运用管理学、政治学、经济学等多学科理论与方法专门研究公共组织，尤其是政府组织的管理活动及其规律的学科群体系。① 档案服务是一种面向社会大众的公共服务，虽然目前提供档案服务的主要仍是政府机构，但“公共性”不等于“政府性”，政府并非“公共性”的唯一代言人。国外自 20 世纪 80 年代初期开始，政府解决公共问题的能力不足开始显现，行政权力的扩展和政府的过分介入，阻碍了市场的内在动力。因此，为减少施政成本并增强服务功能的“政府再造运动”成为焦点，并形成了一系列理论，公共管理学中的新公共管理理论、公共选择

---

① 参见百度百科：“公共管理学”，见 http：//baike. baidu. com/view/649243. htm，2013－03－27。

理论等都可为档案社会化服务提供有力的理论支持。

7.1.4.1 新公共管理理论

新公共管理理论的倡导者之一英国学者胡德，将新公共管理概括为七个要点：（1）政府部门应专业化管理；（2）政府部门要有明确的绩效评估标准和测量；（3）强调对产出结果的控制，即重视实际绩效成果更甚于过程；（4）打破传统政府部门的本位主义，使原来庞大的组织规模分散成为围绕不同公共产品和公共服务的企业化的单位；（5）将市场的竞争机制引进政府部门；（6）重视私营部门的管理务实风格；（7）强调成本概念和纪律，特别是资源的有效运用。①

新公共管理理论主张，在公共管理中采纳企业化的管理方法来提高管理效率，引入市场竞争机制来提高服务的质量和水平，强调在提供公共利益和服务时，除了拓展和完善官僚机构之外，其他机构也可承担所有这些职能，公众究竟选择哪种方式则取决于哪种方式更经济高效。

7.1.4.2 公共选择理论

公共选择理论简单来说就是将经济学应用于政治学、法学、行政管理、公共政策等其他社会科学与政策研究领域。美国著名经济学家詹姆斯·M·布坎南首创了公共选择理论，他认为每个人都是理性“经济人”，都关心个人利益，追求最大效用，政府的行为也是如此。政府官员和政府组织都是理性自私的经济人，他们会在政治市场上以追求自身利益最大化为出发点，并不断扩大组

---

① 参见刘春燕：《民营化：公共服务领域管制的路径选择》，载《四川行政学院学报》，2006（5）。

织规模甚至出现垄断，从而忽视公众的实际需求，结果导致官僚体系的无效率或过度生产，公共服务需求的供给不足或供给过度的现象。基于此，提高政府的服务效率和服务质量，必须打破政府的垄断地位，将政府的一些服务职能释放给市场和社会，建立公私之间的竞争。①

通过以上对新公共管理理论和公共选择理论基本观点的介绍，不难看出这两个理论的主张对档案社会化服务的实践提供了有力支持。一方面，新公共管理理论要求在公共服务中引入企业的管理模式，实现更经济高效的服务，而档案社会化服务正是基于社会分工的视角，通过集中社会资源，提供专业高效的档案服务，从而提高档案服务的整体水平。另一方面，公共选择理论主张对于某些公共服务，政府应释放职能给社会，让更有效率的市场机制参与其中。而档案社会化服务正是强调提供专业化档案服务的不仅仅是档案局馆，更多其他档案服务机构也可提供这些服务，并且以集约高效的优势吸引公众，实现档案服务供给方式的多元化、专业化。目前来看，档案社会化服务的产生和蓬勃发展，从一定程度上印证了新公共管理理论和公共选择理论的观点。

综上所述，档案社会化服务的提出可找到公共服务领域的一些新理论作为依据，新公共管理理论、公共选择理论的主要观点均支持档案社会化服务的产生和发展，在全社会范围内，不仅依赖政府来满足档案服务的需求，也鼓励民间企业机构提供专业化的服务。

---

① 参见吴月红、叶常林：《政府信息外包的理论依据与模式选择》，载《图书情报工作》，2010 (11)。

7.2 档案社会化服务的实践条件

档案社会化服务的实现既需要社会出现一定的需求，更需要实践具备一定的条件，即本书研究的档案社会化服务不仅包括必要性，也包括可行性。笔者认为，档案社会化服务的实践条件主要包含两个方面——社会因素和专业因素。其中，社会因素又分为经济发展水平、政治环境、法制环境、社会分工状况和技术条件等，而专业因素主要是指档案实践的发展。下面将对以上提到的诸方面进行具体阐述。

7.2.1 社会因素

如前所述，档案社会化服务的社会因素主要体现在以下五方面：经济发展水平、政治环境、法制环境、社会分工状况和技术条件。这些方面的综合发展对档案社会化服务既提出了较强烈的需要，也为档案社会化服务奠定了较坚实的实践基础。

7.2.1.1 经济发展水平

社会经济的发展不仅催生了档案社会化服务的需求，也在一定程度上奠定了档案社会化服务的物质基础。

2010 年，中国 GDP 总额赶超日本，成为世界第二大经济体。2012 年初步核算，全年国内生产总值 519 322 亿元，比上年增长 7.8%。其中，第三产业增加值为 231 626 亿元，增长 8.1%，占国内生产总值的比重为 44.6%。① 全国非公有制经济企业已超过

---

① 参见《中华人民共和国 2012 年国民经济和社会发展统计公报》，见 http://www.stats.gov.cn/tjgb/ndtjgb/qgndtjgb/t20130221_402874525.htm，2013-11-19。

1 000万个，个体工商户超过4 000万个，对 GDP 的贡献率超过60%，税收贡献率超过 50%，就业贡献率超过 80%，新增就业贡献率达 90%。①

经济发展推动档案社会化服务的产生，特别是社会主义市场经济建设直接导致档案社会化服务的出现。我国是以生产资料公有制为基础的社会主义国家，以公有制为主体、多种所有制经济共同发展是我国现阶段的基本经济制度。改革开放 30 多年来，我国的经济建设取得了长足发展，社会分工更加细化，社会联系更加紧密，社会现象更为复杂，不确定性增强。因此，社会对档案存储、归档、利用、数字化等方面的服务需求日益增加。并且，近年来，我国社会主义市场经济得到了进一步发展，对价值和效益的重视推动了档案社会化服务的出现。2013 年召开的党的十八届三中全会指出，经济体制改革是全面深化改革的重点，核心问题是处理好政府和市场的关系，使市场在资源配置中起决定性作用和更好发挥政府作用。建设统一开放、竞争有序的市场体系，是使市场在资源配置中起决定性作用的基础。必须加快形成企业自主经营、公平竞争，消费者自由选择、自主消费，商品和要素自由流动、平等交换的现代市场体系，着力清除市场壁垒，提高资源配置效率和公平性。② 总之，档案社会化服务是经济发展的结果。

同时，经济发展水平的提高是档案社会化服务的直接动力。档案服务的发展需要社会生产提供一定的物质基础。社会主义市场经济条件下，我国社会生产力有了极大的发展，由此改善了档

① 参见《全国两会联合现场直播》，见 http：//www. xinhuanet. com/2013lh/zhibo/20130306b/wz. htm，2013 - 03 - 06。

② 参见《中共中央关于全面深化改革若干重大问题的决定》，见 http：//news. xinhuanet. com/politics/2013 - 11/15/c _ 118164235. htm，2013 - 11 - 15。

案服务的物质条件和管理手段，为充分进行档案社会化服务奠定了良好的物质基础。在这样的环境下，适度开展档案社会化服务，符合档案的自身发展规律，有利于充分发挥档案作为社会资源的重要价值。档案工作旨在满足人类意识形态的需要，相对具体的物质生产部门而言，对档案的需要是社会更高层次的需要，所以档案服务的发展必须与社会经济相适应。目前，我国的经济建设取得了很多成果，步入了全面建设小康社会的阶段，档案服务具备了进一步发展和提高的可能。

总的来说，经济发展水平的提高与档案社会化服务存在着如下互动关系：档案社会化服务是经济发展水平提高的诉求与结果，经济发展水平的提高是档案社会化服务的基础与动力。

7.2.1.2 政治环境

从宏观角度来看，政治文明的进步是档案社会化服务的重要保障。档案是人类文明的伴生物。美国著名档案学者谢伦伯格认为，档案是一个政府借以完成其工作的基本形成工具，是政府机构赖以建立的基础。

党的十八届三中全会提出，科学的宏观调控，有效的政府治理，是发挥社会主义市场经济体制优势的内在要求。必须切实转变政府职能，深化行政体制改革，创新行政管理方式，增强政府公信力和执行力，建设法治政府和服务型政府。①

如今，在政府职能尚未完全转变的情况下，档案行政管理部门要本着“让利于民”的思想，逐步把具体档案工作的微观指导职能让出来，更好地发挥档案社会化服务机构在推进档案专业社

① 参见《中共中央关于全面深化改革若干重大问题的决定》，见 http：//news.xinhuanet.com/politics/2013－11/15/c_118164235.htm，2013－11－15。

会化服务中的积极作用。比如可适当参照审计制度，将一些档案年度检查或阶段性验收工作委托档案社会化服务机构进行，在制度设计、整理方案和评估报告等环节中增强社会化服务机构的权威性和公信力。服务型政府要求不断地简政放权，即形成小政府、大社会的局面。这样的需求为档案社会化服务的实践提供了很大的空间。档案工作历来与国家的政治制度和政策相联系，是一项政治性较强的工作。我国具有中国特色的社会主义政治发展取得了巨大成就。政治民主化、公开化、法制化、科学化程度不断提高，政治稳定，科学民主，社会政治文明的极大进步为档案社会化服务提供了基础性的保障。

从微观角度来看，目前的行政环境是档案社会化服务得以发展的保证。这里提到的行政环境不仅包括具体的档案行政环境，更包括社会其他方面的行政环境。就档案行政环境而言，档案法律法规不断建立和完善，档案工作标准化逐步开展，档案机构建设深化，档案事业管理体制在探索中稳步发展，这一切都为档案社会化服务的开展奠定了良好的行政基础。同时，社会其他方面的行政环境也在逐步建立和完善，随着开放档案方针的进一步贯彻落实，档案服务必将与社会其他各项服务取得更加紧密的联系，档案社会化服务的程度将日益提高。

7.2.1.3 法制环境

在市场经济建设过程中，各行各业都离不开法制环境。档案社会化服务的发展同样受到法制环境的保障和推动。

档案社会化服务因属于服务行业，而服务行业又属于第三产业的一部分，因此所有有关支持第三产业及现代服务业发展的法律法规都能在一定程度上为档案社会化服务的发展提供法律支持。

1992年6月《中共中央、国务院关于加快发展第三产业的决定》出台，1993年3月国务院批转了《国家计委关于全国第三产业发展规划基本思路的通知》，同年4月《国家税务局关于促进第三产业发展有关所得税问题的暂行规定》出台，这些法规都为我国第三产业的发展提供了很好的政策支持，也能对档案社会化服务的产生和发展起到推动作用。特别是近期出台的与现代服务业发展相关的法规政策，更有利于档案社会化服务的发展。2010年《国务院关于加快发展服务业工作情况的报告》出台，2013年7月《商务部现代服务业综合试点协调小组办公室关于现代服务业综合试点相关工作的通知》、《国家发展改革委产业协调司征集促进新兴服务业发展政策建议的公告》等连续出台，无疑都为服务业的发展带去新的发展机遇与动力。

此外，我国还出台了一些鼓励社会化服务发展的法律法规，也为档案社会化服务的产生和发展提供了法制保障。2000年《关于培育中小企业社会化服务体系若干问题的意见》出台，在全国范围内促进了中小企业的社会化服务。之后，一些地方政府也做出回应，河北省出台了《河北省人民政府关于加强中小企业社会化服务体系建设的意见》，江苏省也出台了《加快全省中小企业社会化服务体系建设的指导意见》，这些旨在推动社会化服务体系建设的法规也为档案社会化服务提供了有利的机遇。

7.2.1.4 社会分工状况

如前所述，社会分工是人类文明的标志之一。社会分工是指人类从事各种劳动的社会划分及其独立化、专业化。马克思主义认为，社会分工是在社会发展到一定阶段上产生的。真正意义上的社会分工是原始社会后期出现的。那时由于人口的增长和生产的进一步发展，出现了三次社会大分工，包括农业和畜牧业的分离、农业和手工业的分离以及商人的出现，促进了社会发展。社会分工的优势就是让人做自己擅长的事情，缩短平均社会劳动时间。实践发展证明，社会分工有利于提高社会生产率，增加社会财富。

进入21世纪，社会分工得到了更充足的发展，根据我国国民经济行业分类标准（GB/T4754—2011）的划分，现有社会行业分为20个门类，包括96个大类以及1 106个小类，可见社会分工在不断细化和深化。社会分工的优势在许多行业得到了淋漓尽致的发挥和体现，如会计师事务所、律师事务所、家政服务公司以及人力资源外包公司等。笔者通过研究发现，了解以上四类典型服务机构对于本书研究具有很大的借鉴意义。

在市场经济条件下，会计师事务所得以存在并得到极大的发展。会计师事务所是指依法独立承担注册会计师业务的中介服务机构。[①] 在西方发达国家，会计师事务所不仅数量庞大，而且尤其注重质量，重视企业形象和行业信誉，为保证良好的社会经济秩序发挥了积极的作用。在我国，随着社会主义市场经济的初步建立和发展，会计师事务所纷纷涌现，数量极为可观，提供的服务日趋专业化、效益化，在社会经济生活中发挥了重要的作用。会计师事务所这种基于社会分工而产生的专业性会计机构，为企业和其他组织提供了优质高效的会计服务，体现了社会分工在会计领域的优势。

我国在1980年恢复了律师制度。律师业经过30余年的发展，取得了许多成果，尤其是律师事务所在整体上已形成了一定规模。

---

① 参见百度百科："会计师事务所"，见 http：//baike. baidu. com/view/134754. htm，2012-03-27。

律师事务所作为一种律师服务机构，是专业律师向社会提供法律服务的机构。律师事务所在规定的专业活动范围内，可接受中外当事人的委托，提供各种法律服务。近年来，律师事务所的服务不仅包括计划管理、经济核算、激励机制建立，而且包括系统管理、公司化的业务流程管理、公司化的质量和跟踪服务管理等。通过规章制度的建立和管理制度的创新，律师事务所在很大程度上对社会法律资源进行了整合和利用，极大地发挥了社会分工的专业性和高效性。

家政服务公司是指由专业家政服务人员提供如室内外清洁、月嫂服务、钟点服务等的家政服务，将部分家庭事务社会化、职业化的社会营利组织。① 家政服务公司的发展，有利于帮助家庭与社会互动，构建家庭规范，提高家庭生活质量。目前，我国家政服务业已初具规模，众多家政服务公司如雨后春笋般出现在各个城市，有些甚至已形成品牌，服务范围日益扩大，内部分工更加精细，服务内容开始分级。这种专业化的家政服务，很大程度上节约了社会资源，促进了社会发展。

人力资源外包是一种优化的人力资源管理方式。公司等组织实行人力资源外包有助于降低营运成本、节省时间、改善业务焦点、增加管理控制、提高核心竞争力等。人力资源外包公司面向社会提供了专门化的人力资源服务，这种服务一般也是高效、优质的，减少了公司的招聘、培训等方面的压力，是一种低成本、高效益的专业性服务，体现了社会分工不可替代的优势。

上述这四类典型社会化服务机构的建立和不断发展壮大，突出地显示了社会分工的优势。可见，社会分工的优势不仅在于节

① 参见百度百科："家政服务公司"，见 http://baike.baidu.com/view/3470922.htm，2012-03-27。

约社会资源，更在于提高社会效益。而随着社会分工的进一步发展，档案领域也或多或少受到了影响。一方面，社会工作迫切需要档案工作密切协作。更好地开展各项档案服务，使其成为社会发展不可或缺的重要组成部分，这对档案社会化服务提出了很高的要求。另一方面，社会各行业的分工、档案工作内部的分工，越来越精细，越来越专业，为档案社会化服务的开展奠定了一定的物质基础。可以说，社会分工的发展不仅对档案社会化服务提出了必要性要求，更是提供了较良好的可行性条件。

同时，通过对上述四种基于专业分工的社会服务的分析，笔者做出如下总结：第一，社会分工在很多领域具有十分明显的优势；第二，社会分工在专业领域的开展，需要许多方面的支持，例如，法律法规的建立、市场经济制度的完善、社会意识的发展等，目前档案领域已在一定程度上具备了这些条件；第三，社会分工优势之所以能完整地发挥出来，需要该专业领域提供高效优质的服务。由此可见，基于专业分工的档案社会化服务具备了良好的社会环境和专业环境，具有明显的必要性和可行性。

7.2.1.5 技术条件

信息技术、信息社会和信息产业的发展，对档案服务提出了新的、更为强烈的诉求，这种诉求极大地体现在对档案社会化服务的呼吁上。同时，信息技术、信息社会和信息产业的发展，也为档案社会化服务提供了技术动力和环境保障。

第一，信息技术在档案部门广泛应用。

计算机技术、缩微技术、复印技术、网络技术和通信技术的迅速发展和广泛应用，为档案社会化服务提供了物质基础和技术保证。从20世纪后期开始，信息技术逐渐应用于各地办公部门与档案部门的业务工作之中，从而对传统的档案管理与档案信息资源开发手段与方式造成了极大的冲击，大大改变了档案工作的面貌。新技术的应用，消除了人们在地域空间上利用档案的障碍，加强了地区与地区以至国家之间的协作，还为用户提供更快捷、更便利、更有效的档案服务。同时，新技术的应用在很大程度上降低了档案服务的成本，提高了档案工作的效率。只有将这些先进的现代科学技术普遍应用于档案工作实践中，档案社会化服务才能体现出自身特有的优势。

第二，信息社会不断发展，信息产业不断壮大。

科学技术的重大进步，将人类社会推进到了信息社会，出现了信息产业。信息产业是伴随着现代科技的不断发展而迅速崛起的一种新兴产业，它的出现是社会分工进一步细化的必然结果。在欧美等西方发达国家，信息产业早已被视为现代生活中一个不可缺少的重要组成部分，成为跃居传统产业之上的最大产业之一。信息社会背景下，档案作为一种重要的社会信息资源，发挥着自身不可替代的作用。因此，档案信息资源的开发利用，得到了人们的极大关注。档案社会化服务正是在这样的条件下，以自身独有的优势出现。

7.2.2 专业因素

本书涉及的专业因素主要是指档案实践的发展。而档案实践的发展主要体现在以下五方面，即档案工作内容、档案意识、档案机构、档案人员和档案法规政策。

7.2.2.1 档案工作内容

众所周知，档案工作最主要的目的就是要有效地开发档案信息资源，变档案的潜在价值为现实价值，实现社会共享，最大限度地服务社会。档案工作内容随着社会发展发生了许多变化。首先，档案工作的内容不断拓展和丰富。广义上的档案工作包括档案管理工作、档案行政管理工作、档案教育工作、档案科学研究工作、档案宣传工作、档案国际合作与交流工作等。狭义上的档案工作指档案管理工作，基本内容包括：档案的接收与征集、整理、鉴定、保管、编目与检索、编辑与研究、统计和利用服务等。其次，随着社会信息化程度的不断提升，各种信息技术不断地应用于档案工作，与档案工作内容紧密结合。经调查发现，从改革开放至今，从第一台 PC 机的诞生到互联网的普及应用，我国各级各类档案局馆经历了档案管理软件开发利用阶段、档案数字化和档案信息资源建设阶段，进入到了档案信息网络建设阶段。仅以北京市档案局馆为例，其门户网站自 2002 年开通后，网站内容不断丰富，网站的服务功能也增强，建立了 6 个数据库，推出了 80 万条开放档案目录，并已开始提供部分原文网上服务。① 总之，目前我国的档案工作已达到一定水平，为档案社会化服务的开展提供了非常有利的实践条件。

7.2.2.2 档案意识

档案意识包括社会的档案意识，也包括档案界的社会意识。档案意识的提高既对档案社会化服务具有了强烈的需求，也保证了档案社会化服务的开展。档案工作的发展影响着档案意识。人们逐步认识到：档案不仅是历史的凭证，而且是国家重要的信息资源；不仅是个人和单位的文化财富，而且是国家和社会的文化财富。档案工作是社会主义现代化建设不可缺少的重要组成部分，

---

① 网络调研，见 http：//www.bjma.gov.cn/index.ycs，2012-05-23。

是维护党和国家历史面貌的重大事业。因此，档案工作不仅仅是档案人员和档案部门的事，而且越来越受到国家和整个社会的关注，民众越来越重视在社会活动中形成的各种档案，较自觉地维护档案的完整与安全，并重视档案信息的开发利用，充分发挥档案在社会主义现代化建设中的重要作用。这为档案社会化服务的发展提供了较良好的意识基础。

7.2.2.3　档案机构

随着社会分工的不断细化，目前我国的档案机构不仅包括公共档案馆、内部档案机构、档案行政机构等传统意义上的档案机构，还包括了以文件中心、档案寄存中心、档案事务所、现行文件资料中心等为突出代表的新型档案机构。传统档案机构在档案工作中发挥了重要的作用：一方面，长久保存社会活动中形成的有价值的档案，维护党和国家历史真实面貌，满足科学研究和各方面工作利用需求；另一方面，制定和完善制度法规，开展业务指导，完善基层的档案管理工作。同时，新型档案机构的建立在推动我国档案工作的发展中正发挥着积极作用。据不完全统计，目前我国的新型档案机构已有400余家，遍布全国28个省区市。这些机构采用了先进的科学技术，如深圳市世纪科怡科技发展有限公司与Microsoft、Cisco、Oracle、SUN、BEA、柯达等建立了战略合作伙伴关系，保证了公司的产品与技术同国际接轨。① 此外，这些机构提供的服务内容既涉及文档的运送、日常管理、安全保存、鉴定销毁等传统服务项目，又包括文档数据恢复、文档管理软件设计、文档管理系统开发、知识管理等新型服务项目，

① 参见深圳市世纪科怡科技发展有限公司的相关介绍，见http://www.infosoft.com.cn/newpages/11gsjj.asp，2012-05-02。

很好地填补了市场空白，一定程度上缓解了企事业单位（特别是民营企业）的文件档案管理压力，满足了客户需求，为档案社会化服务提供了可靠的保证。

7.2.2.4 档案人员

首先，从20世纪80年代开始，我国档案教育经历了一个大规模、实质性发展的阶段。蓬勃发展的档案教育，为我国培养了一大批高素质的档案专业人才。从人员数量上看，我国现有大约100万的档案从业人员，数量优势较明显。从人员素质上看，据调查统计，目前我国共有32所高校开设档案学专业，以本科教育为基础，以硕士为培养重点，仅2012年这一年全国各高校毕业的档案学硕士研究生就达287人，为我国档案事业发展培养和输送了大批高素质人才。[①] 人是生产力中最活跃的因素，正是档案专业人才队伍的建设和优化，才为档案社会化服务提供了人才保证。其次，在众多新型档案机构中，一批公关能力强、管理水平高、档案专业技能硬的专门性高级人才为开展优质高效的档案服务发挥了主力军的作用，档案人员的专业素质有了明显的提升。这一点在国外体现得更为明显。例如，知名商业性文件中心Recall公司总裁兼运营长埃尔顿·波茨（Elton Potts）拥有MBA学位和金融管理学学士学位，并且具备数十年的管理工作经验，在产品设计、标准建设、产品销售等多方面均有过出色的工作表现。因此可以看到，档案社会化服务已具备了一定的人才储备。而不管是专业档案人员的数量增多，还是档案人员的素质提高，都是档案社会化服务开展的必要条件。

---

① 参见徐拥军、张斌：《中国档案高等教育发展现状调研及对策分析》，载《档案学研究》，2011（5）。

7.2.2.5 档案法规政策

档案社会化服务的产生和发展会受到专业法规政策的影响。目前，国内外制定或颁布的档案法规政策对档案社会化服务的开展具有保障、规范和推动作用。国外的法规政策包括若干层次，既有相关的国际组织标准和国家法规，又有档案社会化服务行业的规范，还有档案社会化服务机构自身的制度，它们互相补充，为国外档案社会化服务的顺利发展提供了专业法规政策环境。相比之下，我国档案社会化服务的法规建设主要局限在地方层面，还未上升到国家层面或行业高度。据了解，上海、北京、安徽、辽宁、黑龙江、河北、湖南等省市已制定了专门针对档案中介机构的地方法规政策，这些法规政策尽管存在内容笼统、规定不够清晰等不足，但它们也能为我国档案社会化服务的良性发展起到保障和规范作用。

8 档案社会化服务的功能和原则

明确档案社会化服务的原则，首先必须了解档案社会化服务能做什么，也就是档案社会化服务的功能。以此为依据，才能更好地提出档案社会化服务的原则，保障档案社会化服务健康、稳定和持久发展。

8.1 档案社会化服务的功能

按照《现代汉语词典》（第六版）的解释，功能是指“事物或方法所发挥的有利的作用；效能”①。档案社会化服务的功能显然是指档案社会化服务能发挥什么有利的作用，也即档案社会化服务的效能。笔者认为，对档案社会化服务功能的分析需要以档案社会化服务的业务内容为依据。有关档案社会化服务的业务将在后续部分展开探讨，这里笔者主要从理论角度概括档案社会化服务的功能。

商业性文件中心是国外档案社会化服务机构的典型代表。其业务内容在国际文件与信息管理服务行业协会曾有明示，包括文

① 中国社会科学院语言研究所词典编辑室：《现代汉语词典（第六版）》，453 页，北京，商务印书馆，2012。

档搬运、装具或设备提供、文档清洁、文档整理立卷、影像载体保存、开放排架、库房管理、缩微复制、文档回收、文档销毁、硬拷贝、编制检索工具、文件管理方案设计、文档数字化、文档管理系统开发、文档管理软件设计、数据重置、灾备计划编制、电子保存、电子文件管理、信息管理、文档和信息咨询、业务外包、员工培训等。[①] 这些业务中既有传统的业务，特点是劳务成分较多，偏重于文档的搬运、代存和日常管理；又有现代的业务，特点是智力成分突出和技术水平先进，偏重于电子文件管理，并提供文件、信息管理方面的咨询和培训服务。国内档案社会化服务机构的业务名称尽管与国外不尽一致，但同样存在传统与现代业务的区分。

档案社会化服务的功能从不同角度出发，可划分为不同类型。笔者主要选择“服务层次和特点”这一标准，将档案社会化服务的功能区分为基本功能与拓展功能，也可理解为传统功能与现代功能。

8.1.1 基本功能

档案社会化服务的基本功能多是指传统纸质文件档案的实体管理，主要特点是基础特色浓、劳务成分大而且技术含量相对较低。档案社会化服务机构往往以先进的运输设施、空间充足的库房和齐全的文档保管设备招揽客户，涉及文档搬运、装具或设备提供、文档清洁、文档整理立卷、影像载体保存、开放排架、库房管理、缩微复制、文档回收、文档销毁、硬拷贝、编制检索工具等传统业务。可见，围绕文件档案实体展开的管理，诸如文件档案的搬运、保管、寄存、扫描、备份、销毁，以及制定文件档

---

① 参见黄霄羽：《全面解析商业性文件中心》，载《档案学通讯》，2009 (6)。

案保管方案，对文件档案进行整理、鉴定、评估，编制检索工具，制定保管期限表，统计，灾备计划编制等，都属于档案社会化服务的基本功能。

8.1.2 拓展功能

档案社会化服务的拓展功能多是指借助技术和智力优势提供的档案信息服务功能，特点是现代化程度高、智力成分突出而且技术含量相对较高，多指向电子文件管理和档案信息内容服务，还包括文件、档案和信息管理方面的咨询和培训服务。档案社会化服务机构大多借助技术和智力优势，提供文件管理方案设计、文档数字化、文档管理系统开发、文档管理软件设计、数据重置、电子保存、电子文件管理、信息管理、文档和信息咨询、业务外包、员工培训等现代业务。可见，针对电子文件等新型载体提供的服务、针对文件档案内容所做的信息资源开发和知识服务，以及档案专业领域内的咨询和培训都属于档案社会化服务的拓展功能。

具体而言，档案社会化服务的拓展功能主要分为四类。

第一，技术支持功能。

档案社会化服务的技术支持功能是指利用较为先进的技术手段，为用户提供以电子文件为代表的新型载体档案的管理和服务。具体业务包括电子文件管理、文件档案管理系统的开发、文件档案管理软件的设计、数据重置与恢复、数据销毁等。技术支持的目的在于满足客户管理电子文件或其他新型载体档案的需求，提高信息化水平。国外知名商业性文件中心 Iron Mountain、Recall 的技术支持功能自不用多说，水平已达相当程度；就连国内档案社会化服务机构也把技术支持作为一项重点业务着力发展。以笔者调研的北京东方博泰文档数据外包有限公司为例，它近年大力发展档案社会化服务的技术支持功能，为客户提供的虚拟文档管理服务，解决了客户信息化管理的后顾之忧；为客户提供的文档管理系统以及管理团队的后备支持，使客户无须购买服务器和软件，无须配备专业技术人员。①

第二，信息服务功能。

档案社会化服务的信息服务功能是指针对文件档案内容提供的信息资源开发和知识服务。档案社会化服务机构借助专业知识，按照用户需求，对文件档案的信息内容进行加工、挖掘和开发，提供各种类型的目录库、参考报告或编研产品等，帮助客户进行决策或文化建设，满足客户的信息管理和知识服务需求。信息服务具有不同层次：一般层次是对档案中的显性知识进行整理、加工和研究，形成信息库和数据库；更高层次是帮助客户进行档案知识管理，基于文件档案库构建知识库，提供知识服务。

第三，专业咨询功能。

档案社会化服务的专业咨询功能是指借助专业化的人才、知识和技术，根据客户需求，提供专业咨询服务。咨询范围主要有专业法律咨询和业务咨询两个方面。前者提供宏观层面的档案法律法规，以及微观层面的档案工作规范、制度、标准等方面的信息咨询。后者是针对客户的具体需求，提供档案库房建设、档案管理体系建立、档案管理方案编制、档案信息资源开发等诸多方面业务的咨询服务。专业咨询是档案社会化服务机构普遍具备的拓展功能。例如，上海仁通档案管理咨询服务有限公司提供了档案规划、档案管理咨询以及档案库房建设解决方案三项咨询服务功能，满足了客户档案管理战略规划、管理制度建设、运转流程

---

① 参见北京东方博泰文档数据外包服务有限公司的服务项目介绍，见 http：//www. botairecords. com/virtual. htm，2013－03－24。

控制、档案人员评估以及库房设计、安全性保障等不同需求。①

第四，专业培训功能。

档案社会化服务的专业培训功能是指邀请专家学者，为客户提供档案业务知识、专业技能等方面的培训，培训内容既有不同层级的知识和技能培训，又有不同程度的意识、理念宣介，还有不同范围的动态、信息传递，根据客户需求相应提供。专业培训也是档案社会化服务机构普遍具备的拓展功能。例如，杭州伟邦档案管理咨询有限公司为客户提供的档案专业培训服务，涵盖了数字化管理业务知识培训、伟邦档案论坛暨学术会议等内容，力求满足客户的多种需求。②

8.2 档案社会化服务的原则

档案社会化服务功能的实现应遵循相应的原则，这些原则不能凭空提出，需要立足档案社会化服务的特征来分析。如前所述，档案社会化服务具有服务性、专业性和效益性特征，这些特征为我们指引了分析档案社会化服务原则的基本思路。服务性要求遵循客户导向原则；专业性要求遵循安全保密原则；效益性要求遵循高效益与高效率并重原则。

8.2.1 客户导向原则

以客户为中心，以客户需求为导向，这是社会化服务必须遵

① 参见上海仁通档案管理咨询服务有限公司的服务项目介绍，见 http：//www.renton.net.cn/danganku.asp? id=550&class2=550，2013-03-24。

② 参见杭州伟邦档案管理咨询有限公司的供应产品介绍，见 http：//hzwbda.b2b.hc360.com/，2013-03-24。

守的原则之一。所谓客户导向，通俗来说就是要把满足客户需求作为一切工作展开的目标和中心。客户导向原则是指尽可能最大限度地满足客户需求，对客户负责，从而使客户满意，达到提高服务水平、树立口碑、扩大自身影响力的目的。客户导向原则包含三层含义。

第一，明确客户需求。

以客户为导向的前提就是明确客户的需求，这是做好一切服务的基础。明确客户需求，不仅包括客户的显在需求，还包括客户的潜在需求。显在需求可直接从客户方获取，但对于潜在需求，就需要深入客户工作环境进行调研，了解客户的特点，熟悉其工作模式和业务流程，协助客户发掘其潜在需求。在客户需求得以明确的基础上，档案社会化服务的提供方才能有针对性地制定工作方案，为客户提供优质、高效、全面的服务，从而得到较高的客户满意度。例如，国外知名商业性文件中心之一的信安达信息管理公司（GRM）就明确提出了客户至上的经营宗旨，宣称以负责态度、团队合作精神与创新理念为客户提供精确无误、完善周到的服务。只要客户有需求，公司就竭尽全力加以满足。[1]

第二，树立客户服务理念。

客户服务理念在其他行业中的应用已有数十年历史，借鉴这种相对成熟的发展理念，有助于档案社会化服务的顺利开展。档案社会化服务的提供方必须树立以客户为中心的思想，充分考虑客户需求，培养与之相适应的价值观念与服务理念，并融入机构文化之中。在市场中，客户有选择档案社会化服务机构的自由。一个缺乏客户服务意识的档案社会化服务机构是难以取得客户信

---

① 参见信安达：《价值理念与行为准则》，见 http：//www.grmchina.com/zh/about/values _ and _ standard.php，2012 - 04 - 11。

任，并得到长久健康发展的。因此，要取得客户信任，发展并扩大档案社会化服务经营范围，壮大自身实力，档案社会化服务机构就必须以客户为本，牢固树立客户服务理念。以北京东方博泰文档数据外包服务有限公司为例，该公司在经营理念中就明确了尊重客户的重要性，坚持把提供优质服务作为最高目标，培养良好的服务意识，认真听取客户意见。[①] 这也是近年来该公司业务发展迅速的重要原因之一。

第三，建立客户服务机制。

为了保证客户导向原则的实施，档案服务机构必须建立相应的机制。这种服务机制是指保证档案社会化服务的各项措施都以客户为中心而展开，并对非客户导向的行为予以调整或约束，确保客户导向思想的贯彻落实。近年来，客户导向的思想在图书馆信息服务领域已有所实践。档案社会化服务可积极借鉴其他行业的成功经验，把客户导向作为指导思想，并建立相应的服务机制作为保障。

8.2.2 高效服务原则

这里的“高效”有两层含义，既指高效益，也指高效率。

无论是对档案社会化服务的提供方，还是需求方，档案社会化服务都需要花费一定的成本，包括时间成本和资金成本。因此，档案社会化服务必须遵从成本/效益原则，也即要以最小的成本获取最大的效益，才有存在和发展的必要。否则，就会造成社会资源的浪费，也无法体现档案社会化服务的专业化、集约化优势。追求效益的最大化，既包括经济效益，也包括社会效益。

档案社会化服务机构在实践中要注意控制成本，产出高效益，

---

① 参见《为什么选择博泰文档》，见 http：//www.botairecords.com/why.htm，2013-03-24。

满足成本/效益原则，需要做到以下两点。

第一，构建成本/效益评估指标体系。

建立评估指标体系，是保证评估有据可循、科学有效的必要条件。评估指标体系的建立必须满足科学性、实用性的要求。所谓科学性，就是要求评估指标体系中涉及的概念清晰、明确，具有专指性，防止含混不清的现象发生。科学性是保证成本/效益评估指标体系准确有效的前提和基础。所谓实用性，就是要求评估指标体系具有可行性和可操作性，符合实际工作需求，不能脱离实际，评估中所使用的数据应易于采集，便于分析比较。只有符合以上要求的评估指标体系才能满足成本/效益评估的需求，促进档案社会化服务更好地开展。

第二，制定合理的改进措施。

根据成本/效益评估的结果，档案社会化服务机构要在此基础上分析问题、改进不足，从而控制成本、提高效益。改进措施的制定，要具有针对性、合理性，切忌盲目压缩成本而导致不良后果。成本控制，关键在于优化资源配置，提高资源使用的经济效益，尤其是利用集约化的优势，严格控制成本。服务机构要依据评估结果改进或优化业务流程，缩减不必要的开支，提高效率，实现自身的可持续发展。例如，国外知名商业性文件中心之一的 Recall 就擅长通过创新和经验积累来控制成本、节约经费并提高效率。其运用 CARTONS 模型支持每个地点和整个网络的绩效分析，利用标准运营规程（SOP）保证高质量的可靠服务，此外还拥有射频识别技术（RFID）提高文件档案处理效率，从而保证其在文件档案管理领域处于行业领先地位。①

① 参见 Recall：《通过创新和经验节省时间和金钱，并提高效率》，见 http：//www.recall.com.cn/why-recall/efficiency，2012－04－11。

高效服务原则的另一层含义指的是服务的高效率。现代社会，客户除讲求服务质量以外，还特别注重服务的效率问题。特别是在信息提供方面，信息本身具有时效性，即在特定的时间范围内才能发挥其效用，这就要求及时为客户提供相关服务。档案社会化服务机构要大力强调“提高效率”的理念，既要不断完善自身的业务，采用最快捷、最有效的工作方式节省成本和提高管理效率，又要通过评估、改进和优化业务流程来帮助客户提高其工作效率。这样可减轻客户自己管理文件信息的负担，降低管理成本，提高工作效率。

8.2.3 优质服务原则

档案社会化服务拥有各方面的优质专业资源，包括档案专业人才、专业设施、制度和标准等，理应为社会各方面提供优质服务，这是其所遵循的必要原则。随着服务理念的创新、技术水平的提高，档案社会化服务的业务领域更加广泛，内容更加精细，具体说来，优质服务包含两点要求。

第一，多元化服务。

档案社会化服务要在市场竞争中取胜，应该提供多元化服务。这里的多元化具有两层含义：一方面是指档案社会化服务机构的多元化。在市场经济条件下，档案社会化服务的承担机构可多元化，重点关注不同的服务对象，提供各具特色的服务模式，这样才能丰富市场主体的类型，以供不同需求的客户选择。总体上来说，国外档案社会化服务机构以企业为主，主要表现为商业性文件中心。在国内，档案社会化服务机构的类型较复杂，既有营利性的档案咨询服务公司，也有非营利性的机关文档服务中心等。另一方面是指扩展服务领域，实现服务形式和内容的多样化。只有为用户提供多样化的服务，才利于推动档案社会化服务科学、可持续的发展。除现有业务，如档案管理、文件档案寄存、业务咨询等以外，档案社会化服务机构还要根据市场实际状况，调研客户需求，借助先进的科学技术，不断开发新的服务形式和内容。国外知名商业性文件中心 Iron Mountain 是提供综合性文档管理服务的典型代表，所提供的服务内容广泛，业务大类共 11 项，涵盖子项目 90 余项，服务全面、广泛且较深入。

第二，个性化服务。

档案社会化服务的个性化主要是指在研究客户特点、工作流程、所处环境、发展态势等内容的基础上，为不同用户提供具有差别性的服务，从而使服务更加具有针对性，最大限度提高服务产生的效益。个性化服务要求档案社会化服务机构根据不同客户需求，制定不同的服务方案，选择灵活的工作方式，为客户提供量身定制的服务。这种服务的优势是显而易见的，能提高客户满意度，促进档案社会化服务的发展。在国内，量子伟业时代信息技术有限公司就注重根据客户的不同特性提供不同类型的服务。例如，为了搭建与东方航空个性需求相匹配的档案信息化管理平台，该公司对东方航空进行了充分的前期调研，结合航空领域的行业特性，解决了全公司对档案的收集、管理、利用等方面的问题，对航空领域档案信息化平台的搭建具有重要的借鉴意义。①

8.2.4 安全保密原则

档案社会化服务与其他领域社会化服务最大的不同点就在于其业务内容是与文件档案息息相关的，档案的机要性决定了其在

① 参见《东方航空建设档案信息化新航道》，见 http://www.pde.cn/inside_article.php?ctid=19&id=899，2012-04-11。

服务上必须要坚持安全保密原则。客户的文件档案涵盖大量信息，例如企业的经营管理、人员信息、营销策划等等，具有重要的商业价值，一旦文件档案实体损坏或内容信息泄露，就会对客户造成损失。因此，为保证客户利益不受侵犯，同时也为确保档案社会化服务的持续稳定发展，档案社会化服务机构必须要坚持安全保密原则，包含两点要求。

第一，实体安全保存。

对于纸质文件来说，档案社会化服务机构要提供符合档案保管条件的库房，配有温湿度控制仪器和其他防护设施，安全性能优越，确保档案实体的长期安全保存，不受外界自然因素的影响，同时在客户需要时能及时提供利用。对于电子文件来说，档案社会化服务机构要利用先进的技术手段确保文件的真实性和长期可读。作为新兴的档案社会化服务机构，北京东方博泰文档数据外包有限公司在库房管理上借鉴了 Iron Mountain 的先进管理经验，建立了标准化库房，重视库房的消防建设以及安全监控，为客户提供安全的纸质文档存储服务。对于电子文件，该公司还建立了专用于储存电子介质的恒温恒湿特殊仓库，适用于磁盘、磁带、硬盘以及胶片等数字媒介，取得了良好的贮存效果。①

第二，信息内容安全保密。

档案社会化服务机构要尊重客户的利益，以客户的文件档案安全需求为原则，确保信息内容不泄露，不失密。安全保密原则的执行需要一定的监管机制的保障，要求档案人员具有较高的素质，严格遵循规章制度。只有遵循安全保密原则，档案社会化服务才能具有安全性、权威性，才能满足复杂的档案管理需求。

---

① 参见北京东方博泰文档数据外包有限公司的服务介绍，见 http：//www.botairecords. com/tape. htm，2013－03－24。

在安全保密方面，国外一些知名商业性文件中心做得相当出色。例如 Iron Mountain 就将安全原则作为经营理念之一，提出“安全是一种生活方式”的宣传口号，切实将安全原则贯彻到每一个工作领域、每一步工作流程之中，保障客户的信息安全利益。其拥有入侵检测和警报系统、火警探测、中央监测保护系统等，以确保文件档案实体与信息内容的安全。这也是该公司广受客户青睐的重要原因之一。①

① See Iron Mountain，“Records Storage，” http：//www. ironmountain. com/Services/Records-Management-And-Storage/Records-Storage. aspx，2014－04－11。

9 本部分小结

本部分阐述了档案社会化服务的理论基础，从辨析相近概念入手，提出了档案社会化服务的内涵、特征、依据、功能和原则，系统解答了档案社会化服务是什么、有何特征、依据何在、功能为何、原则有哪些等基本理论问题。

本部分提出的主要观点有：

一是清晰界定档案社会化服务的概念内涵——社会组织基于社会分工，以经济、高效、优质、安全的方式提供的涉及档案的专业性、专门化和社会化服务，与档案服务社会化的区别在于服务主体不局限于档案部门而是社会组织。

二是系统阐述档案社会化服务的理论依据——现代服务业领域的服务外包理论、档案专业领域的文件生命周期理论、政治经济学领域的社会分工理论、公共管理领域的新公共管理理论和公共选择理论。

三是明确提出档案社会化服务的原则——客户导向、高效、优质和安全保密。

界定档案社会化服务概念内涵并在定义中强调与相近概念的区别，目的在于消除学界的混淆认识，厘清档案社会化服务的学术内涵和研究基点。只有这样，才能让具有科学、规范内涵的档案社会化服务得到正名，真正理解和正确评价档案社会化服务理论研究和实践发展的创新意义，使档案社会化服务的实践开展、机构建设和产业发展得到坚实的理论支持。

立足档案社会化服务概念外延范围“服务—档案服务—社会化的档案服务”并挖掘其理论依据，目的在于说明档案社会化服务具有多领域的理论基础，需要多学科理论共同支撑。明确这一点意味着，政策制定部门需要具备多学科、多专业的复合视角来制定相关政策并保证政策之间的协调和配合，为档案社会化服务的实践开展、机构建设和产业发展提供科学的政策指导。

依据档案社会化服务的特征和功能提出其遵循原则，目的在于揭示档案社会化服务的一般和特殊原则，它既具有服务的一般原则，也具有作为专业服务的特殊原则。这就为研究档案社会化服务的价值取向埋下伏笔。

第三部分

档案社会化服务的实践发展

10 档案社会化服务的承担主体

笔者在前文辨析“档案社会化服务”的概念时指出，与“档案服务社会化”有明确的承担主体——档案部门不同，档案社会化服务无须界定明确的承担机构，但凡基于社会分工角度，能提供专业化、社会化档案服务的机构均可被包含在档案社会化服务的承担主体之内。纵观国内外的实践发展过程，已有一些机构主体承担了档案社会化服务的职能并积累了一定实践经验。笔者通过分析这些机构主体，试图概括出档案社会化服务承担主体的共性内容和共有特征，以便在档案社会化服务实践发展的框架中首先解答档案社会化服务“由谁做”的问题。

10.1 国外档案社会化服务的主要承担主体

在国外，档案社会化服务发展最成熟和完善的国家当属美国，美国不仅是文件中心的发源地，也是最早建立商业性文件中心的国家。自 20 世纪 40 年代以来，不论是在美国政府机构系统内的文件中心，还是以盈利为目的的商业性文件中心，均凭借其专业化服务、集约优化社会资源配置的优势而广受青睐并得以蓬勃发展。这两种机构体现了档案社会化服务承担主体专业化、社会化的特点，是国外档案社会化服务实践承担主体的典型代表。因此笔者以美国为例，梳理分析政府文件中心和商业性文件中心的历史和现状，揭示国外承担主体的基本特征。

10.1.1 政府文件中心

文件中心最早起源于美国，后在全球得到发展。文件中心是一种独立于机关之外的过渡性文件保管机构，专门集中保管半现行文件，分为三种类型：一是政府系统内的文件中心；二是非政府系统的文件中心，包括大学文件中心、行业内的文件中心等；三是商业性文件中心。政府文件中心（又称联邦文件中心）是非营利性的档案社会化服务机构。

10.1.1.1 政府文件中心的发展历史

比利时档案学者库维利尔早在 1923 年提出建立文件中心的建议，但真正付诸实践的是美国。二战期间，美国军事机关形成的文件急剧增加。迫于机关储存空间的巨大压力，在当时受雇于海军部的两位档案学者艾默特·里赫和罗伯特·巴默尔策划下，海军部于 1941 年率先在附近一个废弃的啤酒厂原址上设置了临时库房，集中保存数量庞大的半现行文件。这是美国建立的第一个文件中心。

后来罗伯特·巴默尔又在陆军部设置了类似的临时库房，到二战结束时，文件中心在军事机关的设立十分普遍。它在保管半现行文件上取得的良好效果使得战后联邦政府各机构纷纷效仿，因其对库房的要求没有档案馆那样高，很适应二战后美国的经济形势，因此很快在全国各地推广开来。据胡佛委员会下属文件管理工作小组的不完全统计，截至 1949 年底联邦政府各机构就建立了100多个文件中心。

文件中心初期的大量建立尽管在一定程度上缓解了政府机构文件保管空间的压力，今天看来却有相当的盲目性。长期以来，联邦机构内部没有设立类似欧洲国家“登记室”这种专职文件管理机构的传统，临时库房虽然成本相对较低，但每个机构都设立一个甚至几个，建立和维护的费用对机构而言也是一笔不小的经济负担。而且，半现行文件价值的特殊性也必然会使机构权衡投入产出比的经济效益问题。这样一来，联邦档案机构有必要借助行政和法律双重手段，对文件中心的建立进行调整和全盘规划，提出分区域建立若干联邦文件中心来集中保管联邦政府半现行文件的方案。1950年颁布的《联邦文件管理法》将这一方案确定下来，并把设置和管理联邦文件中心的权限授予了前一年成立的国家档案与文件局。迄今为止，美国一共设置了16个联邦文件中心。①

10.1.1.2 政府文件中心的现状

目前，美国政府系统的文件中心分为两类：联邦政府文件中心和地方政府（包括各州、市、县）的文件中心。第一类联邦文件中心。美国目前共16个，其中包含2个全国性的，分别是位于马里兰州苏特兰城的华盛顿国家文件中心和位于密苏里州圣路易斯市的国家人事文件中心。其余14个为地区性文件中心，从阿拉斯加到加利福尼亚，从波士顿到亚特兰大，这些遍及整个美国的地区性文件中心保管着各级联邦机构和联邦法院的文件，构成了全国性的文件服务网络。② 联邦文件中心是美国最重要和最典型的

---

① 参见黄霄羽：《外国档案事业史》(第二版)，北京，中国人民大学出版社，2011。

② 参见林学奇：《感受文件中心》，载《档案学通讯》，2001 (1)。

一类，尽管数量不多，但总体规模是其他类型文件中心无法相比的。其管理权掌握在国家档案与文件局手中，自身成为联邦档案系统的重要组成部分。第二类是地方政府文件中心。地方政府（包括各州、市、县等）设立文件中心大多仿照联邦政府的做法，地方档案部门一般承担其管理职责。

当然，政府文件中心并非美国独有，在全美得到推广和蓬勃发展后，更是风靡世界。当前建立文件中心或类似机构的国家包括：美洲的美国、加拿大、墨西哥、秘鲁；欧洲的英国、法国、俄罗斯、德国、荷兰、挪威、瑞典、瑞士、奥地利、比利时、波兰、罗马尼亚、原南斯拉夫；亚洲的印度、巴基斯坦、马来西亚、菲律宾、新加坡；非洲的赞比亚、坦桑尼亚、津巴布韦、博茨瓦纳、卢旺达、马拉维；大洋洲的澳大利亚、新西兰。此外文件中心的名称在各国也不尽相同。如在英国称“中间档案馆”，在法国叫“文件中心”、“进馆前文件寄存处”或“部际档案馆”，在马来西亚称“文件服务中心”等等。当然大多数国家还是沿用了美国的称谓——“文件中心”。[①] 西方国家普遍将文件中心誉为“现代最富有生命力的新型档案机构”。

10.1.1.3 政府文件中心的优势

政府文件中心之所以受到全球青睐，是因为其在政府系统内特有的优势。

第一，资源整合，经济节约。设立文件中心的最初目的是经济地保管半现行文件，因此文件中心一般坐落在郊区或地价相对低廉的地段，建筑外表较简陋，内部设施也较便宜，集中存放若干单位的半现行文件。这种集中保管半现行文件的方式，一方面，

① 参见黄霄羽：《外国档案管理学》，北京，中国人民大学出版社，2008。

通过共用库房、设备、人员为多个文件形成机关服务，降低了成本，实现了资源的整合和优化配置，避免机构各自单独保管半现行文件所造成的资源重复浪费。美国曾在保管费用上做过对比，机关办公室每1立方英尺文件年均保管费用为7.66美元，而文件中心只需0.51美元，美国的联邦政府文件中心每年可为政府节约经费高达1.43亿美元。[①] 另一方面，它又可避免历史价值尚未显现的半现行文件过早进馆，占用档案馆设施精良的储存空间而造成浪费。总之，政府文件中心追求以最小的费用提供优质服务，实现了经济上的节约。

第二，优质高效的专业服务。政府文件中心是提供半现行文件保管服务的专业机构，拥有专业的人员、设备和管理方案，能为政府机构提供最专业的文件服务，例如：确保及时准确地满足用户需求；保持文件在文件中心存取的合法性；为需要长期保存的文件创造适宜的储存空间；以快捷和安全的方式邮寄文件；利用现代信息技术提高服务质量等。对形成机关来说，半现行文件因在机关日常工作中利用率逐渐降低而“备受冷落”，不少机关将半现行文件胡乱堆放并疏于保管，易发生丢失或损坏现象。文件中心的建立恰恰可消除机关的上述困扰，使半现行文件得到安全保管。对档案馆而言，可通过对文件中心处置业务的监控提高文件鉴定的科学性和全面性，确保进馆文件的质量。因此，文件中心优质高效的专业服务不仅受到文件形成机关的欢迎，也为档案馆所需要。

国外文件中心经济节约和专业服务两大突出特点，是其广受青睐的原因，也佐证了档案社会化服务理论基础中对“社会化”、“专业化”的阐述。可以说，政府文件中心就是一种典型的档案社

---

① 参见黄霄羽：《外国档案管理学》，北京，中国人民大学出版社，2008。

会化服务承担主体。

10.1.2 商业性文件中心

商业性文件中心也是文件中心的一种类型，最早起源于 20 世纪 40 年代末，是由私人创办的，主要为工商企业服务的营利性文件服务机构。美国是商业性文件中心建立较早、发展水平较高的代表性国家。①

10.1.2.1 商业性文件中心的发展历史

20 世纪 40 年代，美国国家档案馆工作人员艾默特·里赫因为政府文件中心成效良好而受到海军部嘉奖。政府文件中心的成功及推广，促使美国商业界认识到建立商业性文件中心的必要性。艾默特·里赫于 1948 年建立了商业档案中心，这是美国首个商业性文件中心。② 当时美国工商企业数量增多，产生了文件大量堆积的问题。1950 年美国联邦政府颁布《联邦文件管理法》，授权总务署在国家档案与文件局下设联邦文件中心，从而确立文件中心的法律地位，保证文件中心健康、有序发展。这样一来，政府文件中心得以不断发展壮大，为商业性文件中心的产生起了一定表率作用。上述这些有利条件推动商业性文件中心开始形成并产生一定的经济效益。

50 至 60 年代是美国商业性文件中心的起步阶段，表现为建立中心的城市范围开始扩展。中心早期主要出现在纽约和费城等东北部城市，后来扩展到芝加哥和洛杉矶等其他大城市。这一阶段

---

① 参见黄霄羽：《美国商业性文件中心 Iron Mountain 的运作模式分析及启示》，载《北京档案》，2007 (11)。

② 参见黄霄羽：《美国商业性文件中心的发展历程和演变特点》，载《北京档案》，2008 (12)。

商业性文件中心多以“搬运和仓储公司”的形式存在。搬运和仓储公司在提供文件管理和保存服务方面具有优势，它们拥有库房和运输工具，并与许多大公司和大机构建立了业务联系。

70年代，美国商业性文件中心快速发展。其原因主要有三：一是经济开始复苏，商业迅速发展；二是文字处理软件的出现和使用加速了文件数量增长；三是联邦、州、地方政府的法律法规不断出台，规定众多类型的文件都必须保存以满足法律和审计要求。面对经济快速发展和文件数量急剧增加等问题，许多小企业开始重视文件管理，原因是文件堆积如山，带来了昂贵的成本问题。由此，商业性文件中心存在很强的市场需求。Pierce-Leahy and Bekins 文件管理公司从 Bekins 搬运和仓储公司的一个部门起家，成为最早一批商业性文件中心之一。该公司几经变迁，是 Iron Mountain 的前身。①

80年代，商业性文件管理服务作为一个行业开始在全球发展，势头强劲，需要组建联盟组织。1980年，商业性文件中心协会成立。第一批会员来自美国和加拿大，前者居多，如有明利阿波利斯市 Mohawk 商业文件中心、芝加哥文件管理公司、底特律 Leonard 兄弟文件服务中心芝加哥文件公司、波士顿 Iron Mountain 集团、加拿大 STACS 文件管理公司等。

90年代，美国商业性文件中心呈现爆炸式增长势头。考察这一时期商业性文件中心协会会员数量情况，就能明显看出增长速度。据统计，1991年会员公司为380个，90年代末增加到500个，2004年超过了650个。事实上，并非所有商业性文件中心都会成为协会会员，因此中心实际数量大大超过统计数。90年代后期，

① 参见黄霄羽：《美国商业性文件中心的发展历程和演变特点》，载《北京档案》，2008 (12)。

美国商业性文件中心呈现优化整合趋势。在全球企业重组、兼并、收购风潮盛行的大环境下，商业性文件中心也掀起了整合浪潮。大型商业性文件中心纷纷收购或并购小规模的中心，最典型的案例是 Iron Mountain 对 Pierce-Leahy 公司价值 1.1 亿美元的并购。2000 年 2 月并购完成时，Iron Mountain 公司客户数量上升到 115 000 位。

近年来，由于信息技术、计算机技术的普及和发展，商业性文件管理服务已成为具有相当规模并较成熟的行业。目前，美国拥有 2 000 家文件管理公司，其市场占有率达到 40%；欧洲文件管理公司的市场占有率达 10%；亚洲、南美洲和非洲的文件管理公司市场占有率也呈上升之势。商业性文件中心已发展到相当成熟的阶段。①

10.1.2.2 商业性文件中心的现状

美国既是文件中心的发源地，也是最早建立商业性文件中心的国家。商业性文件中心从 20 世纪 40 年代末起源，走过了 60 余年发展历程。目前，商业性文件中心在美国发展成为一种成长型产业。作为一种提供商业性、专业化文件管理服务的企业，如今商业性文件中心在欧美国家受到普遍青睐，尤以美国为盛。② 当前商业性文件中心数量众多，分布广泛，典型突出，已成为较成熟的行业。笔者概要阐述商业性文件中心的数量、分布、类型等内容，以勾勒商业性文件中心的现状。

国外商业性文件中心数量众多，就美国一国而言，已拥有了

---

① 参见张玮琼：《论我国建立商业性文件中心的必要性和可行性》，载《北方经贸》，2008（7）。

② 参见黄霄羽：《美国选择商业性文件中心的考虑因素》，载《北京档案》，2009（3）。

2 000家文件管理公司，欧洲、亚洲、南美洲和非洲的文件管理公司也在蓬勃发展，数量不断增多，市场占有率不断提高。

国外商业性文件中心分布广泛，遍及全球。根据国际文件与信息管理服务行业协会（PRISM）最新统计，商业性文件中心已遍及全球各大洲 52 个国家和地区。美国是拥有商业性文件中心数量最多的国家，在 PRISM 的 574 家会员公司中，美国就拥有 374 家，分布遍及全国 49 个州。此外，加拿大和英国也是拥有商业性文件中心数量居世界前列的国家，加拿大拥有 27 家 PRISM 会员；英国则有 21 家 PRISM 会员。就我国而言，香港建立了商业性文件中心，大陆和台湾则拥有国外商业性文件中心的“分号”。PRISM 最新发布的“资源指南”列出了会员公司的全球地理分布。从地域上看，会员在欧洲、北美洲、中南美洲、亚洲、非洲和大洋洲均有分布。其中，拥有会员的国家和地区主要集中在欧洲、亚洲和美洲。从整体分布来看，在 PRISM 注册的 574 家商业性文件中心虽遍及全球，但主要集中在北美洲和欧洲，其中北美洲有 401 家，欧洲有 81 家，数量远远超出亚洲（50 家）、南美洲（25 家）、大洋洲（14 家）和非洲（3 家）。①

按照不同的标准，笔者对商业性文件中心进行科学的分类。首先，按市场范围，商业性文件中心可分为国际型、洲际型与国内型。商业性文件中心的市场范围有大小之分。PRISM 编制会员名录时就设有“市场范围”一栏，用来区分各商业性文件中心的市场规模。最大是以“全球”为市场范围的跨国公司；次之是以某一大洲作为市场目标的公司；最小是以本国作为市场目标的公司。从绝对数量来看，国内型商业性文件中心最多。从影响力而言，国际型商业性文件中心最强。其次，按业务内容，商业性文

① 参见黄霄羽：《全面解析商业性文件中心》，载《档案学通讯》，2009（6）。

件中心分为传统文档保管型与现代信息服务型。商业性文件中心的业务内容有传统与现代之别。以文档保管为主要业务的属于传统型商业性文件中心，以信息管理服务为主要业务的属于现代型商业性文件中心。再次，按发展特点，商业性文件中心分为综合型与专业型。商业性文件中心的发展特点有综合与专业之别。综合型商业性文件中心一般具有较长的发展历史和较大的发展规模，拥有良好的客户关系和专业团队，业务覆盖面广，知名度和美誉度也比较高。专业型商业性文件中心，大多是随着信息技术的发展而出现的新兴企业，其特色在于业务的针对性和专业性较强，大多侧重文档管理中的某一环节或者某个具体方面。①

总体而言，商业性文件中心经过 60 余年发展，已从美国扩展到全球，遍及 52 个国家和地区，并且步入较成熟的稳定发展阶段。

10.1.2.3 商业性文件中心的典型

典型一：Iron Mountain②

Iron Mountain 是一家规模巨大的跨国集团，是当今世界最具知名度和影响力的商业性文件中心之一，也是文件管理服务业的全球领导者。其总部设在波士顿，市场范围覆盖五大洲的 39 个国家。

Iron Mountain 于 1951 年成立，发展历程大致分为三个阶段。1951—1980 年是起步阶段，着眼于业务推广和基础设施建设。1980—1988 年是快速发展阶段，表现为拓展市场，服务内容从纸质文件保管扩展到计算机数据备份保护，服务领域也扩大到医疗

---

① 参见黄霄羽：《全面解析商业性文件中心》，载《档案学通讯》，2009 (6)。

② 调研网址，见 http：//www.ironmountain.com/。

和法律行业。这一阶段公司规模不断扩大。1988 年至今是全球扩张阶段，在服务内容、市场范围、发展规模和经营收入上不断突破，持续扩张，取得更加明显的规模效益。

目前，Iron Mountain 的综合实力得到国际社会的认可，提供全面、安全而周到的服务也受到广泛赞誉。1999 年，在纽约证券交易所上市；2009 年，入选标准普尔 500 强。笔者依据 Iron Mountain 的网站信息用表 10—1 展示其现状规模和良好声誉。

表 10—1　　Iron Mountain 的现状规模和所获荣誉

发展规模①	主要荣誉和奖项②
覆盖范围：覆盖北美洲、欧洲、南美洲、大洋洲、亚洲五大洲，遍布 39 个国家和地区，共设 600 多个运营中心。	2002 年：被《波士顿商业周刊》评为“年度最佳公司”。
基础设施：拥有 1 000 多个库房、10 个数据中心和 3 500 辆汽车等。	2003 年：首席执行官理查德·里斯（Richard Reese）被安永评为“年度最佳企业家”。
客户数量：97%以上的财富 1 000 强企业均为其客户，客户总数达 14 万多，涉及医疗保健、法律、金融、零售、音像、能源等行业及政府部门、家庭办公室等领域。	2005 年：被《波士顿商业周刊》评为“增长最快百强企业”。
员工数量：20 000 名专业人员。	2006 年：理查德·里斯被波士顿领导人峰会评为“有远见的领导人”。
保存文件信息总量：超过 4.4 亿立方英尺的纸质文件，7.4 拍字节的电子文件，750 万盒计算机备份磁带，2 500 万台个人电脑和 2 万台服务器。	2007 年：被《福布斯》杂志评为“400 强公司”。

---

① See “About Us,” http：//www.ironmountain.com/company/about-us.html，2012 - 11 - 07.

② See “Awards and Honors,” http：//www.ironmountain.com/company/awards-and-honors.html，2012 - 11 - 07.

续前表

发展规模	主要荣誉和奖项
企业排行榜：2003 年在财富 1 000 企业中排名 887 位；2004 年 857 位；2005 年 811 位；2006 年 783 位；2007 年 780 位；2008 年 722 位；2009 年 681 位；2010 年 644 位；2011 年 643 位；2012 年 675 位。	2008 年：被《安全》杂志评为“年度安全 500 强公司”；再次被《福布斯》杂志评为“400 强公司”。
影响力：连续八年（2005—2012）被《财富》杂志评为“世界最令人羡慕的公司之一”。	2009 年：入选“标准普尔 500 公司”。
	2010 年：总裁拉马纳·文卡塔（Ramana Venkata）与首席管理官拉维（Ravi）被评为“2010 保管超级明星”。
	2011 年：被《信息周刊》评为全国技术创新公司前 50 强；再次被《安全》杂志评为“年度安全 500 强公司”。
	2012 年：入选《信息周刊》杂志 500 强公司，排名 168 位。

总之，Iron Mountain 富于经验、知识和安全的声誉使其在文件管理、数据保护和恢复、信息销毁等领域成为世界领先的最优供应商。

典型二：Recall①

Recall 也是提供文件、信息商业化服务的一家大型公司，是美国商业性文件中心的又一典型。1999 年成立，总部位于美国佐治亚州的诺克罗斯。

Recall 是全球支持服务集团公司 Brambles 旗下的子公司。

① 调研网址，见 http：//www. recall. com. cn/。

Brambles 是一家提供信息链服务和信息管理服务的全球性支持服务公司，总部设在悉尼。Brambles 成立于 1875 年，从屠宰业起家，不断扩展服务范围，实施多元化发展战略。二战后，公司业务更加多元化，20 世纪 60—90 年代 Brambles 已发展为一家包括工业服务、运输、物料搬运、化学工程、机械工程等在内的多元化经营的大型公司。进入 20 世纪 90 年代后，Brambles 开始涉足文件管理领域，并在这一领域借助一系列收购和扩张，于 1999 年建立了现在的 Recall，集中提供文件档案管理信息服务。

Recall 如今已成为一家大型跨国集团，拥有员工 4 500 多名，在全球 21 个国家设立了近 300 个运营中心，是国外文件管理服务行业的第二大运营商。Recall 能为各行业的中小型私营企业和大型跨国集团提供一流的专业解决方案，业务范围涵盖整个信息生命周期，包括文档管理、数字解决方案、数据保护和安全销毁等多项服务。Recall 已成为全球文件管理服务领域的引领者，通过智能化战略解决方案和成熟的专业知识，帮助众多企业和机构客户应对与文档管理、数据保护和文档销毁相关的挑战。2011 年 10 月，Recall 荣获 2011 年 TAG 神剑奖（Excalibur Awards），巩固了其在文件、信息服务行业的领先地位。①

典型三：GRM②

GRM 信息管理公司于 1987 年成立于纽约，是美国一家规模较大的商业性文件中心，凭借其专业性在文件管理服务行业获得广泛认可，规模不断壮大，开始向美国以外的世界其他国家和地区扩张，迈出跨国建设的步伐。另外，GRM 是唯一进入中国市场

① 参见《Recall Corporation 获 2011 年 TAG 神剑奖（Excalibur Awards）中型企业类别最终候选人提名》，见 http：//www. recall. com. cn/news-and-events/2011/q4/finalist-in-the-2011-tag-excalibur-awards，2013－03－15。

② 调研网址，见 http：//www. grmims. com/。

的商业性文件中心，凭借中国庞大市场不断发展壮大。

GRM经历了两个发展阶段。1987—2000年是稳固发展阶段。1987年GRM在纽约成立，最初成立主要基于客户需求考虑。面对客户对文件管理业务的极大需求，GRM开始尝试进入文件管理服务这一行业，并取得较好成绩。进入20世纪90年代，GRM的信誉得到巩固，客户数量稳步增加，并形成一定规模的固定客户群，业务规模不断扩大，在纽约市区设有3个文件中心，总面积达到150万平方英尺。经过十几年发展，GRM在跨入21世纪前已在文件管理服务行业站稳脚跟。2000年以后是扩张阶段。既着手于全国范围内的扩张，到目前为止已设立11个运营中心，业务范围涵盖全美；又开始了全球扩张，如2000年GRM在上海设立了其在中国的首个分公司——上海信安达档案文件管理有限公司，即信安达（中国）的前身。它的进入打破了我国单一档案中介机构的格局，将国外典型的商业性文件中心经营理念、运作模式、优势和特色等引入我国，为我国文件管理商业化服务行业注入了新鲜血液，也从实践层面推动了商业性文件中心本土化的发展，引发学界从理论和实践上对我国商业性文件中心建设的探索。

GRM是全球范围内较有影响的商业性文件中心之一，在文件管理服务行业中具有较高信誉和较大影响力。GRM目前已发展为一家跨国经营的大型商业性文件中心。从运营中心看，GRM在全球范围内共有20个运营中心，遍布美国及中国各大城市，在美国的11个运营中心分别设在亚特兰大、芝加哥、旧金山、迈阿密、纽约、费城、华盛顿、洛杉矶、休斯敦、波士顿和巴尔的摩，在中国的9个运营中心分别设于上海、北京、天津、深圳、苏州、广州、东莞、大连和青岛，这些运营中心都具有相当规模。从客户方面看，GRM的客户规模不一，既有大型跨国公司，又有中小企业，且遍布包括医疗、法律、金融、零售、政府、娱乐、建筑、能源、人力、会计等在内的各行各业。从发展水平看，GRM 在美国占有一定市场份额，同时也在中国文件管理服务行业中位列翘楚，是文件管理服务领域的领军企业之一。它所提供的全方位、高质量的业务内容使其能在美国和中国市场始终占据较高地位。正如 GRM 一贯坚持的理念一样：GRM 并不想成为最大的文件管理公司，而是要成为给客户提供最好服务、让客户最满意的公司。

10.1.2.4 商业性文件中心的优势

商业性文件中心是国外文件信息领域提供专业性、社会化服务的机构，也是一种经营成功的企业。它历经 60 余年发展，形成相当规模的成熟产业，牢牢树立起自身特色和优势，主要体现在三方面。

第一，商业性文件中心具有明显的专业优势，主要体现为服务安全、高效和优质。商业性文件中心是社会分工细化的产物，从文件保管公司起步，逐渐将服务范围向文件信息服务拓展。这种变化顺应了信息时代要求——文件、档案、信息的大量增长导致企业、政府机构甚至个人越发重视文件档案信息管理。商业性文件中心正是敏锐捕捉到文件档案信息服务领域的市场需求，才会在发达国家逐步产生直至盛行。例如，新西兰一家知名健康服务企业委托 Recall 设计和建立文件管理系统，要求文件能在多个地点存储和检索，在常规和紧急情况下均能利用。Recall 为其提供了全方位的文档管理解决方案，功能涵盖安全传输、存储服务、每日查询、紧急服务等。Recall 还在系统中每天形成记录客户要求的日志，每周 7 天每天 24 小时内均可保证客户随时提交常规或紧急查询请求。Recall 在文件系统构建中遵循全球安全设施标准，制定了严格的工作程序，提供了及时到位的服务，令客户十分满意。① 可见，商业性文件中心的服务具有安全、高效和优质特点，显现了突出的专业优势。

第二，商业性文件中心具有良好的形象优势。企业形象在企业发展中占据重要地位。商业性文件中心大多注重企业文化建设，以形成良好企业形象。如 Recall 注重团队合作，重视员工发展，不断创造条件提升企业形象。它为所有员工提供两项学习和发展计划——Recall 大学培训和轮岗培训。Recall 大学培训向所有员工提供电子学习、讲师指导研讨会和外部发展实践的机会，内容涉及营销技巧、计算机培训、领导力和沟通技巧等。员工参加 Recall 大学培训可获得六西格玛认证和项目管理认证。轮岗培训为期三年，参与者可获得一系列机会，如培训领导力和管理能力、制订个人发展计划、开展关键业务计划的特定工作项目，以及接受高级管理培训和指导。② 而且，商业性文件中心建设企业文化的一个突出特点是它在经营发展过程中不仅仅关注企业利润，还强调社会责任，注重企业对社会各方面的贡献。突出表现是中心积极参与全球很多公益活动和项目，为国家乃至全球慈善和公益事业做出重要贡献。同时，商业性文件中心在自身的建设中还非常重视环境保护。例如，Iron Mountain 加入了“减低环境负荷计划”，目标是提高能源利用率，降低物质消耗。它对文件销毁设施不断改良，相当于每年少消耗 700 万棵树木。③ 通过多方面措施和手段，商业性文件中心的形象优势逐步建立和显现。

第三，商业性文件中心具有深远的社会价值。商业性文件中

①②③ 参见黄霄羽：《商业性文件中心的专业优势、形象优势和社会价值》，载《档案学研究》，2011 (1)。

心的优势不仅局限于文件信息专业领域和企业自身形象建设，还有着更宏观、更深远的社会价值。笔者认为，商业性文件中心的社会价值表现在安全保管社会证据、精简政府职能、降低企业管理成本、提高社会服务水平四个方面，对推进社会秩序的良性建构具有重要作用。如以 Iron Mountain、Recall 为典型的商业性文件中心，其客户类型已涵盖社会生活中经济、政治、医疗、金融、法律、能源等各行各业，为客户提供的服务内容根据领域不同而各具特色。同时在服务过程中，中心还特别注重与文件保管有关的基础设施、设备、人员和技术各方面的安全性。社会活动本来就是由各行各业活动组成的，因此中心对上述行业提供文件信息服务的实质就是安全保存社会活动的证据，确保社会记忆的留存和延续。

10.1.3 总结

通过分析国外政府文件中心和商业性文件中心，笔者得出结论：档案社会化服务是基于专业分工的档案服务，存在着相应的社会化服务机构，分别提供公益性或商业性的专业服务。也就是说，国外档案社会化服务的承担主体既包括政府文件中心，也包括商业性文件中心，两者既有共性，又存在一定差异。这两类主体的共性体现在：一是提供专业化的档案服务；二是提供类型多样且内容丰富的服务；三是提供安全、优质、高效的服务，集中体现了社会分工的优势，促进了社会资源的优化配置。不过，它们分别属于非营利型和营利型的承担主体，在自身管理、运作以及服务目标、服务对象上存在一定差异，有待笔者进一步研究。

10.2 国内档案社会化服务的主要承担主体

随着我国经济体制改革的推行，市场经济不断发展，社会各方对档案社会化服务需求不断加大，档案中介机构作为档案社会化服务的承担主体逐渐建立和发展起来。档案中介机构在一定程度上满足了社会需求，产生了较好的经济效益与社会效益，通过总结分析档案中介机构发展的历史、特点及优势，能对我国档案社会化服务专业化、集约化发展提供相应启示。

10.2.1 我国档案社会化服务机构分析

10.2.1.1 我国档案社会化服务机构的历史溯源

自 1992 年 9 月浙江省成立第一批档案事务所起，全国各地陆续出现了档案事务所、档案信息咨询中心、档案寄存中心、档案交易中心、档案信息服务中心等各种不同名称的档案中介机构。档案中介机构实质上就是档案社会化服务机构，其涌现与我国市场经济发展、政治经济体制改革和政府职能转变密不可分。20 年来，档案中介机构经历了起源、起步到初步发展三个阶段，不断朝向专业化、规范化、社会化方向发展。

1992 年，《浙江档案》第 10 期刊载两则消息，分别是“建德成立档案事务所”和“湖州市成立档案事务所”。这两家档案事务所是我国档案中介机构的起源。据报道，湖州市档案事务所经市编委正式批准成立，标志着湖州市档案局在自身改革、转变职能方面迈出可喜的一步。湖州市档案事务所为自收自支、独立核算的事业单位，主要职能是为企事业单位提供文书处理、档案管理技术咨询、档案立卷、档案人员培训等档案领域内的服务，也即档案社会化服务。

1993 年以来，上海、辽宁、浙江等地相继成立一批档案中介机构，逐渐掀起档案社会化服务机构建立的浪潮。据不完全统计，截至 20 世纪 90 年代末，全国建立了 100 多所档案中介机构。这一阶段，以浙江和上海两地的档案中介机构发展最迅速，典型最突出。自 1992 年 9 月建德市、湖州市成立档案事务所后，1993 年 3 月，浙江省档案事务所成立，截至 1993 年底，浙江省共成立档案中介服务机构 12 家。在上海，自 1993 年 2 月建立上海档案咨询服务中心后，截至 1998 年底，共成立档案中介机构 20 余家。这一时期，我国档案中介机构进入起步阶段，但机构类型较单一，且地域分布不均衡，主要集中在特定区域，并不普及，发展很不全面。

自 2000 年起，我国档案中介机构开始初步发展。档案中介机构开始蜕变，逐渐向真正意义上的档案社会化服务机构过渡。这一时期，我国政府行政体制改革进入深化阶段，2001 年加入世界贸易组织后，国内市场逐步与国际市场接轨，文件档案商业化服务机构纷纷建立，机构类型多样，经济性质各不相同。一方面，国外资本进入中国市场，例如美国第三大文件保管及信息管理公司 GRM 与上海创造实业公司合作投资成立了信安达档案文件管理有限公司，以下简称信安达（中国），对我国档案社会化服务领域产生重要影响，一批独立经营、自负盈亏的商业化服务机构逐渐建立起来。另一方面，国内档案中介机构逐渐蜕变，一批中介机构实现转制，拥有独立的企业法人身份，走上市场化、社会化发展道路。①

① 参见黄霄羽：《文件、信息商业化服务机构建设研究》，北京，中国人民大学出版社，2014。

10.2.1.2 我国档案社会化服务机构的现状特点

经过20余年发展，在国家政策法规及市场变化的综合影响下，我国档案社会化服务机构逐渐展现了自身特点，主要表现为三点。

第一，机构数量不断增长，布局日趋合理。

进入21世纪，我国各种类型的档案社会化服务机构纷纷建立，如文件档案咨询服务中心、档案寄存中心、档案信息科技公司等。笔者通过网络调研（2013年5月），用表10—2展示档案社会化服务机构在全国各省区市的分布状况。根据表10—2显示，各种不同性质的档案社会化服务机构已接近400家，并在全国28个省区市均有分布。从数量统计结果看，浙江、广东、北京、江苏、上海等经济较发达地区在档案社会化服务机构的数量上占有绝对优势，远远超过其他省区市，逐渐形成档案社会化服务机构分布既全面又有重点的格局，显示出我国档案社会化服务机构的分布日趋合理。发达省份对档案社会化服务的需求大，相应机构数量也较多；而在经济欠发达地区，较少数量即可满足市场需求。合理的地域分布也是档案社会化服务健康发展的重要表现。

表10—2　　全国部分档案社会化服务机构的地区分布

分布省区市	机构数量
浙江	58
广东	52
北京	43
江苏	33
上海	32
河北	23
山东	20

续前表

分布省区市	机构数量
辽宁	18
福建	15
湖北	13
河南	12
四川	9
江西	9
安徽	8
湖南	6
陕西	6
黑龙江	6
山西	5
云南	5
天津	5
贵州	2
广西	2
内蒙古	2
甘肃	2
青海	1
海南	1
宁夏	1
新疆	1
合计	390

第二，机构初具规模。

20 世纪 90 年代，我国档案社会化服务机构处在起步阶段，规模普遍较小，业务范围较窄，专业化程度较低，服务类别也偏于传统型。近年来，我国档案社会化服务机构发展初具规模，出现了跨地区的服务机构，业务种类逐步增多，市场竞争力不断增强。以北京量子伟业时代信息技术有限公司（简称量子伟业）为例，自 1999 年成立至今，已拥有华北、东北、华东、华中、华南、西南、西北 7 大营销中心，基本建成覆盖全国的技术服务网络，全国用户超过 10 000 家，服务对象涉及的行业超过 30 余个。此外，信安达（中国）作为该行业的知名企业，其规模也日渐扩大，在北京、上海、天津、青岛、苏州等共 9 个城市建立了分支机构，为众多知名企业提供服务，对象涵盖了保险、银行、金融、制造、会计、咨询、工程、IT 等不同领域。

第三，注重专门型服务，综合型服务相对缺乏。

从我国档案社会化服务机构现状来看，其业务范围相对狭窄，大多数企业仅提供某一专门型服务，或针对文件生命周期内的某一两个环节提供服务，如文档管理软件的开发与维护、档案寄存等。而针对文件全生命周期提供综合型服务的档案社会化服务机构较少。仍以量子伟业为例，成立十几年以来，其专注于档案信息化领域，主要提供电子档案管理系统的开发与维护服务，而未涉及其他相关档案服务。此外，上海兰台信息技术有限公司的服务项目也局限于档案数字化扫描、档案保管、文件备份以及档案整理。从以上两个典型例子看出，我国档案社会化服务机构提供的服务门类较少，专业性突出，但缺乏综合型服务。

10.2.1.3　我国档案社会化服务机构的优势

随着实践发展，我国档案社会化服务机构的优势逐渐显现。档案社会化服务机构的出现，一方面，填补了市场空白，开创了我国档案社会化服务的先河，满足社会各方需求。另一方面，其经营方式的灵活性、专业化程度之高，也为我国档案事业注入新鲜血液，促进了档案社会化服务的繁荣发展，提高了档案管理效益。具体优势可概括为五点。

第一，市场化经营，自主性强。

2000 年以来，一批档案中介机构逐渐转制，走向市场化经营道路；此外，众多拥有独立企业法人资格的新兴档案社会化服务机构逐渐建立，丰富了档案社会化服务市场，加强了不同机构之间的竞争。市场化的经营模式顺应了我国市场经济发展的趋势，有利于发挥市场在资源配置中的作用。市场能造就公平合理的竞争环境，在竞争模式下成长的企业能更好发挥主观能动性，规范化经营，并不断提高创新能力，壮大经济实力，从而获得更好的发展机遇。这样不仅有利于档案社会化服务机构自身发展，同时也能提高我国整体档案社会化服务水平，逐步与发达国家接轨。

第二，填补市场空白，满足不同客户多元化需求。

在美国，档案社会化服务于20世纪40年代起步，至今已有较好发展，商业性文件中心的数量和规模都在不断扩大。而在我国，尽管档案社会化服务机构于20世纪90年代初起步，发展时间较短，但对于我国档案社会化服务的发展而言具有重要意义。随着改革开放步伐不断加快，我国经济进入快速增长时期，尤其是经济发达地区文件档案管理的市场需求不断扩大。因此，档案社会化服务机构应运而生，填补了市场空白，缓解了企事业单位的文件档案管理压力，满足了不同客户的多元化需求。

第三，专业化程度高，提高档案管理效益。

作为专门承担档案社会化服务的主体，档案社会化服务机构拥有专业的档案知识和档案人才队伍，拥有齐全的档案设备、精良的技术，以及先进的管理经验，致力于为客户提供优质高效的专业化服务，保证服务质量，提高客户满意度，也推进了档案管理水平的提高。作为社会分工的产物，档案社会化服务机构以集约化、专业化见长，充分运用社会资源，实现多方共赢发展。以北京星瑞兰台档案技术服务有限公司为例，其业务重点在于档案寄存，因此建立了标准化档案专用库房，防火、防盗、防尘、防光、防鼠、防潮湿、防高温等设备一应俱全，此外还配备门禁、监控、报警系统。[①] 可见，档案社会化服务机构不仅实现了客户文件档案的安全保管，也为客户省下建立库房、购买设备的成本，避免社会资源浪费，最重要的是提高了档案保管的效益。

第四，促进文件档案管理的技术创新与发展。

档案社会化服务机构作为在社会分工细化过程中逐渐发展壮大的提供文件档案管理服务的专业机构，对文件档案管理技术的创新与发展具有引领作用。由于市场竞争需要，档案社会化服务机构必须在技术上保持领先优势，才能获得用户青睐，维持自身运营与发展。在数字时代电子文件管理需求不断增大，促使文件档案管理技术不断升级，技术水平不断提高。档案社会化服务机构凭借先进技术吸引客户，获得自身发展；也推进了整个行业技术水平的提升，促进了档案管理实践的发展。以深圳市世纪科怡科技发展有限公司为例，其发展壮大的重要原因就在于技术力量雄厚，拥有一支由 100 余名技术人员组成的研发队伍，在深圳、北京等地建立了科研开发基地，并与中科院、北京大学、武汉大学、国防科技大学等科研院所及高等院校建立长期合作关系。此外，还与 Microsoft、Cisco、Oracle、SUN、BEA、柯达等建立了战略合作伙伴关系，保证了公司的产品与技术同国际接轨。[②] 可见，档案社会化服务机构在市场大环境中，有效促进了文件档案管理的技术创新和发展，反过来技术发展又在很大程度上推动了我国文件档案管理行业现代化的进程。

第五，推动信息交流，开发档案资源。

---

① 参见北京星瑞兰台档案技术服务有限公司相关介绍，见 http：//www. beijingxingrui. com/index. asp，2012 - 05 - 02。

② 参见深圳市世纪科怡科技发展有限公司相关介绍，见 http：//www. infosoft. com. cn/newpages/11gsjj. asp，2012 - 05 - 02。

长久以来，由于档案管理技术落后或形成单位不重视，大量档案被闲置，其信息内容得不到合理开发与利用，不能发挥价值，造福社会，造成档案资源极大浪费。而档案社会化服务机构的出现，一定程度上推进了档案管理水平的提升，促进了档案信息内容的开发与利用，从而推动了档案信息交流。档案社会化服务机构提供专业化的档案管理服务，在信息沟通不畅的区间起到媒介作用，开发档案信息，促进信息流动，尤其是在科技档案信息方面，其推动作用产生的社会效益更加明显。

10.2.2 我国档案社会化服务承担主体的类型及典型

我国档案社会化服务的承担主体从经营类型上区分，有营利型的，也有非营利型的。

10.2.2.1 营利型的承担主体

营利型主体在我国目前主要表现为档案商业化服务机构。尽管如前文所说，档案商业化服务机构蓬勃发展、种类繁多，但作为营利型档案社会化服务主体还是有一些共同的专门特性。如果说档案室是隶属于机关单位的档案管理部门，档案馆是一个独立的科学文化事业机构的话，营利型主体则是一种独立于企事业单位和档案局馆之外的商业化服务机构，是提供专业化档案服务，在市场经济中求生存、求发展、自筹资金、独立核算、自负盈亏的经济实体。

营利型主体的基本属性主要有两点：一是营利性，这是其最根本属性。它是一个独立经济实体，也是市场主体，其生存与发展要求向客户提供服务的同时收取一定费用，实行自主经营、依法经营和有偿经营，自负盈亏是其重要特征，也是必要条件。二是效益性，对主体自身而言，因其营利性特点，其经济效益是必然衍生的。同时，营利型主体也具有社会效益特征，因为我国档案社会化服务机构很大程度上是适应社会对文件档案低成本、高效益的管理需求产生的，面向社会全体，为有需要的客户提供专业服务，避免中小机构各自保管文件档案造成的资源浪费。因此自诞生之日起，营利型主体就带有经济、集约和高效的特质，可产生很大的经济效益和社会效益。

10.2.2.2 营利型承担主体的典型

笔者借助实地访谈和网络调研，对我国营利型档案社会化服务机构的若干典型进行了例举。

典型一：北京量子伟业时代信息技术有限公司①

北京量子伟业时代信息技术有限公司（简称量子伟业）是我国最具规模的档案管理系统研发、业务咨询服务、数字化加工建设整体解决方案的提供商，是经北京市科委认定的高新技术企业和双软企业。1999年成立，现有员工300余人。总部在北京，分支机构覆盖上海、广州、杭州、南京、济南、郑州、沈阳、长沙等地。凭借领先的技术、丰富的产品线、专业的咨询服务、优良的实施队伍和及时的本地化服务，公司确立了行业高端定位。其客户涵盖通信、能源、航空、金融、化工、制造、房地产、专业档案馆、政府等30余个行业。

笔者通过调研发现，量子伟业形成了核心竞争优势——档案信息化。在同行中，量子伟业擅长的是档案信息化的大型系统集成项目。信息时代的来临，各行业公司均有集成海量信息的需求，

---

① 调研网址，见 http：//www. pde. cn/。

并试图通过信息获得有价值的知识。量子伟业从建立目录数据库系统、档案原件扫描起步，逐步抓住档案信息化的细分市场，立志在这一细分市场做大做强。公司先人一步看到了企业和机构客户在信息化时代背景下对文件、信息进行电子化管理的需求，准确把握了行业大势。

典型二：北京紫光慧图信息技术有限公司①

北京紫光慧图信息技术有限公司（简称紫光慧图）是国内领先的以知识管理为导向的企业内容管理整体解决方案提供商。作为行业内的领军企业，紫光慧图已成功将“泛档案观”的理论应用到实践中，将原有单一的档案数字化产品进行全面拓展，为客户提供信息咨询、综合解决方案和相关增值服务。它在中国内地和港澳地区均拥有广泛的客户，内地有档案馆、政府部门、电力、石油化工、煤炭、通信、水利、冶金矿业、交通建设、烟草、铁路交通、金融保险和机械电子等行业客户。香港有政府机构、金融服务业、商业、教育和制造业客户。澳门客户主要集中在政府机构、商业和教育行业。

通过调研笔者发现，紫光慧图的特色有：一是全流程管理与控制。公司基于信息生命周期理论，实行信息的全过程管理。二是高度重视建立广泛全面的合作伙伴关系。据调研发现，公司与清华大学、北京大学、中国人民大学等高等学府，国家档案局、中华人民共和国商务部等政府部门，《中国档案》、《档案管理》等学术期刊，IBM、Dell 等 IT 公司均建立了合作伙伴关系。三是注重企业文化建设。公司明确提出“提升企业内容管理的价值，推动社会知识财富的积累”的企业宗旨，“梦想、热诚、胜利、成

① 调研网址，见 http：//www. thams. com. cn/about. php。

就”是其企业文化的表达。

典型三：信安达（中国）①

信安达（中国）是GRM的中国分部，也是我国首家许可从事文件档案管理服务的供应商。客户既有大型跨国公司也有当地大型企业，客户从事的行业涵盖保险、银行、金融、制造、会计、咨询、工程、IT等不同领域。

笔者通过调研发现，GRM是全球范围内较有影响的商业性文件中心之一，在文件管理服务行业中具有较高信誉和较大影响力。信安达（中国）作为其中国分部，在资金、技术、管理理念方面具有天然优势，以全球化的母公司为依托，借助独到的应用技术以及当地政府间密切的合作关系，在文件保管领域具有其他公司难以企及的优势，无论客户需要一整套信息管理系统发展的解决方案抑或只是想找一个地方存储文件，信安达（中国）都可为其提供一流服务。

10.2.2.3 非营利型的承担主体

我国目前处在社会主义初级阶段，存在不同性质的档案社会化服务机构，除营利型机构外，还有非营利型机构。我国对非营利性组织的界定较模糊，还未形成统一定义，只是简单分为社会团体、民办非企业单位、基金会，还包括其他不具备法人条件的各种非营利性、非政府性组织。目前关于非营利性组织有明确规定的是财政部发布的《民间非营利组织会计制度》（征求意见稿），其中第二条中明确规定了非营利性组织的含义："本制度适用于在中华人民共和国境内依法成立的各类民间非营利性组织（简称非

① 调研网址，见 http：//www.grmchina.com/zh。

营利性组织），包括社会团体、基金会和民办非企业单位。这些非营利性组织应符合三个条件：（1）不以盈利为目的；（2）任何单位和个人不因为出资而拥有非营利组织的所有权，收支结余不得向出资者分配；（3）非营利性组织一旦进行清算，清算后的剩余财产应按规定继续用于社会公益事业。”① 在这里，笔者从服务对象和范围来区分，非营利型机构可细分为政府体系服务机构和行业系统内部服务机构。

第一，政府体系服务机构。

政府体系档案社会化服务机构的主要表现形式是政府文档服务中心。政府文档服务中心不同于机关档案室，其服务对象不仅仅是一个单位，而且是面向政府体系内若干单位提供档案领域内的社会化服务。政府文档服务中心可大大节省人力和财力，整合不同机关间的档案信息资源，实现档案信息资源集约保管和综合利用，提高工作效率。各机关的档案集中在文档服务中心统一管理，有利于规范档案工作，提高档案管理水平；同时也为各单位减负，以便节省精力，做好本职工作。目前，政府文档服务中心已在全国部分地区建立起来，并且取得一定的积极效应。以下典型可充分证明这一点。

典型之一：北京西城区档案馆机关档案管理中心

2001 年底，北京市西城区档案馆在机构改革大背景下，在档案服务创新过程中，成立了机关档案管理中心，主要负责政府机关档案的收集、整理、保管和利用工作，并对机关各部门档案工作进行监督和指导。它主要面向区委、政府、人大常委会、政协等机关进行服务，这些机关档案室的业务职能已全部转到机关档

① 转引自邹津宁：《论非营利性组织的法律界定》，载《学术论坛》，2011（10）。

案管理中心。[①] 这样做的好处在于：一是满足了各机关档案管理需求，减轻了各档案室的工作负担；二是实现集约化管理，达到经济、高效、高质量、规范化管理的目标。机关档案管理中心在近几年的发展过程中，优势逐渐显露，在推动规范化管理和信息资源共享方面起到了重要作用，是政府体系档案服务机构创新的典型代表之一。

典型之二：深圳市文档服务中心

深圳市文档服务中心成立于2004年，为政府财政拨款的事业单位，也算是档案社会化服务的非营利性机构。其主要职能包括：统一接收、保管市直机关和事业单位文件（包括电子文件）；对接收文件进行分类、整理、鉴定、数字化处理、数据标准转换；为文件形成单位提供文件利用；为企事业单位、其他社会组织、公众提供已公开政府信息和文件利用；处置不需要继续保存的文件；向档案馆移交作为国家档案保存的文件；协助市档案局对市直机关和事业单位做好文件质量、标准的前端控制；根据委托，面向企业和社会开展档案代理、代管、加工、整理、缩微复制和数字化处理等相关技术服务。[②] 从以上职能看，深圳市文档服务中心不仅仅面向政府机关提供档案社会化服务，其服务对象同样包括企事业单位及其他社会组织，服务面更广。

第二，行业系统档案社会化服务机构。

国外商业性文件中心的成功经验，以及我国政府体系文件档案服务机构的成功建立都为建立行业系统档案社会化服务机构提

---

① 参见莫陌：《档案服务创新系列谈之一“机关档案管理中心”档案管理服务创新的有益尝试——北京市西城区档案馆在机构改革中走出的一条新路》，载《北京档案》，2002（4）。

② 参见深圳市文档服务中心相关介绍，见 http：//www.szdaj.gov.cn/content.aspx? cid=300aaa73-6ebd-4344-aa18-4937d7ec74d9，2012－05－02。

供了启示。在同一行业系统内，如保险、金融、会计、法律等，均可建立相应的档案社会化服务机构，专门提供本行业的档案社会化服务。建立这种机构的优势在于：首先可发挥规模效应，节省各单位自己管理档案的成本，节约资源，提高效益；其次可根据本行业特征，提供针对性的文件档案服务，更好适应不同专业门类档案的管理需求。但据笔者查证，国内目前尚未建立这种类型的档案社会化服务机构。

10.3 档案社会化服务承担主体的共性特点

笔者通过调研和分析发现，国内外档案社会化服务承担主体从类型上看基本相同，均有营利型和非营利型两种。但国内外承担主体的差异主要表现在相同类型主体的发展程度和管理水平有别。国外档案社会化服务的主体主要是文件中心，包括政府文件中心和商业性文件中心，两者都有着一定的历史、科学有效的管理、优质安全的专业服务的特点。而且，国外档案社会化服务主体是基于社会分工立场的，是资源集约配置、经济高效服务的典范，发展比较成熟。国内档案社会化服务主体也有了一定发展，也包括营利型和非营利型，这两类主体都集中体现了专业化、社会化和规模化的档案服务优势。国内外相比，国内档案社会化服务承担主体还处于初步发展阶段，存在服务内容不全面、管理不够规范等诸多问题，需进一步完善。

除却类型，无论国内还是国外，档案社会化服务的承担主体还具有共性特点。这些共性特点的概括，有助于界定什么样的机构能成为档案社会化服务的承担主体。笔者认为，档案社会化服务的承担主体具有以下三点共性。

第一，基本性质具有独立性。

档案社会化服务的承担主体既不是客户档案的形成单位，也不是客户档案最终的接收者和所有者，而是第三方机构，其自身具有独立性。尽管档案社会化服务主体的类型不同，既有自负盈亏、独立核算的营利型主体，如Iron Mountain、Recall、GRM、量子伟业、紫光慧图、信安达（中国）等，也有政府系统的非营利型主体，如美国的联邦文件中心、深圳市文档服务中心等；但这些主体的运营和业务开展都是独立自主的，不同于一般企事业单位内部下属的档案室，而是一种提供专业化服务的第三方机构。

第二，业务领域体现专业性。

作为档案社会化服务的承担主体，其提供的服务领域定位于档案领域，通过为服务对象提供专业性的档案服务来发挥主体的核心优势。综观前文提及的档案社会化服务主体典型，各主体的服务内容各不相同，如信安达（中国）的业务重点包含档案实体寄存，量子伟业的服务重点在档案数字化扫描和信息化系统建设，国外的Iron Mountain则提供涵盖全生命周期的档案服务；但无论如何，其服务领域均没有超出档案专业范围。因此，档案社会化服务主体提供的服务必须在档案领域内，是集合专业人才、专业设施设备、专业管理方案，为客户提供专业化档案服务的机构，专业性是档案社会化服务主体的根本特征和核心优势。

第三，服务优势呈现效益性。

档案社会化服务的承担主体基于专业分工角度，汇集档案管理领域的专业人才、专业设施设备和专业管理方法，秉承让最专业的人做最专业的事之理念，通过整合优势资源，实现社会分工的细化。因此，档案社会化服务主体通过其业务活动开展，可具备两方面优势：一方面，直接以经济、高效、安全、优质的服务实现规模经济效益；另一方面，通过提供专业的档案服务，间接提高全社会的档案管理水平，降低社会档案管理成本，最终推动社会良性发展，构建起安全、合法合规的社会秩序。社会效益得以明显体现。

总之，目前国内外档案社会化服务承担主体有了相当程度的发展，在理论研究的深入开展和实践条件的不断丰富过程中，这些承担主体将会有更广阔的发展前景。只要能因时制宜、因地制宜地加强主体建设，档案社会化服务必将得到更有效发展，其优势也将更淋漓尽致展现。

11 档案社会化服务的内容

档案社会化服务的承担主体可分为非营利型和营利型两类。这两类主体开展的业务活动就是档案社会化服务的内容。笔者从国内外档案社会化服务主体的业务梳理入手，总结档案社会化服务的主要内容，解答档案社会化服务实践发展框架中“做什么”的问题。

11.1 国外档案社会化服务内容分析

笔者首先立足国外，选取一些典型的档案社会化服务机构分析其服务内容。

11.1.1 美国政府文件中心的服务内容

美国自 1941 年建立第一个政府文件中心以来，机构不断发展，其服务内容也随着时代变化不断扩展。进入电子时代，文件数量高速增长、文件载体多元更新等状况给文件中心带来很大挑战，美国政府文件中心正在研究并应用先进技术，确保在数字时代满足政府机构电子文件管理需求。但无论如何，政府文件中心的基本属性和职能没有改变，其服务内容仍集中在保管、服务和处置三个方面。此外，政府文件中心还推出培训、在线文件中心等其他服务内容。

11.1.1.1 主要服务内容

美国国家档案与文件局官网设有联邦文件中心的专门版块，介绍了中心主要的服务内容。①

第一，文件的运送与处置服务。

文件运送服务是指如何将文件运送至联邦文件中心的流程，包含六个步骤：（1）整理文件。中心要求形成机构的移交文件前划分系列，同一系列的文件保管权限和销毁日期相同。（2）文件打包。中心要求将箱子留出 1～2 英寸空间以便查询，多媒体材料不与纸质文件混装。（3）包装货盘。中心要求货盘必须要用胶膜、钢丝、塑料或绳子安全捆绑。（4）填写和提交运送接收表。中心要求形成机构完整填写运送接收表，为节约时间，也可提交电子表格。（5）批准接收申请表、准备运送。中心人员会仔细核查表格准确性和完整性，并在 10 个工作日内分配运送号及批准后的表格复印件。（6）将文件运送至中心。形成机构在收到中心批准后的 90 个工作日内要安排具体运送事宜，在盒子固定位置写上运送号和盒子编号。如果超过这一期限，又无正当理由，中心将拒绝接收文件。

文件处置服务的内容包括：现行文件处置是中心在形成机构的文件指定销毁期前 90 天发出处置通知，机构填好处置表格交回后，中心就照计划销毁文件。未经形成机构书面许可，中心不可销毁任何文件。半现行文件处置是每年 10 月中心向形成机构发送

① See "The FRC Toolkit Your Guide to the Federal Records Center Services," http://www.archives.gov/frc/toolkit.html，2013－12－14.

处置意见表，形成机构审查半现行文件决定是否要销毁。形成机构如同意销毁就填写表格发至中心，提出处置的门类及日期。移交永久文件是中心保存的永久文件移交至国家档案馆时，中心向形成机构寄发移交协议，通知文件法定所有权的变化。

第二，文件的查询服务。

联邦文件中心每年会处理超过 1 300 万个来自联邦机构的查询需求。这相当于每分钟处理 100 多个需求。中心提供的查询服务主要通过三种方式来实现。

（1）利用 ARCIS（档案与文件中心信息系统）。形成机构通过电子方式查询文件，可利用 ARCIS 系统。（2）利用 OF11 表格（利用申请表）。机构也可提交 OF11 表格来查询文件。（3）通过 SmartScan 来快速获取文件。SmartScan 是一种从中心获取机构文件的新方式。收到查询需求后，中心立即处理，用电子邮件将所需文件以 PDF 格式发给机构。

第三，电子文件服务。

在数字时代，越来越多的政府文件以电子格式形成。中心与 NARA 的电子文件档案馆合作，为政府机构展开保护、保存、存储等电子文件服务工作。主要包括电子扫描、电子介质存储、电子介质销毁等服务。

第四，文件管理咨询服务。

联邦文件中心现提供文件管理咨询服务来满足形成机构的特殊需求，提供在线中心管理、竞争价格，以及快速简单协议承包等服务内容。咨询服务由中心专家承担，可就文件清单办理、文件方案制作、文件计划编制及修改、文件管理程序起草、重大文件项目建立等方面提供咨询服务，还可提供专题咨询服务，包括电子系统、电子文件管理及文件项目设计/发展等。

尽管目前政府文件中心没有在服务内容介绍上强调保管，但文件保管也是中心的基本服务内容之一。中心的保管业务在相关教材中已有论述，包括确保库房及设施的安全、确保文件装具容量合理且标记清晰、确保文件的及时排架和调整、确保特殊载体文件的专门保管、确保外借文件及时回归和上架等内容。①

归结起来，政府文件中心的主要服务内容集中在保管、利用和处置三方面。保管是最基本的职能，特色在于注重经济与有效的结合。利用是最具吸引力的职能，特色在于将服务对象从形成机构向社会扩展。处置是最关键的职能，特色在于兼顾形成机构与档案馆的利益，确保文件进馆质量。

11.1.1.2 其他服务内容

除传统服务外，政府文件中心提供以客户为中心的解决方案，应对文件管理挑战。

第一，在服务范围上，中心不仅提供传统纸质半现行文件服务，还提供其他类型文件的服务。有现行文件存储和服务，近来不少政府机构将其现行文件也委托给文件中心管理；还有电子文件管理，中心提供成套的电子文件管理服务，包括电子文件保存、电子载体销毁、数字成像服务等。

第二，在服务形式上，基于以客户为中心的理念，中心提供更全面的服务，如 24 小时查询服务、快速包装服务、文件检索服务、快递服务等。特别是采用数字化技术和互联网技术，提供智能扫描、缩微服务、在线服务等。

第三，在服务类型上，新增了培训服务。中心提供自身服务

---

① 参见黄霄羽：《外国档案事业史》（第二版），北京，中国人民大学出版社，2011。

的培训（包括移交、处置和查询步骤），这种培训可在中心开展，也可在形成机构进行。

11.1.1.3 服务内容的特点

政府文件中心的服务内容主要有三个特点。

第一，工作流程严谨，注重经济高效。中心对每一项服务内容的工作流程都做了严格规范，制定了相关指标，如文件盒的尺寸、档案库房温湿度等，都有具体细致的规定。在规章制度的严格约束下，中心的各项服务严谨、规范。此外，中心还注重文件管理的经济高效。例如，其采用的随意排架方法能最大限度节省空间，保障库房得到充分运用。

第二，与时俱进，运用先进技术手段。为应对数字时代电子文件保管需求，中心与时俱进地应用先进的技术手段，提供在线服务项目，一定程度上满足了政府机构电子文件管理需求，体现了中心服务的实时性和便捷性。

第三，服务质量优质，切实以客户为主导。中心更新的服务内容中包含一项文件管理咨询服务，用以满足客户特殊需求。从这一点可以看出，中心将客户需求放在至高地位，不仅满足客户的一般需求，也尽力满足客户的特殊需求。

11.1.2 国外商业性文件中心的服务内容

在国外商业性文件中心中，笔者选择 Iron Mountain、Recall 以及 GRM 作为调研典型，主要依据是机构的规模、影响力以及服务类型等综合因素。三大典型的发展水平较高，服务内容多样、综合且深入，在行业中具有较高知名度和代表性。笔者采用网络调研方法，结合文献调研，对三大典型的服务内容归纳如下。

11.1.2.1 典型一：Iron Mountain

Iron Mountain 是当今世界最具知名度和影响力的商业性文件中心之一，也是文件、信息服务业的全球领导者。

服务内容

Iron Mountain 的服务内容共分 11 大项，包括档案管理与存储、安全销毁、数据备份与恢复、文件扫描与管理、医疗信息管理、联邦文件存储、数据中心、技术托管服务、咨询服务、市场营销产品与实施服务、娱乐服务，详细的服务内容可见表 11—1。根据该表格，其服务内容涵盖了从文件产生到永久保存或销毁的全生命周期，既有传统的文件管理服务，也有利用现代信息技术的数据备份、恢复与软件提供等服务类型。具体说来，其服务内容可归纳为五种。

第一，传统文件管理服务。包括文件扫描、归档、寄存、销毁、咨询等。它对每一项服务都有细分，客户可按需选择。其服务的基本思想是以低廉、安全的外包方案，解决客户的文件管理问题，帮助客户节省资源、提高管理效率。

第二，数字文件管理服务。针对数字文件，推出一系列服务，包括数据备份、恢复、迁移、传送、系统提供、安全销毁等。它利用自主开发的具有知识产权的先进技术，为客户提供科学、规范、遵从法规的各种服务，既能帮助用户节省成本，又能提供安全的文件存储与利用环境，解决企业在信息管理技术上的后顾之忧。

第三，医疗信息管理服务。在医疗领域，档案对医患双方都有重要的经济价值、证据价值和社会价值，因此医院对文件档案的规范化管理需求较高。针对医疗文件档案管理，公司特别推出了医疗信息管理服务。对于病历、医疗影像、医疗保健档案等医疗领域特有的档案类型，推出了文件扫描、格式转换、数字化存储、归档、备份、寄存等服务，以保障医疗档案的内容与实体安全。

第四，联邦文件存储。针对联邦机构的文件管理，它由于有着 60 余年与相关机构的合作历史，很了解联邦机构的业务习惯和需求，特别推出专门服务项目，为联邦机构“分忧解难”，包括全生命周期的信息管理、业务咨询等，帮助联邦机构节约人力资源和空间资源。

第五，其他服务。除以文件、档案为对象的服务内容外，还推出了其他业务类型，如技术托管服务、咨询服务、域名管理、娱乐服务以及产品营销等。

表 11—1　　Iron Mountain 服务内容统计表

<table>
<tr><th>业务大类</th><th colspan="2">具体子项</th></tr>
<tr><td rowspan="8">Document Imaging and Management
文件扫描与管理</td><td rowspan="2">Document Imaging
文件扫描</td><td>Backfile and Day Forward Document Imaging
过去和未来文件扫描</td></tr>
<tr><td>Image on Demand
按需扫描</td></tr>
<tr><td rowspan="3">Document Management
文件管理</td><td>ActivFile © Management
现行文件管理</td></tr>
<tr><td>Records Program Management
文件项目管理</td></tr>
<tr><td>Document Management Workflow Consulting
文件管理流程咨询</td></tr>
<tr><td colspan="2">Hosted Image Archiving
扫描文件归档寄存</td></tr>
<tr><td colspan="2">Records Management Software
文件管理软件</td></tr>
<tr><td colspan="2">Discovery and Litigation Support
发现和诉讼支持</td></tr>
</table>

续前表

业务大类	具体子项
Health Information Management 医疗信息管理	Document Conversion 文件转换
	EMR Transition Planning 电子病历转换计划
	X-Ray Digitization Service X光片数字化服务
	Medical Records and Film Storage 病历及扫描图像存储
	Active File Management For Healthcare 医疗保健现行文件管理
	Pathology Storage Management 病理学存储管理
	Image Hosting 图像寄存
	Vendor Neutral Archiving 供应商中性归档
	Medical Image Archiving 医疗影像归档
	Server Backup 服务器备份
	Release of Information 信息发布
	Special Projects for Healthcare 医疗特殊项目
Records Management and Storage 档案管理与存储	Medical Records and Film Storage 医疗档案及放射图像存储
	Records Storage 档案存储
	Document Imaging 文件扫描
	Activfile© Management 现行文件管理
	Vital Records Protection 重要档案保护

续前表

<table>
<tr><th>业务大类</th><th colspan="2">具体子项</th></tr>
<tr><td rowspan="16">Records Management and Storage
档案管理与存储</td><td colspan="2">Federal Records Storage
联邦档案存储</td></tr>
<tr><td>Records Management Compliance
档案管理法规遵从</td><td>Offsite Records Storage
档案异地存储</td></tr>
<tr><td rowspan="3">Records Management Software
档案管理软件</td><td>Accutrac © Records Management Software
Accutrac ©档案管理软件</td></tr>
<tr><td>Accutrac © Partners Program
Accutrac ©合作伙伴计划</td></tr>
<tr><td>Accutrac © Software Support
Accutrac ©软件支持</td></tr>
<tr><td rowspan="5">Records Management Programs
档案管理方案</td><td>Policy and Procedures
政策及程序</td></tr>
<tr><td>Records Retention Schedule
档案保管期限表</td></tr>
<tr><td>Email Strategy
电子邮件战略</td></tr>
<tr><td>Program Assessments
项目评估</td></tr>
<tr><td>International Program Development
国际项目发展</td></tr>
<tr><td colspan="2">Consulting
咨询</td></tr>
<tr><td colspan="2">Special Projects
特别项目</td></tr>
<tr><td colspan="2">Supplies
供应</td></tr>
<tr><td colspan="2">Film and Sound Archiving
声像档案归档</td></tr>
<tr><td rowspan="2">Secure Shredding
安全销毁</td><td colspan="2">Compliant Information Destruction
依据法规销毁信息</td></tr>
<tr><td colspan="2">Offsite Secure Shredding
异地安全销毁</td></tr>
</table>

续前表

<table>
<tr><th>业务大类</th><th colspan="2">具体子项</th></tr>
<tr><td rowspan="4">Secure Shredding
安全销毁</td><td colspan="2">Onsite Secure Shredding
本地安全销毁</td></tr>
<tr><td colspan="2">Special Projects Destruction
特别销毁方案</td></tr>
<tr><td colspan="2">Secure Media Destruction
介质安全销毁</td></tr>
<tr><td colspan="2">Residential and Consumer
注册客户及消费者</td></tr>
<tr><td rowspan="13">Data Backup and Recovery
数据备份与恢复</td><td rowspan="7">Offsite Tape Vaulting
异地磁带传送</td><td>BackupCare™
数据备份</td></tr>
<tr><td>MediaCare™
介质备份</td></tr>
<tr><td>Dedicated Transportation
专用运输系统</td></tr>
<tr><td>SecureSync ©
磁带安全管理软件</td></tr>
<tr><td>Disaster Recovery Support
灾难恢复支持</td></tr>
<tr><td>Library Moves
数据库迁移</td></tr>
<tr><td>Secure Media Destruction
安全介质销毁</td></tr>
<tr><td rowspan="3">Restoration and Migration
数据恢复与迁移</td><td>Data Restoration
数据恢复</td></tr>
<tr><td>Media Migration
介质迁移</td></tr>
<tr><td>Tape Identification
磁带鉴定</td></tr>
<tr><td rowspan="2">Cloud Storage and Services
云存储及服务</td><td>Server Backup
服务器备份</td></tr>
<tr><td>PC and Mac Backup
电脑备份</td></tr>
<tr><td colspan="2">Consulting
咨询</td></tr>
</table>

续前表

业务大类	具体子项
Technology Escrow Services 技术托管服务	Software Escrow 软件代管
	Software as a Service Escrow 服务代管软件
	Escrow Verification Services 验证服务代管
	IP Litigation Discovery Escrow IP 诉讼代管
	Collateral Escrow 附加托管
	Designated Third Party Compliance Services 指定的第三方合规服务
	Domain Name Registrar Data Escrow 域名注册商数据托管
	Domain Name Registry Data Escrow 域名注册数据托管
	Strategic Alliances 战略联盟
Federal Records Storage 联邦文件储存	Federal Record Management for Paper Records 联邦纸质文件管理
	Document Management Solutions for Federal Agencies 联邦机构文件管理方案
	Federal Data Backup and Recovery 联邦数据备份及恢复
Iron Mountain Data Centers 数据中心	Boston Data Center 波士顿数据中心
	National Data Center Western Pennsylvania 宾夕法尼亚西部的国家数据中心
	Future Expansion 未来发展

续前表

业务大类	具体子项	
Consulting 咨询	Risk Management 风险管理	Strategy and Governance 战略和管理
		Litigation Readiness 诉讼准备
		Audit Programs 审计方案
	Records Management Program Development 档案管理项目发展	
	Data Clean Up 数据清理	
	Imaging Strategy 影像战略	
Marketing Production and Fulfillment Services 市场营销产品和实施服务	Pick-and-Pack Fulfillment 挑选和包装	
	Grouptrak™ 组合控制	
	Ecustomize E 定制	
	Digital Printing 数码印刷	
	Lead Response Fulfillment 感铅性实现	
	Print Management 印刷管理	
	Resources 资源	
Entertainment Services 娱乐服务	Film and Sound Protection 声像保护	
	Analog to Digital Transfer 数字传输模拟	
	Analog and Digital Restoration 模拟和数字恢复	
	Motion Picture Inspection and Rejuvenation 电影检查与复兴	

续前表

业务大类	具体子项
Entertainment Services 娱乐服务	Videotape Cleaning and Inspection 录像带清洗和检验
	Audio and Video Duplication 音频和视频复制
	Graphics Restoration and Scanning 图像修复与扫描

资料来源："Data Management, Services Information Management Services, Digital Asset Management Services: Iron Mountain," http://www.ironmountain.com/Services.aspx, 2013-12-17。

服务内容的特点

根据 Iron Mountain 业务内容统计情况可看出，其业务大类共 11 项，其中子服务项目数量 90 项左右，总体上说明其服务全面、广泛，内容精细。

第一，服务内容全面、广泛。从表 11—1 中可看出其服务项目涵盖了文件生命周期的每一阶段，提供从文件生成到永久保存或销毁的各种服务，例如文件的管理、扫描、归档、安全销毁等，每一阶段都有相应的服务措施。这也是它作为国际领先的文件档案社会化服务机构所具有的其他机构难以比拟的优势。

第二，服务精细。其服务子项目数量繁多，体现分工优势，服务项目具有不断精细化、专业化的趋势。以医疗信息管理项目为例，它针对医疗信息管理设计了 13 项服务内容，专门针对医疗文档信息的特殊性，制定电子病历管理方案、X 光片数字化、医疗影像归档等措施，适应医疗文件精细化管理的需求，同时也提高了医疗文件管理的效率和质量。

第三，注重产品管理。它对所开发的部分服务产品进行了商标注册，例如 BackupCare™ 数据备份服务、MediaCare™ 介质备份服务等。此举旨在保护旗下产品的品牌价值不被盗取，维护合法权利，体现了公司提供服务的独属性以及对服务产品管理的重视。

11.1.2.2 典型二：Recall

Recall 也是一家提供文件、档案商业化、社会化服务的全球运营公司。

服务内容

Recall 的主营业务包括四大部分，分别是存储、数字解决方案、数据保护以及安全销毁，具体内容见表 11—2。

表 11—2　Recall 服务内容统计表

业务大类	服务产品系列	备注
Stoage 存储	Protectrotect℠	以优异储存库存储重要物品和信息，用于要求气温可控的卓越文档存储和保护
	RePlay ®	影音材料的安全访问和严格保护
	OnCall ©	文件箱级的存储和交付，具有常规、优先和紧急检索选择
	ReFile ®	文件级的存储和交付，具有常规、优先和紧急检索选择
	Pronto℠	文档级别存储和交付（物理或数字），具有常规、优先和紧急检索选择
	Legacy℠	不常用文件箱的安全文档存储
Digital Solutions 数字解决方案	Mail Room Services 收发室服务	处理收到的文档以便为数字化做准备
	Data Capture 数据捕捉	高质量的高速光学字符识别以及提取关键数据的键控活动，如表单处理活动
	Imaging 成像	将纸张转换为电子图像以便存储、保留和用于工作流程
	ReView ® Powered by OnBase ® 由 OnBase ® 支持的 ReView ®	Recall 的行业领先、安全和基于网络的系统，支持为工作流程应用捕捉、存储、传送和访问数据映像

续前表

业务大类	服务产品系列	备注
Digital Solutions 数字解决方案	ReQuest Web ®	Recall 基于网络的库存管理工具，用于输入文件箱/文件/文档详情、请求服务等
	Electronic Data Interchange (EDI) 电子数据交换（EDI）	以电子方式接收和传输信息的工业标准
	Integration 集成	无缝连接传统的 ERP、CRM 或其他企业系统
	Scalability 可升级性	涉及企业或部门级文档管理或图像托管解决方案，适应当前和未来需求
	Business Process Automation and Workflow 业务流程自动化和工作流程	决定消除等待时间、冗余、人工传递和低效的方法
	Business Solutions 业务解决方案	Accounts Payable 应付账户
		Claims Processing 索赔处理
		Human Resources 人力资源
		Contract Management 合同管理
Data Protection 数据保护	ReStore ©	无论是客户信息、人员档案、财务报表、知识产权还是专有或专利材料，Recall 都会在气温受控且安全的运营中心进行收集、建立目录和提供异地备份
	OnPlan℠	保证最大限度降低干扰，并从灾难爆发那一刻起直到重要信息完全恢复时，都不间断地维持运营

续前表

业务大类	服务产品系列	备注
Data Protection 数据保护	ReSwap℠	有计划和可靠地与服务器交换信息，轮换备份磁带
	RePlay ®	按照更高的数据安全标准保护重要影音材料
	Protect℠	为高价值物品提供先进的、环境受控的高度安全储存库保护
	Tape Sales 磁带销售	提供多种专业介质产品
	Media Destruction 介质销毁	提供全面安全的介质销毁服务，包括旨在销毁要求特殊处理的介质或高风险文档的 Ensurepac
	Ensurepac	用于需要特殊处理或快速销毁含关键信息的介质
Secure Destruction 安全销毁	DeStroy℠	高度安全、标准化和专业地检索文件、文件箱或货盘，并传输到一个安全的文档销毁中心，使之被彻底销毁
	DeStock℠	协助建立销毁程序并提供现场人员，进行分类、运输和处置多余或不需要的物品
	BeSure	帮助培训员工，让他们全面了解遵守内部材料和文档销毁程序的必要性

资料来源：根据对 Recall 公司的网络调研归纳而成，见 http：//www. recall. com，2012-12-13。

第一，存储。它提供文件档案、商业记录的排序、存储、归档、建立索引和检索服务。它注重存储过程中信息的安全性，承诺采取严格安全措施，实现客户文件档案信息的安全保管，并遵从有关法规。其所具有的射频识别、光学字符识别和智能字符识别技术能较大程度提高工作效率，赢得客户信赖。

第二，数字解决方案。它为金融、保险、医疗、政府、商务服务和消费品等行业提供多种数字化服务和集成解决方案，用于合同管理、信用管理、保险索赔、福利及应付账户等，实现办公自动化，提高工作效率，创造更多产值，节约企业的时间成本和物质成本。

第三，数据保护。对企业来说，数据保护的重要性不言而喻，数据一旦丢失或损坏，就可能使企业失去重要客户，失去核心竞争力，难以经营下去。它在数据保护和隐私服务方面提供数据备份、数据恢复和应急规划等多种服务类型，并提供专业人才，实施不间歇的严密保护，确保数据不受侵害。

第四，安全销毁。在数据销毁方面，它态度谨慎，并保证数据销毁过程从头到尾可监控、可追踪，不会出现任何意外与问题，保障客户利益。它相当重视合规性，严格遵守相关法律法规，并根据不同客户对象调整解决方案，适应变化。

服务内容的特点

第一，服务大类精简。相对 Iron Mountain 服务项目全面广泛而言，Recall 的服务项目更加精简，尽管只设置了四大类服务项目，却已涵盖文件信息全生命周期，不同大类下提供各种类型产品及服务供客户选择。这种简洁的服务类别设置，使客户更容易、清晰地了解其服务范围及内容设置。

第二，注重服务/产品开发。它在每一项服务大类中，都开发了相应的服务产品系列，供客户选择。这些产品申请了注册商标或服务商标，拥有知识产权。这一方面展示了 Recall 服务与其他公司服务的差异性，另一方面也体现了注重创新技术开发的企业文化。

11.1.2.3 典型三：GRM

美国 GRM 信息管理公司（简称 GRM）同样是文件档案管理领域内的领军企业。

服务内容

GRM 在美国有四大主营业务，分别是档案管理、电子文件管理、文件销毁与数据保护，具体内容见表11—3。它在中国设立的分公司则提供有差别的服务内容，主要包括纸质文件管理服务、电子文档管理服务、咨询服务、运输及其他服务等。此处笔者主要探讨它在美国提供的服务内容。

表11—3　　GRM服务内容统计表

<table>
<tr><th>业务大类</th><th>具体子项</th></tr>
<tr><td rowspan="6">Electronic Document Management
电子文件管理</td><td>Document Scanning & Digital Document Imaging
数字文档成像和扫描</td></tr>
<tr><td>File Web Hosting
文件虚拟主机</td></tr>
<tr><td>Smart Web Portals
门户网站</td></tr>
<tr><td>Document Management Workflow
文档管理工作流程</td></tr>
<tr><td>Digital Image Enabling
数字成像授权</td></tr>
<tr><td>Document Management Software
文档管理软件</td></tr>
<tr><td rowspan="5">Records Management
档案管理</td><td>Records Storage
文件存储</td></tr>
<tr><td>Medical Records Storage
医疗文件存储</td></tr>
<tr><td>Document Imaging Services
文件成像</td></tr>
<tr><td>Image Archiving
图像归档</td></tr>
<tr><td>Digital Document Management
数字文档管理</td></tr>
<tr><td rowspan="2">Document Shredding
文件销毁</td><td>Offsite Shredding
远程粉碎</td></tr>
<tr><td>eWaste Destruction
废弃物销毁</td></tr>
</table>

续前表

业务大类	具体子项
Data Protection 数据保护	Tape Storage 磁带存储
	Online Backup 在线备份
	Data Restoration 数据恢复
	Offsite Media Storage 远程多媒体存储
	Digital Archiving 数字归档
Disaster Recovery 灾难恢复	
Audio & Video Archiving 音频视频归档	
Offsite Data Storage 远程数据存储	Online Backup 在线备份
	Data Restoration 数据恢复
	Computer Online Backup 计算机在线备份
	Server Backup 服务器备份
	Online Medical Imaging 在线医疗成像
	Online Data Backup 在线数据备份
eDiscovery 电子发现	Litigation Discovery 诉讼发现
	Litigation Archiving 诉讼归档
	eDiscovery Litigation 电子发现诉讼

续前表

业务大类	具体子项
eDiscovery 电子发现	eDiscovery Data Service 电子发现数据服务
	IP Litigation IP 诉讼
Records Compliance 文件合规	Digital Records Compliance 数字文件合规
	Document Compliance 文档合规
	Security Compliance 安全合规
Art Storage 艺术存储	
Inventory Management 库存管理	Inventory Tracking 库存追踪
	Visual Inventory Tracking 可视库存追踪
	E-access 电子存取
	Inventory Logging 库存记录
Release of Information 信息发布	
GO Green 可持续发展	

资料来源：根据对 GRM 公司的网络调研归纳而成，见 http：//www. grmdocumentmanagement. com，2012－12－15。

第一，档案管理。GRM 面对所有行业提供档案信息管理服务，特别擅长为会计、金融、人力资源、零售、政府、医疗、法律等行业提供服务。它为每一行业都量身打造相应的档案管理方案，确保妥善管理信息，帮助企业控制成本。如在金融业，它注意到实际工作中 90％的文件已电子化，以电子邮件、即时消息、电话短信或语音邮件的形式存在，GRM 利用其独到眼光和先进技术打造电子化管理方案，在同行业中保持领先地位。

第二，电子文件管理。GRM 电子文件管理的宗旨是帮助客户实现安全、易用的无纸化办公。它提供文件扫描与数字化服务，以及安全存储、归档、检索、收集、传送及安全销毁等服务。利用其扫描技术，客户可实现文件快速扫描，以任何格式存储，并且以数字化传送。此外，它还提供工作流程追踪服务及智能门户网站技术等。

第三，文件销毁。它的文件销毁服务是围绕合规性和安全性展开的，提供专业安保人员及专用运输工具，并监测文件销毁的全部过程，通过条码扫描及收据打印来追踪信息保管链。例如，它根据客户需求，提供安全车辆直接到达客户办公室，只有训练有素的合格工作人员才能进入资料库，所有文件销毁工作都在24～48 小时内进行，并提供销毁证明。

第四，数据保护。它提供异地备份、高性能安全存储及灾难恢复等服务。它提供的数据保护服务能恢复任何系统、应用程序或数据库以及恢复意外删除的电子邮件、丢失文件、损坏光盘、硬盘等，服务内容全面而细致。在用户有需求时，它会迅速提供顾问与企业合作，恢复客户受损信息。

服务内容的特点

第一，注重数据实体与内容安全。

从 GRM 的服务项目可以看出，它特别注重文件档案实体与内容信息的安全。如它的文件销毁、数据保护、灾难恢复、远程数据存储等业务大类都旨在保证文件档案实体得到安全可靠的保存，避免文件损坏或信息泄露而给客户带来损失。严密的安全保护措施能赢得客户信赖，保障企业的良性发展。

第二，遵循市场规律，尊重客户需求。

GRM在服务内容方面，遵循市场发展规律，并注重客户需求，一切从实际出发，满足不同国家、不同经济发展状况、不同市场环境下企业的不同需求。这种灵活化、可调整的服务内容，更有利于提高客户满意度，增强市场竞争力。

第三，提供特色服务项目。

除常规的文件管理、数据保护服务外，GRM还提供独具特色的电子发现、艺术存储等服务项目，体现了与其他公司的差异服务，能满足不同用户的特殊需求，增强对客户的吸引力。

第四，注重环境保护和能源节约。

GRM在开展工作时，除追求工作高效与用户满意外，还积极参与环境保护与能源节约。在工作各个环节和具体细节中，都注意贯彻环保节能的原则，加强环保设施的使用以及对员工的教育和鼓励，促进自身可持续发展，同时也为整个社会的环保节能贡献力量。

11.1.3 国外档案社会化服务内容总体特点归纳

对上述典型的分析是从点的角度看国外档案社会化服务内容的特点。为做到点面结合，笔者借助对国际文件与信息管理服务行业协会（PRISM）的网络调研（2012年12月），全面审视国外档案社会化服务内容。

通过访问PRISM官网，笔者发现它编制会员名录时设有“提供业务”一栏，用来明示各商业性文件中心会员的服务内容。服务内容可归结为10项：数据保护—离线数据存储（Data Protection - Offsite Data Storage）、文件管理咨询（Records Management Consulting）、安全销毁（Secure Destruction）、数据保护—远程备份（Data Protection-E-Vaulting）、文件信息管理设备及用品（RIM Equipment & Supplies）、文档管理软件/企业内容管理（Document Management Software/ECM）、数据中心托管/代管服务（Data Center Hosting/Co-Location Services）、文件影像扫描（Document Imaging/Scanning）、视频/媒体/音频归档（Film/Media/Sound Archiving）、硬拷贝文件的离线存储和保护（Offsite Storage and Protection of Hardcopy Records）。

笔者针对每一项服务内容进行对应会员数量的统计，统计结果如表 11—4 所示。通过统计分析，笔者看到该表涉及的档案社会化服务内容较全面；但每一项服务内容对应的企业数量差距较大。例如，提供数据保护、离线数据存储、文件管理咨询、安全销毁、文件影像扫描等服务的企业较多，这几项服务相对比较成熟；提供数据保护—远程备份、文件信息管理设备及用品、文档管理软件/企业内容管理、数据中心托管/代管服务、视频/媒体/音频归档、硬拷贝文件的离线存储和保护等服务的企业较少，且分布在特定企业。

表 11—4　PRISM 网站档案社会化服务内容及其对应会员企业统计表

服务内容	会员企业数量（个）	典型企业
1. 数据保护—离线数据存储（Data Protection-Offsite Data Storage）	292	A-1 Freeman Records Management; A. R. M. S.; AAA Old Pueblo Moving & Warehouse LLC; ABGD - Associacao Brasilleira das Empresas de Gerenciamento de Documentos; Access Information Management
2. 文件管理咨询（Records Management Consulting）	171	Access Information Management; Access Office Systems (Brisbane) Pty Ltd.; Access Records & Media Management Ltd.; Access Records Management; ADS Consulting

续前表

服务内容	会员企业数量（个）	典型企业
3. 安全销毁（Secure Destruction）	238	A. R. M. S. ; Access Information Management; Access Office Systems (Brisbane) Pty Ltd. ; Access Records & Media Management Ltd. ; Access Records Management
4. 数据保护—远程备份（Data Protection-E-Vaulting）	53	Access Information Management; Access Records Management; Advance Record Management; AllMOVE Secure Document & Data Management; Allstate Information Management
5. 文件信息管理设备及用品（RIM Equipment & Supplies）	27	Access Records & Media Management Ltd. ; Apple Valley Document Storage Inc. ; Archives Management Centers Inc. ; C. H. Coakley & Co. Inc. ; Corodata
6. 文档管理软件/企业内容管理（Document Management Software/ECM）	45	A. R. M. S. ; Advanced Information Management; AllMOVE Secure Document & Data Management; Archive Systems Inc. ; Arcivyon (Easy Box) Ltd. ; Part of Archive Group Ltd.
7. 数据中心托管/代管服务（Data Center Hosting/Co-Location Services）	12	AllMOVE Secure Document & Data Management; CINTAS Document Management Europe; De Haan Archiefbeheer; DocuStore Data Management; Emirates NBD
8. 文件影像扫描（Document Imaging/Scanning）	233	A. R. M. S. ; Access Information Management; Access Office Systems (Brisbane) Pty Ltd. ; Access Records & Media Management Ltd. ; Access Records Management
9. 视频/媒体/音频归档（Film/Media/Sound Archiving）	76	Advanced Data Storage; Advanced Information Management; Allstate Information Management; American Record Management Systems Inc. ; Archive Corp.

续前表

服务内容	会员企业数量（个）	典型企业
10. 硬拷贝文件的离线存储和保护(Offsite Storage and Protection of Hardcopy Records)	38	Access Information Management; Access Records & Media Management Ltd.; Advanced Bonded Records Storage; Advanced Data Storage; Associated Records Inc.

资料来源：根据对 PRISM 网络调研归纳而成，见 http：//www.prismintl.org，2012－12－21。

在完成每一项服务内容对应企业的检索后，笔者试图通过组合检索来寻找档案社会化服务内容的内在规律。其中，将前五项服务内容进行组合，检索出 10 个企业提供这一系列服务，包括 Archives Management Centers，Inc.；C.H. Coakley & Co.，Inc.；Data Storage Centers 等。这说明存在为数不多的企业提供多样化的档案服务。将后五项服务内容进行组合，检索出 0 个企业，这说明不存在这样的企业提供全部后五项服务内容。将前六项服务内容进行组合，检索出 6 个企业，有 C.H. Coakley & Co.，Inc.；Data Storage Centers、Fireproof Records Center 等。这说明既提供前五项服务，又提供文档管理软件/企业内容管理的企业较少。将前七项服务内容进行组合，检索出 1 个企业，该企业是 Record Information Management。这印证了上文述及的提供数据中心托管/代管服务的企业数量稀少。将前八项服务内容进行组合，检索结果同上，这表明 Record Information Management 这一企业的服务内容相当广泛，具有一定的服务优势。将前九项服务内容进行组合，检索结果为 0，这说明并没有企业提供全部前九项业务，更说明了没有企业提供全部 10 项业务。当然，笔者还可针对不同的研究需要尝试其他的组合检索，不过，上述组合检索的试验让笔者得出几点结论：一是存在一定数量的企业提供较多样化的档案社会化服务；二是有些特定的服务内容（如文档管理软件/企业内容管理、数据中心托管/代管服务等）的提供企业很少，有待进一步拓展；三是并不存在提供上述全部服务的企业，每个企业都有服务侧重点，不能笼统要求企业提供全部服务。

通过点面结合，笔者归纳出国外档案社会化服务内容的主要特点。

第一，服务内容专业性、专门化，主要是专业性的文档及信息管理服务。政府文件中心的服务内容在实践发展中不断专业化。而诸多商业性文件中心从建立伊始就确定了专业性的服务内容，包括文档运送、日常管理、安全保存、鉴定销毁等传统服务项目。后来随着社会发展、技术进步和需求变化，又增加了文档数据恢复、文档管理软件设计、文档管理系统开发、信息利用、知识管理等新型服务项目。目前，商业性文件中心发展成为一种专业性行业——文件与信息管理服务行业。[①] 由此可见，档案社会化服务基于专业分工的立场，致力于提供专业性、专门化的文件档案及信息管理服务。

第二，服务内容全面、广泛，具有全面性和多样化特点。通过研究政府文件中心、典型商业性文件中心以及 PRISM，笔者发现档案社会化服务内容涵盖简单文件管理服务、数字文件管理服务、数据保护和备份服务、文件信息销毁服务以及技术托管服务等涉及文件全生命周期的服务，全面广泛，多数机构着力于提供多层次、多样化的专业服务。

第三，服务内容精细、具体，涉及文件信息服务的方方面面。凡客户有需求，不管是政府文件中心还是商业性文件中心，都会

① 参见黄霄羽：《全面解析商业性文件中心》，载《档案学通讯》，2009（6）。

在服务前列出详细的服务内容、服务周期和服务人员，并结合咨询服务深入调研，以期达到最佳效果。尤其是商业性文件中心，非常注重满足不同企业需求，既切实考虑文件生命周期，又尊重客户经济能力，在服务上努力做到精细化。

第四，服务内容灵活，倡导个性化服务。政府文件中心与商业性文件中心的服务方式均具有灵活性和定制性特点，尤其是商业性文件中心，这一特点在其服务中表现十分鲜明。商业性文件中心的客户从中小企业到世界 500 强企业无所不包，服务方式有电话咨询、专家现场指导、在线提问等，服务均可按照客户需求定制。对于提不出具体需求的客户，中心还提供免费的专业检查和评估，以报告形式把企业信息管理现状和问题告知客户，并提供具体的解决方案。这种灵活、定制的服务是基于其经营宗旨——“顾客需要的就是我们提供的”，一切从客户实际出发，极力满足不同层次、不同行业、不同规模的企业对于文件管理和信息服务的个性化需求。①

第五，服务内容管理规范，流程严谨，注重品牌价值。国外档案社会化服务机构发展较早，对服务流程的管理较严谨、规范，且趋于成熟。无论是美国政府文件中心，还是 Iron Mountain 等商业性文件中心，都有严格的流程管理标准，保证服务质量。同时，对于服务产品的管理，商业性文件中心更加注重技术创新以及品牌保护，Iron Mountain、Recall 等公司都对其开发的服务产品、软件等进行商标注册，以保护品牌价值。

第六，服务内容节能环保，落到实处。国外档案社会化服务机构在开展服务工作时，十分注意环保节能，通过使用环保器材、

---

① 参见黄霄羽：《商业性文件中心的业务内容与服务优势》，载《中国档案》，2010（10）。

推行无纸化办公、征集环保创意以及员工教育等，体现出对可持续发展原则的坚持和贯彻，展现出负责任的机构形象，容易形成好的舆论氛围。

虽然同属于档案社会化服务这一范畴，但政府文件中心和商业性文件中心在服务内容上还是存在一定差异。例如，政府文件中心的服务内容比较传统、基础，商业性文件中心的服务内容更全面、灵活和精细。它们应在一定程度上相互学习、取长补短，这样一来，档案社会化服务的实践才会朝着更合理、更科学的方向发展。

11.2 国内档案社会化服务内容分析

11.2.1 典型调研

笔者也通过典型调研了解国内档案社会化服务的内容，即采用以点带面方式调查分析国内档案社会化服务内容的特点。选择典型的依据包括机构的地域分布、服务内容和影响力等综合因素，这是因为我国档案社会化服务机构的地域分布不平衡，影响力存在大小之别。笔者重点选择集中在经济发达地区、服务内容具有代表性、专业影响力或知名度较大的机构作为典型。因此，信安达（中国）信息管理服务公司、北京潽尔森档案文件管理咨询有限公司、北京量子伟业时代信息技术有限公司、北京紫光慧图信息技术有限公司、深圳市世纪科怡科技发展有限公司、沈阳老顾头档案设备有限公司、北京市档案事业服务中心和深圳市文档服务中心被选为典型调研的对象。

经过比较，信安达（中国）、潽尔森这两个典型提供的服务内容较综合化；量子伟业、紫光慧图、世纪科怡、老顾头提供的服务内容属于较单一的专业化服务。具体来说，量子伟业、紫光慧图、世纪科怡三个公司侧重于技术，老顾头侧重于提供档案设备及用品。北京市档案事业服务中心、深圳市文档服务中心是非营利性承担主体、政府系统内服务机构的典型代表。笔者采取网络调研为主要手段，结合文献调研、对象访谈和实地考察等其他方法，梳理上述机构的基本情况，提出笔者对其业务调研分析及思考。表11—5简单归纳了以上典型的服务内容。

表11—5　　国内档案社会化服务内容概况

典型	性质	服务内容
1. 信安达（中国）信息管理服务公司	营利性	服务内容较全面、综合，包括纸质文件管理服务、电子文档管理服务、咨询服务、运输、材料供应等
2. 北京瀚尔森档案文件管理咨询有限公司	营利性	服务内容较全面、综合，主要提供档案文件管理服务外包，业务范围既包括传统的文件管理服务、档案用品销售，也包括数字化业务、档案管理咨询服务等
3. 北京量子伟业时代信息技术有限公司	营利性	较单一的专业化服务，侧重于技术，致力于提供档案信息化的大型系统集成，应用软件研发、生产和销售等服务
4. 北京紫光慧图信息技术有限公司	营利性	较单一的专业化服务，侧重于技术，提供档案数字化产品与服务
5. 深圳市世纪科怡科技发展有限公司	营利性	较单一的专业化服务，侧重于技术，强调信息化建设
6. 沈阳老顾头档案设备有限公司	营利性	较单一的专业化服务，服务内容为档案设备及用品的生产与销售
7. 北京市档案事业服务中心	非营利性	面向社会，开展档案代理、代管、加工、整理、复制等相关技术服务，以寄存服务为主，提供档案业务咨询服务

续前表

典型	性质	服务内容
8. 深圳市文档服务中心	非营利性	面向社会，主要开展纸质档案传统型服务，在这一方面专业优势突出

典型一：信安达（中国）信息管理服务公司①

信安达（中国）的服务内容参见表 11—6。

表 11—6　　信安达（中国）业务统计表

业务大类	具体子项
纸质文件管理服务	文件保管
	文件扫描
	文件销毁
	编目整理服务
电子文档管理服务	特藏库保管
	备份周转服务
	灾难预防及恢复服务
	电子文档销毁服务
咨询服务	信息风险管理
	业务持续性管理和灾难恢复预测咨询
	内部审查管理
	信息安全咨询
	信息技术风险防控咨询
	内部文件管理
运输	定期周转服务
	加急派送服务
其他服务	培训与支持
	在线服务
材料供应	档案文件箱、电子媒体储存箱、条形码、销毁柜、其他材料

通过分析表 11—6，笔者发现信安达（中国）的主营业务分两

---

① 调研网址，见 www.grmchina.com/zh/about/about_grm_china.php。

大类：纸质文档管理与电子文档管理。首先它提供安全的纸质档案文件保管服务，公司设施先进的文件保管中心是根据保管档案文件的要求而专门设计建造的。此外它还设有专门的电子文件特藏库，专为磁性媒体，特别是网络备份磁带和其他电磁媒体的长期储存、保管而设计。总的来说，在国内档案社会化服务机构中，信安达（中国）属于较综合的营利性档案社会化服务机构。自成立以来，信安达（中国）便一直是国内文档管理业界的领军企业。但相比国外的此类机构，它所提供的服务项目较少，层次较低，更偏于传统。

典型二：北京潽尔森档案文件管理咨询有限公司①

潽尔森的主要服务内容包括：(1) 档案文件保管/检索/递送。(2) 电子文件异地备份/介质迁移。(3) 档案文件销毁。(4) 文件归档整理/建立索引。(5) 文档扫描。(6) 档案管理咨询。(7) 档案用品销售。

总体来看，潽尔森文档提供的服务内容较全面，从文件的保管、利用、数据备份到最后的销毁，涵盖整个业务流程；同时，其服务内容也比较综合，既包含传统的文件管理服务、档案用品销售，也包括数字化业务、档案管理咨询服务等新型高技术含量的内容。

典型三：北京量子伟业时代信息技术有限公司②

量子伟业的主要业务包括：第一，档案管理系统研发，自主研发了 PDE 档案管理系列软件。第二，档案数字化加工，建有 PDE 档案数字化加工中心。第三，档案信息化方案咨询服务。总

---

① 调研网址，见 http://poolsun.cn/index.asp。

② 调研网址，见 http://www.pde.cn/。

的来说，量子伟业的服务侧重于技术，强调数字化和信息化，属于较单一的专业化档案服务。

典型四：北京紫光慧图信息技术有限公司①

紫光慧图的主要服务内容参见表11—7。

表11—7　　紫光慧图业务统计表

业务内容	具体服务
免费保修服务	紫光慧图作为乙方对其提供的设备应提供不少于1年的免费保修服务
软件产品升级、二次开发	在保证期内，如软件设计厂家对买方购买的软件有了升级版本，紫光慧图将及时通知买方，如买方有要求，紫光慧图将向买方免费提供相同功能的系统软件升级和技术支持。同时，紫光慧图开发的档案管理软件将为用户提供1年免费升级
热线技术服务	紫光慧图无偿提供7×24小时各种热线技术指导
快速响应技术咨询服务	紫光慧图对用户的技术咨询做出快速响应及服务
远程在线诊断和故障排除	对电话咨询解决不了的问题，经用户授权紫光慧图可通过电话或Internet远程登录到用户网络系统进行免费的故障诊断和故障排除
用户现场服务	自收到用户服务请求起24小时内，若以上两种服务形式不能解决问题，紫光慧图将指派技术人员赶赴现场处理故障。遇到重大技术问题，紫光慧图将及时组织有关技术专家进行会诊，并在48小时内采取相应措施确保系统正常运行。保证期后，紫光慧图可为用户提供有偿48小时现场响应服务

① 调研网址，见http：//www.thams.com.cn/。

续前表

业务内容	具体服务
系统技术咨询服务	紫光慧图将为用户提供系统技术咨询服务，主要包括网络流量控制、系统扩容设计、系统最佳操作系统建议、系统故障分析等服务
应用软件后续开发咨询服务	紫光慧图将就用户今后应用软件的开发和运行提供咨询和配合

以上服务可概括为三类：(1) 提供解决方案，包括档案著录及数据加工系统、机关政府解决方案、数字化加工解决方案、企业数字档案馆解决方案、现代档案馆解决方案；(2) 提供软件产品及服务，包括 TH-AMS 紫光档案管理系统、TH-DOC 紫光文档管理系统、TH-SCAN 紫光文档影像管理系统；(3) 依托文件生命周期管理、6S 技术、泛档案观等技术和理念提供咨询管理服务。紫光慧图的档案社会化服务内容侧重于技术，属于较单一的专业化服务。

典型五：深圳市世纪科怡科技发展有限公司①

世纪科怡的服务内容包括：第一，信息管理软件系列产品，包括档案管理系统、综合档案馆管理系统、银行数字信贷资料管理系统等。第二，数字工程系列，包括数字政府、数字档案馆、企业信息管理平台等。

从世纪科怡的业务内容来看，它是偏重于技术方面的专门化档案社会化服务机构，其服务内容具体且有针对性，拥有自己的核心技术和主营业务，主要包括软件产品开发与销售、解决方案提供与实施、增值代理与服务、软件加工出口等业务。

典型六：沈阳老顾头档案设备有限公司②

老顾头公司的业务内容单一明确，即档案设备的生产与销售

① 调研网址，见 http：//www. infosoft. com. cn/。

② 调研网址，见 http：//lgtda1. diytrade. com/。

服务。其产品主要有以下几类系列，如表11—8所示。

表11—8　　老顾头公司产品统计表

产品系列	具体产品类型
智能温湿度记录仪	智能温湿度记录仪
底图柜系列	电动密集底图柜
	底图密集柜
实物玻璃柜及办公柜系列	实物玻璃柜及办公柜
密集架系列	手拉式密集架
	电动密集架
	手动密集架
防磁柜系列	高密度专业防磁柜
	防磁音像柜
书架系列	实木书架
	钢质书架
侧拉式柜系列	侧拉式柜
其他系列	书架、书梯、书车
	除湿机
	六门更衣柜、三门更衣柜、十五门柜
	四门办公柜
	卡片柜
	阅览桌
	双面期刊架

从表11—8可看出，老顾头公司也是档案社会化服务中的一类专门性机构，专门提供档案用品的销售，虽然与前面提及的综合型的信安达（中国）、潽尔森，偏重技术的量子伟业、紫光慧图、世纪科怡相比，其服务的内容单一且较基础，但老顾头公司也正是凭借其种类繁多的产品、细分市场的策略，获得了可观的盈利空间。

典型七：北京市档案事业服务中心

北京市档案事业服务中心的服务内容较简单，以寄存为主，为客户的文件、档案提供保管场所，而其他业务如代整、数字化等由于人力缺乏、库房不足等原因已逐渐萎缩或转移。北京市档案事业服务中心服务内容的总体特点可归结为两点：第一，服务内容单一，不易发挥专业性优势。第二，服务形式欠佳，主动意识不强。在寄存服务方面，该中心目前没有送达服务，客户需要利用档案则需自来自查，对于客户方来说不够便利。①

典型八：深圳市文档服务中心

深圳市文档服务中心的服务面向社会，包括政府机关、企事业单位、社会组织以及个人，服务内容主要是归档文件的分类、整理、鉴定、保管、利用等，偏向于传统型纸质文件管理服务。尽管目前开始涉及电子文件的收集与管理，但在信息化方面提供的相关技术服务较少，层次也较低，在技术上较薄弱。

11.2.2 国内档案社会化服务内容特点归纳

我国档案社会化服务起步晚，处在发展阶段，在服务内容方面也不太成熟。具体表现为以下四点。

第一，综合性服务较少，专项服务较普遍。

根据调研结果，我国档案社会化服务内容的总体特点是综合性服务较少，大多数主体侧重于专项服务。提供综合性服务最为典型的代表就是信安达（中国），其服务内容广泛，几乎涵盖文件全生命周期，不仅有纸质文件保管，还提供电子文件管理服务、档案用品供应以及咨询等。而多数中国本土发展起来的企业，服务内容则较局限。以量子伟业、紫光慧图为例，其专注于档案信息化建设相关服务，如系统开发、信息化解决方案等；老顾头公司则专注于档案用品及设备销售。造成这一局面的原因与我国现

① 参见黄霄羽、陈香：《商业性文件中心之典型调查及思考》，载《中国档案》，2009（5）。

阶段档案社会化发展刚刚起步有直接关系。提供综合性服务的企业一般要求规模较大，人力、物力资源充足，否则无法支持复杂的业务运营。而我国大多数档案社会化服务主体尚不具备这些条件，加上市场发育不完备，因而多数专注于专项服务。

第二，营利型主体侧重技术服务，非营利型主体侧重传统保管服务。

我国档案社会化服务内容根据主体性质的不同，也略有差别。总体上说，营利型主体更注重技术服务，依靠技术优势取得客户青睐，并依托技术实现创新和业务升级，典型代表有量子伟业、紫光慧图等。它们利用先进技术，为用户提供数字化解决方案，注重提高自身在技术上较同行业竞争者的优势。而非营利型主体，尤其是政府系统内的服务机构在服务内容上则偏重于传统纸质文件保管，信息技术水平较低。以深圳市文档服务中心为例，其服务大多围绕纸质文件的收集、整理、保管、利用而进行，信息化程度低。造成这一点的原因主要是其机构性质决定了运作方式的不同。营利型主体只有掌握先进的核心技术，才能在竞争中处在优势地位，避免遭市场淘汰；而非营利型主体的资金来源主要是财政拨款，客户也以政府机关为主，缺乏竞争压力，技术创新意识较差。

第三，营利型主体比非营利型主体具有更大的服务自主权。

在服务内容的选择确定上，营利型主体更具自主权和灵活性，可根据与客户之间的充分沟通，在服务内容及服务开展具体方式上彼此协商，为客户量身定制服务内容。非营利型主体由于大部分还不能完全独立于行政机关，因而其服务内容大多受到相关规章制度的限制，以及政府机构业务活动特点的制约，服务对象大多也有明确规定，故很难像营利型主体一样自主和灵活。

第四，新兴档案社会化服务机构的服务内容借鉴了国外商业性文件中心。

近年来，一批新兴的档案社会化服务机构逐渐发展起来，其管理模式和发展路径不同于传统的档案中介或文档服务中心，而是借鉴了国外商业性文件中心，如 Iron Mountain、Recall 等公司的服务模式，故它们的服务业务较迅速开展起来。以信安达（中国）、澘尔森为例，其服务内容基本上参考了国外商业性文件中心的主营服务项目，主要为客户提供文件保存、文件运送、文件扫描、数据销毁等服务。

11.3 国内外档案社会化服务内容比较

通过国内典型的调研，笔者以表 11—9 展示国内档案社会化服务内容的大致情况。

表 11—9　　国内档案社会化服务内容总结表

业务大类	具体内容
1. 传统档案管理服务	文档扫描
	档案文件保管、检索、递送
	文件归档整理、建立索引
	档案用品生产与销售
2. 电子文件管理服务	电子文件异地备份、介质迁移
	软件产品开发
3. 信息管理服务	数字工程系列
4. 安全销毁服务	档案文件销毁
5. 其他服务	档案管理咨询
	运输

档案社会化服务是基于专业分工、面向社会的档案服务。通过研究笔者发现，营利型的档案社会化服务主体因为要接受市场

检验，承担着更大的市场竞争压力，坚持客户第一的原则，因而其服务内容更全面，基本涵盖非营利型的档案社会化服务机构所能提供的全部业务。因此，笔者将通过对比国内外营利型的档案社会化服务机构的服务内容，映射出中外档案社会化服务内容的共性与差异。表 11—10 为国内外营利型档案社会化服务机构的服务内容比较。

表 11—10　　国内外档案社会化服务内容比较

国外档案社会化服务内容		国内档案社会化服务内容	
传统档案管理服务	文件扫描与管理	传统档案管理服务	文档扫描
	档案管理与存储		档案文件保管、检索、递送
	库存管理		文件归档整理、建立索引
	文件信息管理设备及用品		档案用品生产与销售
电子文件管理服务	数据备份与恢复	电子文件管理服务	电子文件异地备份、介质迁移
	电子发现		软件产品开发
	文件合规		
	音频视频归档		
	远程数据存储		
信息管理服务	医疗信息管理	信息管理服务	数字工程系列
	数字解决方案		
安全销毁服务	安全销毁	安全销毁服务	档案文件销毁
其他服务	咨询	其他服务	档案管理咨询
	技术托管服务		运输
	营销产品和服务		
	娱乐服务		
	艺术存储		
	域名管理		

通过表 11—10 的对比不难看出，在档案社会化服务的服务内容方面，中外之间有共同点，也有明显差异。

就共同点而言，国内外服务内容的类型均表现为全面多样的特点。目前不论国外还是国内的档案社会化服务主体，一般都提供传统档案管理服务、安全销毁服务等，实现文件从接收、保管、检索利用到销毁的全生命周期的服务。同时也适应信息时代技术发展的要求，提供电子文件管理服务、信息管理服务等新型的服务内容。总体来看，目前档案社会化服务的服务内容基本能满足文件管理的多元需求，类型全面多样。

就不同点而言，国内外在开展社会化服务的具体过程中还存在明显差异。首先，在服务水平上，国外服务内容更先进和专业，从传统的档案保管服务转向偏重于内容开发、咨询的服务。例如，一些机构可提供电子发现、数字解决方案等新型服务内容。相比之下，我国的服务总体上还处于较低水平，服务内容大多数偏重于传统的档案管理和档案用品销售等。尽管也有一些新型高科技企业加入到档案社会化服务的行列中，但仍以提供简单的数字化扫描、介质迁移等为主。以 GRM 为例，其针对国内外提供的就是差异化的服务。GRM 在美国提供的服务种类更加丰富，项目数量更多，且技术性突出；而在中国提供的服务项目较少，层次较低，更加偏于传统。这反映出 GRM 在不同国家不同市场需求的情况下提供了差异化的服务内容。针对经济发达、文件管理需求更高的美国，GRM 提供各种类别的服务；而针对发展中国家如我国，公司对服务项目进行了删减，更加贴合中国客户的需求。

其次，在服务针对性上，尽管档案社会化服务是面向全社会的，但在国外随着市场经济发展、市场不断细分，一些提供档案社会化服务的机构将目标锁定在某个专门的领域或行业上，提供的服务内容更有针对性，如 Iron Mountain 公司就专门针对医疗行业提供医疗信息管理服务。而相比之下，我国的档案社会化服务相对宽泛，没有限定领域和行业，因此服务内容的针对性和适用兼容性还有欠缺。

总体而言，不论国内还是国外，档案社会化服务的服务内容都已有较全面发展，服务类型多样。但目前来看，国内与国外相比还有较大差距，在服务内容的质量和针对性方面还需要不断完善。

12 档案社会化服务的实现途径

档案社会化服务的实现途径，主要是指站在档案社会化服务承担主体的角度解决如何提供档案社会化服务的问题，即由承担主体回答“怎么做”的问题，也即这类机构的内部实现途径。笔者以国内外发展较成熟的承担主体作为典型案例，在归纳总结的基础上提炼出具有普适性的实施框架。此处研究的档案社会化服务的实现途径，是指承担主体依据档案社会化服务实施框架，提供档案社会化服务的方式和方法。

12.1 档案社会化服务实现途径的框架

根据管理学理论，一般企业和机构的运营可分为经营和管理两个环节，作为档案社会化服务的承担主体，其运行与其他服务机构既有共性，也有特点。因此，笔者试图从对外经营和对内管理的角度切入，构建一个通用性的逻辑框架（详见图 12—1），分析典型案例，探讨档案社会化服务的实现途径。

第一，从经营角度看，主要解决主体在外部市场上做什么、如何做的问题，指明主体发展的大方向。笔者选取经营理念、客户选择和经营模式三方面来探讨：档案社会化服务机构的经营理念主要是指档

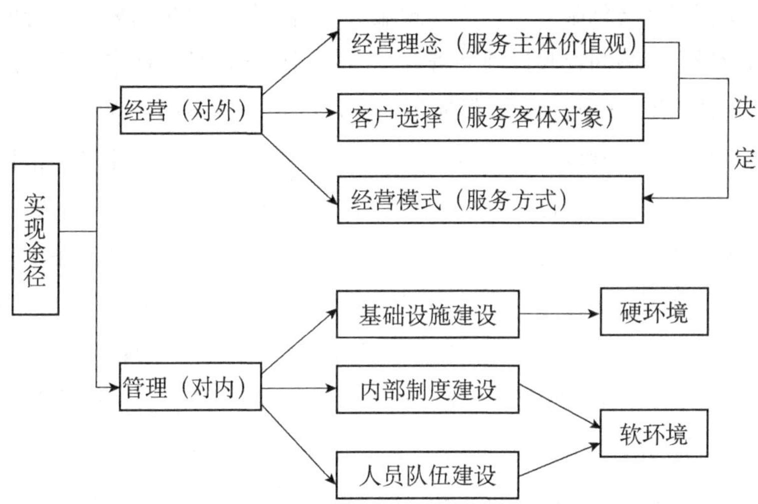

图 12—1　档案社会化服务实现途径的逻辑框架

案社会化服务机构系统的、根本的管理思想，是管理者追求企业绩效的根据，是顾客、竞争者以及职工价值观与正确经营行为的确认，并在此基础上形成企业基本设想与科技优势、发展方向、共同信念和企业追求的经营目标。① 客户选择是指档案社会化服务主体的服务对象及其分类。经营模式是指档案社会化服务主体根据自身的经营宗旨，为实现自身确认的价值定位所采取的某一类方式方法的总称。在这三者中，经营理念是主观的服务价值观，客户选择是客观的服务对象，经营模式是开展服务的方式，经营理念和客户选择是基础和前提，其特点、需求决定了主体采用何种经营模式。

第二，从管理角度看，主要研究对主体内部的人、财、物等资源如何有效管理，这是主体健康、可持续经营的保障。笔者从基础设施建设、内部制度建设、人员队伍建设三方面探讨：基础设施建

① 参见百度百科："经营理念"，见 http://baike.baidu.com/link?url=aiBFJm5lzHon1Vbm1or4LuTikaFLBKkd_JK_1FbbVbBYWQn5vZyx5D2dnqNiLvAP6QqbyzysvXTxts2aqzZu1K，2012-05-23。

设指档案社会化服务主体为实现服务宗旨，符合管理需要，进行库房建设、设备购置和设施完善等。内部制度建设是指档案社会化服务主体为维护经营秩序，保证各项工作的正常开展而建立一系列制度，包括管理制度、机构章程、专业制度等。人员队伍建设是指档案社会化服务机构针对自身的经营目标和管理理念，进行人员选拔、录用、使用和培训等活动。这三者中，基础设施建设是硬件条件保障，内部制度建设和人员队伍建设是软环境建设，只有从软硬两方面兼顾发展，才能更好促进档案社会化服务的开展和实现。

无论国内还是国外，现有档案社会化服务的承担主体均数量庞大，笔者采用以点带面的方法，选择量子伟业、紫光慧图、信安达（中国）、Iron Mountain、Recall、GRM 六个典型案例作为分析重点。选择依据主要有三点：一是从地域分布看，中外兼顾，确保研究结果的全面性、通用性；二是从业务范围看，有专门提供某一环节具体服务的量子伟业、紫光慧图，也有提供全生命周期服务的 Iron Mountain、Recall 等公司；三是从知名度和影响力看，选择的典型案例均是国内外行业内的领军企业，有较大规模和良好声誉，是档案社会化服务承担主体的典范，其经营管理的成功实践对档案社会化服务实现途径的研究具有重要参考价值。

12.2 档案社会化服务的经营理念

企业经营理念是一个企业在一定的经营条件下关于经营对象、目的、目标和主导方法的基本思想。经营理念应包含对组织外部环境、特殊使命和核心竞争力的基本认识。经营理念不是空泛的口号，它对外明确了主体在经营上应实现的目标和达到的境界，对内成为全体员工共同的价值观。经营理念的正确与否，从根本上决定了主体在竞争中能否取胜、能否健康持续发展。笔者探讨档案社会化服务的经营理念，旨在提出承担主体在实现档案社会化服务的过程中应把握的特殊使命和核心竞争力要点。

12.2.1 典型案例的经营理念概述

笔者采用实地访谈和网络调研相结合的方式，调查研究了典型案例的经营理念现状，如表12—1所示。

表12—1 典型案例经营理念概况

调研对象	经营理念	具体体现	资料来源
量子伟业	科技创新	1. 技术创新，将其他科学领域的最新技术应用于档案管理。如2012年发布了我国档案领域首创的完全基于SOA架构技术的管理软件业务基础平台 2. 业务创新，为满足客户需求提供新型的档案管理服务。如在北京大兴区建立BPO数据处理中心，提供业务流程外包服务	实地访谈①
	服务为本	紧密结合客户需求，提供优质服务，在客户间口口相传，在业界建立良好品牌和口碑	
紫光慧图	专业服务	建立档案专业人才队伍，将档案咨询服务嵌入软件销售和安装中；积极与设立档案学专业的高校合作交流	实地访谈②
	持续服务	为客户提供长期持续服务：在前期，了解客户档案管理部门的业务流程及档案需求，有针对性地对现有软件产品进行二次开发。在中后期，每年举行老用户培训会，听取意见反馈，改进升级服务	
	创新服务	充分了解档案行业的新法规、新政策及新理念，与高校学术机构合作创新产品和服务，如电子文件、知识管理、内容管理等	

① 访谈地点：量子伟业（北京市海淀区北四环西路68号左岸工社10层）；时间：2012-07-18。

② 访谈地点：紫光慧图（北京市海淀区清华大学华业大厦一区1506室）；时间：2012-07-23。

续前表

调研对象	经营理念	具体体现	资料来源
信安达(中国)	技术专业	最先使用O'Neil文档管理软件与条形码技术，所有运作已全部数字化、条码化。员工中有经过高级专业培训的文档管理人员，还有一批训练有素的客户服务人员，能为客户出谋划策，提供解决方案	网络调研①
	敢于创新	经常向客户提供新服务和信息管理问题解决方案。资深员工具有灵活的创造性思维，探索、开发、创造并不断推出提高业务管理质量的新办法和改进自身服务质量	
	优质服务	精确的服务系统与完善周到的服务团队使公司从竞争中脱颖而出	
Iron Mountain	安全为本	从建立一级保管链策略、员工安全培训、第三方服务供应商评估、行业领先设施、车辆运输监控、先进信息技术等方面入手，保障客户文件信息安全	网络调研②
	客户至上	公开坦诚地与客户交流，对客户承诺、结果负责，满足客户需求	
	合法合规	遵从：承诺遵从各地域范围及行业领域内的相关法律、标准。监管：制定严格的商业道德和商业行为守则、全球反腐败和反贿赂方案，提供24小时的合规热线电话，供员工及时上报企业运营中的违法违规现象	
	行动导向	对于突发情况，能立即采取行动，积极有效应对，将风险和危害降到最低	
Recall	安全	采用严格的设施和车辆标准；在灾难保护和安全措施上大量投入；定期进行安全评估	网络调研
	效用	通过专业化团队的知识、工作经验及创新，改进业务流程，为客户节省时间和金钱，提高效率	

① 网络调研，见 http：//www.grmchina.com，2012－10－28。
② 网络调研，见 http：//www.ironmountain.com，2012－10－28。

续前表

调研对象	经营理念	具体体现	资料来源
Recall	客户满意	采用一致、准确、可靠、效率四个关键评价标准，并推出重要客户满意度计划，让客户从服务中获得最大收益	网络调研①
	可持续发展	以长远目光来发展服务业务，从而实现自身的持续发展、客户的持续发展、社会环境的持续发展	
GRM	安全可靠	有完备的安保系统、独立建筑结构的文件保管库，加之严格的出入管理制度和对客户名称完全保密制度，可保证文件安全	网络调研②
	服务优良	文件管理严格遵守文件管理领域标准、法律，协助企业通过文件审计检查；利用方便，能在短时间内把原件送到客户手中	
	专业性强	员工受过良好的专业培训，并明悉自身职责，文件与信息管理就是其专长	

综合比较上述典型案例的经营理念，虽然描述不一，但总结归纳后不难发现有许多要点是被多个承担主体共同提及的，这些经营理念的要素存在一些共同特点。

第一，从提及频率看，出现频率最高的是优质服务、专业、创新、安全这四个理念，次之是客户至上、可持续，可见这些理念是被普遍认可的档案社会化服务的经营理念。

第二，对上述经营理念分类，可将其分为档案社会化服务的一般性经营理念和关键性经营理念。众所周知，档案社会化服务本质上是一种服务，其承担主体的经营理念必然要符合服务机构的一般规律，如强调提供优质服务，客户至上、满足客户需求等。因为这类经营理念适用于所有服务机构，对档案社会化服务

① 网络调研，见 http://www.recall.com，2012-10-28。

② 网络调研，见 http://www..grmims.com，2012-10-28。

不具有特殊的参考意义，故称之为一般性经营理念，不是笔者强调的重点。而其余的一些经营理念，如安全、专业、创新、可持续、合法合规等则是承担主体实现档案社会化服务应重点关注的，笔者称之为档案社会化服务的关键性经营理念，需重点展开论述。

第三，国内外机构主体经营理念各自的侧重点不尽相同。国内档案社会化服务的经营理念主要关注专业和创新两方面：通过提供专业性服务来体现差异化的优势，吸引客户、树立口碑；通过引入新技术、新标准、新理念的方式进行创新，不断升级产品和服务。而在国外，档案社会化服务实践已有近 70 年历史，笔者选取的国外典型均是历史较长、发展成熟的主体，因此更多强调了安全、合法合规、可持续等规范化、保障型的经营理念。

12.2.2　档案社会化服务的关键性经营理念

通过上述分析，笔者选取安全、专业、创新、合法合规、可持续这五点作为档案社会化服务的关键性经营理念，其中安全是根本，专业是核心优势，创新是发展动力，合法合规是保障，可持续是发展趋势，只有从根本上树立这五方面理念，并贯彻落实到主体的经营活动中，才能实现档案社会化服务的健康良性发展。

12.2.2.1　安全理念

安全理念是根本。提供安全可靠的档案服务，确保客户档案安全，是主体持续经营的底线，是开展和优化其他服务的前提。因此，注重安全的经营理念必须深入和渗透到档案社会化服务的经营过程中，成为根本的指导思想。

注重安全的经营理念包含三点内容：第一，注重档案实体保管安全。如 Iron Mountain 在文件保管上，加大在消防、烟雾检测和火灾预防、灾难保护等方面的投入，有些方面甚至高于国家和地方法规的要求；在文件运输过程中，采用全封闭式车辆，并配备车载报警系统。第二，注重档案信息内容安全。在实践中，档案信息泄露的主要原因在于内部人员的操作不当或恶意窃取，因此注重档案信息内容的安全需要加强对内部人员的管理。如 GRM 员工受雇前须经过严格调查和选拔，着重考察其忠实可靠和安全素质程度；员工入职后定期接受安全培训，提高安全意识和能力。第三，注重档案服务流程安全。国外典型大多在了解安全标准基础上，制定自身的档案服务标准流程；定期对服务工作开展安全评估、审计和达标考核；借助第三方机构，更加客观地评估主体的安全策略及实施效果。

12.2.2.2 专业理念

专业是核心优势。从本质上说，档案社会化服务是由最专业的人员，配备最专业的技术和设备，为客户提供最专业档案服务的过程。让专业人士做专业的事，体现了社会分工的优势，因此在经营中注重专业性的价值在于：首先于主体而言，能凸显其核心优势，在与其他同质化主体竞争中脱颖而出，吸引客户并树立良好口碑。其次对客户而言，专业性的服务可为客户节约成本、节省空间、提高效率。如客户可借助专业机构的保管库房实现文件档案的异地管理，既腾出办公室空间，又节省了时间、人力和资源的消耗。最后从全社会角度看，专业的档案服务也能提高社会整体运行的效率，实现社会资源的优化配置。

经营理念中的专业性包含三点内容：首先是人员的专业性，

如紫光慧图建立档案专业人才队伍，将档案咨询服务嵌入软件销售和安装中，并积极与开设档案学专业的高校合作交流，提升人员的专业水平。其次是设备技术的专业性，如GRM是最先使用O'Neil文档管理软件与条形码技术的公司之一，如今所有运作已全部数字化、条码化。最后是服务内容的专业性，即在专业人员和专业设备的基础上，提供专业档案服务。

12.2.2.3 创新理念

创新是发展动力。对档案社会化服务主体来说，创新主要包含两方面内容：第一，技术创新。这是指将当今各科学领域中的新技术、新成果，引入和运用于档案管理实践中，帮助优化和提升档案服务的质量和效率。如Recall利用射频识别技术追踪资产，提高文件管理效率；又如量子伟业将计算机软件领域的SOA架构技术，运用到档案管理软件开发中，构建了档案管理软件业务基础平台V2.0。第二，服务创新。这是指在了解国内外档案管理新政策、分析客户实际需求的基础上，将新理念引入产品和服务，不断创新服务内容，适应不断变化的客户需求。如紫光慧图定期组织员工学习文件档案管理的最新标准，定期召开老用户培训会了解用户需求，积极与学术机构合作共同研究新课题，在内容服务、知识管理等领域进行服务创新。综上，创新是档案社会化服务主体必须保持的一种经营理念，只有持续不断的创新才能使主体在激烈竞争中立于不败之地，才能提高档案社会化服务的整体水平。

12.2.2.4 合法合规理念

合法合规是保障。合法合规是指在经营过程中，主体符合法律政策要求和规章制度，运行规范化、程序化和制度化。合法合规的经营理念主要包含两点内容：一是确保主体经营的合法合规。如 Iron Mountain 承诺遵从各地域范围及行业领域的相关法律、标准，并制定了严格的商业道德和商业行为守则、全球反腐败和反贿赂方案，提供 24 小时的合规热线电话，供员工及时上报企业运营中的违法违规现象。二是协助客户实现合法合规。如 GRM 专门成立了合规性解决方案团队，由信息管理专家组成，严格遵照文件管理法律法规和标准，为客户设计完整的全生命周期的信息管理方案，规范管理客户的纸质和电子文件，以协助客户通过日益严格的文件审计，降低诉讼风险。合法合规的经营理念对主体、客户和全社会都有重要意义，既能规范主体的经营行为，确保提供规范、优质的档案服务，同时，这些规范、优质的档案服务又能协助客户对文件信息的有序组织和规范管理，从而推动各行各业乃至全社会建立良性秩序并健全法制环境。

12.2.2.5 可持续理念

可持续是发展趋势。可持续理念主要包含三点内容：首先是主体的可持续，即主体采取哪些措施，保证自身的持续发展。如 Recall 把员工发展作为企业持续发展的原动力，为员工营造良好工作环境，并为个人和团体提供学习和发展机会，创造一个鼓励所有员工发挥最大能力和实现最大潜能的环境。其次是客户服务的可持续，即向客户提供的文件档案服务不是一次性的，而是一个长期方案，将及时跟踪反馈最新需求，不断调整。如紫光慧图在服务前期，会了解客户档案部门的业务流程及档案需求，有针对性地对现有软件产品进行二次开发；在中后期，每年举行老用户培训会，听取意见反馈，改进升级服务。最后是对社会的可持续，即主体对社会做出的持续贡献。如 Recall 非常重视企业的社会责任，协助客户处理文件信息管理业务，促进经济繁荣，向社会提供众多有意义的工作岗位，并鼓励和积极参与全球各种公益活动和项目，为国家乃至全球的慈善事业做出了突出贡献。

总之，安全、专业、创新、合法合规、可持续这五方面的经营理念对实现档案社会化服务具有重要意义，一些成功的承担主体已率先树立了这些理念，落实在经营活动中，取得了良好效果。因此，以安全为根本，以专业为核心优势，以创新为发展动力，以合法合规作保障，以可持续为发展趋势，有助于全面促进档案社会化服务的良性发展，提高整个社会的档案管理水平。

12.3 档案社会化服务的客户选择及分群

由于档案社会化服务是一种专业服务，有特定的服务对象（或客户群体），因此可参照客户选择理论，来选择合适的服务对象。客户选择理论是客户关系理论的一部分，主要是指由于顾客的购买要求各不相同，任何一个企业都不可能为市场上的全体顾客服务；为能与无处不在的竞争者竞争，公司需要确定它能为之提供最有效服务的细分市场，确定自己的目标客户，以优异服务充分满足目标客户的需求。[①] 根据客户选择理论，笔者主要分析档案社会化服务客户的分布情况，对客户群体作细致划分，并明确主体进行客户选择的原则，确定目标客户，开展有针对性的档案社会化服务。

---

① 参见张中科：《客户选择分析》，载《经济师》，2001（9）。

12.3.1 典型案例的客户分布状况

档案社会化主体的服务客户各不相同，侧重点和优势领域也有所差别，笔者从客户性质、客户规模、行业分布三个方面梳理典型案例的客户状况，详情见表 12—2。

表 12—2 国内外典型案例的客户分布

调研对象	客户性质	客户规模	行业分布
量子伟业	大型央企、国企 知名大型民营企业 政府机构（档案局馆）	大型	政府系统、能源、汽车制造、建筑房地产、军工（航空）、通信、金融保险、税务、医疗
紫光慧图	大型央企、国企 知名大型民营企业 政府机构（档案局馆）	大型	政府系统、能源、制造业、军工、建筑建设业、金融、房地产
信安达（中国）	外资企业：大型跨国公司中国子公司	大型	保险、银行、金融、制造业、会计、工程、咨询、高科技
Iron Mountain	企业客户 政府机构	大、中、小型兼有	政府、会计、能源、娱乐产业、金融行业、医疗服务业、人力资源行业、保险公司、律师事务所、法律部门、抵押贷款公司、零售业
Recall	企业客户 政府机构	大、中、小型兼有	政府、法律、银行业、保健、技术、保险、会计、金融信用、出版业公司
GRM	企业客户 政府机构	大、中、小型兼有	政府、医疗、法律、金融、零售、娱乐、建筑、人力资源、会计

总结归纳表 12—2，不难看出国内与国外档案社会化服务的客户存在共性和差异。首先从客户规模看，国内档案社会化服务主

要针对大型企业提供，如量子伟业和紫光慧图的客户集中在中石油、中石化、中国移动等国企或央企，以及立白、苏宁、万达等知名民营企业；信安达（中国）的主要客户则是汇丰银行、花旗银行、松下电器、联合利华等大型外资企业的中国子公司。而国外档案社会化服务发展更成熟，市场扩展更大，客户兼有大、中、小型各类企业。其次从行业分布看，国内外服务的客户分布有共性规律，分布呈现集中趋势，主要分布在医疗保健、法律、金融、零售和能源五个行业。

12.3.2 档案社会化服务客户选择的原则

12.3.2.1 优先选择文件档案管理需求最突出的行业客户

通过分析典型案例可知，档案社会化服务的客户主要分布在医疗保健、法律、金融、零售、能源五个行业，主要是因为这些行业对档案管理的需求最突出。因此，档案社会化服务主体应优先选择上述行业的客户，根据不同行业特点，提供有区别的服务模式和内容，才能实现有针对性的高效服务。

第一，医疗保健行业。

医疗保健行业因其行业特殊性，在工作中会产生病历、医疗影像记录等大量医疗档案，具有重要价值，直接关系到病患生命安全、医疗信誉等。Iron Mountain 专门针对医疗保健行业提供了医疗信息管理服务，业务内容包括电子病历转换、医疗影像存储、归档等。总结其成功经验，针对医疗保健这样一个文件档案管理需求较大的行业，档案社会化服务主体提供的服务要满足专业化、规范化需求，注重医疗保健行业文件种类、载体的差异性，采用先进的信息管理工具为客户服务。

第二，法律行业。

法律行业是指从事国民经济中法律服务、法律研究、法律实践的经营单位或个体组织结构体系，具体包括公安、检察院、法院、律师、法律工作者、企业法律顾问、法律教育培训等。法律行业的文件特点在于凭证价值高、具有约束性、规范性强等特点。其中，法律事务所是文件生成大户，它在信息管理、存储、保护和恢复方面的挑战，是如何在客户信息转化为电子形式过程中降低风险。因此，对于法律行业文件管理的服务，要做到正确保留和合理销毁各种载体形式的文件，管理具有时效性的诉讼文件，提供管理咨询等。

第三，金融服务业。

目前金融服务业主要包括银行、证券、信托、保险四个分支，文件数据量大、时效性强，文件管理的合规性要求较高，并要保证数据安全。银行作为文件生成大户，要求有效掌控行业信息和数据，确保获得数据安全合法。因此，针对金融服务业的文件档案管理需求，档案社会化服务主体要管理好行政文件、信用文件、签名卡、商业往来账户文件、人力资源文件、抵押文件和遗嘱文件等，提供在线文件和离线文件的实体销毁和数据销毁。以 Recall 为例，其为澳大利亚排名前五的金融机构提供了集成化的文档管理解决方案，涵盖数字化、数据抓取和处理等，保障了资金安全，提高了处理周转效率，因而获得较高的客户满意度。

第四，零售业。

零售业是指通过买卖形式将工农产品直接售给居民作为生活消费品或售给社会集团供公共消费用的商品销售行业。零售业的文件数量庞大、种类繁多，并包含雇员状况、信用卡号、价格记录、库存数据、商业秘密等敏感信息。管理敏感信息不仅要求安全指数高，也要求利用快捷与方便。因此，档案社会化服务主体要做好信息备份、敏感或机密信息保护、安全销毁、电子文件存储及利用等方面工作，才能满足零售业的文件档案管理需求。

第五，能源行业。

能源行业是为人类生产及生活提供各种能力和动力的行业，在国民经济中占有举足轻重地位，决定着国家命运。该行业在文件产生上的最大特点是开发和产生矿藏时会形成海量数据，这些数据时效性长，利用价值高。因此，针对能源行业的文件管理方案设计要着重信息的数字化存储和利用，保障数据得到完整、安全、及时、有效的存储，并且能随时、快速地提供利用。具体的服务项目包括管理实体和数字化的资产数据，资产数据共享利用，文件实体和数据存储，数据转换，文件信息的安全存储等。如量子伟业成功为中海石油（中国）有限公司湛江分公司设计开发了数字文档中心系统，实现了对企业经营中的各类文档收集、整理和利用等业务，打造了集成档案管理业务的一体化数据信息平台。

通过对上述行业需求的分析，笔者发现这些行业具有一些共同特点：首先，这些行业在日常经营、生产过程中会产生大量文件，这些数量庞大、种类繁多的文件若由形成机构自行整理和保管，费时费力、效率低下。因此需要借助外部专业力量，接受档案社会化服务，提高效率。其次，这些行业形成的文件对机构运营有重要价值，需要归档长期保存。如金融行业、法律行业的文件具有重要的凭证价值，需确保其合法合规性；而能源行业、医疗行业的文件具有较大的参考价值，需要长期保存反复利用。最后，这些行业是国家的关键性行业，关系着国家的政治、经济、社会、民生等重要方面的发展。不论是宏观政策法规还是实践工作需求，都要求规范管理生产业务活动中形成的文件档案。也只有对这些行业的文档进行规范管理，才能保障行业良性运作，从而推动国家进步与发展。因此，尽管随着经济发展和变化，旧的行业会衰退、新的行业会兴起，但只要把握这三点基本特征，以此为选择客户的依据，就能准确定位目标客户，提供档案专业服务。

12.3.2.2 拓展有潜力的新领域和新客户

档案社会化服务主体选择客户时，除优先选择文件档案管理需求突出的行业客户外，要想不断发展壮大业务，还要有持续长远的眼光，拓展有发展潜力的新领域、新客户。笔者通过深入分析典型案例的客户，总结归纳出可供主体拓展的三个方向。

第一，涉足新兴行业。

21 世纪以来，随着技术与资本的发展与变革，一些传统行业受到冲击，同时另一些行业的社会需求加大，成为新兴产业，典型的有房地产业、咨询行业、通信行业和文化产业等。这些领域在市场推动下快速发展，规模壮大，经营活动中形成的文件数量急剧增加，急需引入规范的档案管理。这些企业对于档案社会化服务的需求旺盛，是未来可重点拓展的行业和领域。

以房地产业为例，近 10 年来无论国内还是国外，房地产业都是增长最快的行业之一。如在美国，虽经历了经济危机的冲击，但新兴的绿色革命和联邦政府资金的投入，既刺激房地产业依然保持快速增长，也要求该行业更严格遵守文件档案管理程序。因此 GRM 在这一新兴行业中及时拓展业务，为房地产业的公司设计了专门的文档管理系统。该系统连接项目管理、招投标、设备、应付账款、应收账款等各个环节，成功维护了公司的合法权益，树立了客户的信心。① 同样，国内房地产业的发展速度更是惊人，房地产建设开发中形成的大量房屋产权登记材料、建设工程施工材料、房地产使用管理材料急需进行规范化管理，而目前量子伟业和紫光慧图等领先企业都开始涉足房地产业，为万科、中建一局等大型建筑、地产业公司提供档案软件服务和档案咨询服务。

第二，拓展中小型客户。

分析典型案例的客户规模情况，不难看出，我国档案社会化服务的主要客户是一些大型央企、国企及知名大型民营企业，而国外一些成熟的典型已将服务范围拓展到中小型企业。国外同行这种拓展中小型客户的做法值得借鉴，这是因为：首先从实际需求看，中小型企业并非不需要文件档案管理服务，恰恰相反，中小型企业同样有文件档案管理需求，并且由于资金、空间和人手限制，更需要专业机构为其定制文档管理的解决方案或将相关业务外包，以节约成本，提高生产效率。其次从市场份额看，我国大型企业毕竟占少数，中小型企业数量庞大、蓬勃兴起，占据了较大比例。而目前国内大部分档案社会化服务主体把客户锁定在大型企业，导致该领域内竞争激烈、同质化严重，相比之下，中小型企业客户市场则少有人问津，成为可通过差异化手段获得更大利润的“蓝海”。

当然，要拓展中小型客户，就必须认识到中小型客户与大型企业的需求不同，要针对中小型企业特点，制定相应方案。总结国外 Iron Mountain、GRM 等公司的实践经验，笔者建议服务重点应落实在三方面：首先，分析客户企业情况，为企业定制一套文件保管和销毁制度；其次，提供安全、廉价的文件档案存储库

① See “Solutions-Architecture Information Management,” http://www.grmims.com/solutions/architecture-construction-engineering/overview, 2012-11-21.

房，节约客户企业的空间和管理成本；最后，对客户企业形成的纸质文件进行数字化扫描，提供先进的检索技术，便于随时传递、及时利用。

第三，为政府提供服务。

在过去，政府机构形成的档案由政府系统内的专业机构进行管理，如在美国，联邦政府有完备的文件档案管理机构系统，包括各级档案馆及政府文件中心；在我国，各级档案局（馆）、档案室等构成我国的档案机构体系。但近年来，随着电子文件出现和普及，政府机构对档案信息化管理的需求不断提升，而政府机构档案部门缺乏信息技术、信息管理方面的专业人才，因此越来越多的档案社会化服务主体开始协助参与到政府机构的文件档案管理活动中，保存了国家机构重要的信息资源，为机构正常运行提供信息支持和信息保障。

如笔者在调研中了解到，紫光慧图就为我国财政部、发改委等政府机构的文档管理提供了解决方案，内容包括以下方面。①

- 电子文件实时归档，从邮件、数据库、网站等系统中实时“捕获”和“鉴别”反映机关活动情况的不表现为格式化的文件；
- 基于电子文件保管期限表的自动鉴定（包括初始鉴定和后续鉴定）；
- 实时采集反映文件本身（内容、结构、背景信息）和运转、使用情况的元数据；
- 反映文件稿本情况的版本管理；
- 着眼于长久保存利用的定期转录和实时迁移，保障电子文件的完整、真实和长期可读。

---

① 参见紫光慧图关于解决方案的介绍，见 http：//www.thams.com.cn/solutions_gov.php，2012-11-21。

总之，当前社会发展的趋势是分工专业化、精细化，档案社会化服务主体在经营过程中对目标客户群体进行细分，优先选择档案管理需求最突出的行业客户，积极拓展有潜力的新领域、新客户。针对不同领域、行业客户的不同需求，提供有针对性的服务，体现了社会分工的优势，实现了社会资源的优化配置，更加符合档案社会化服务的要求和宗旨。

12.4 档案社会化服务的经营模式

经营模式是指企业根据自身经营宗旨，为实现企业所确认的价值定位所采取的某一类方式方法的总称。其中包括企业为实现价值定位所规定的业务范围，企业在产业链的位置，以及在这样的定位下实现价值的方式和方法。通俗的说法就是企业赚钱的方式——企业借助人力、物力、财力等资源的有效组合，使企业价值不断增长以达到盈利的目的。①

从经营模式定义可看出，根据在产业链中的位置、企业的业务范围、企业实现价值的不同方式，笔者可区分出档案社会化服务的不同经营模式。从产业链中的位置看，档案社会化服务主体均采用了设计＋生产＋销售的经营模式；从业务范围看，这类主体提供的是文件档案领域的专业化服务，均属于专业化经营（又称单一化经营）；从企业实现价值的竞争战略看，主体的经营方式不完全相同，大部分采用了独立经营方式，如 Recall、紫光慧图、量子伟业等，也有少数企业采用了合作伙伴的经营模式，最

① 参见百度百科：“经营模式”，见 http：//baike. baidu. com/view/1268127. htm，2012－11－21。

为典型的就是 Iron Mountain。笔者试图从企业价值实现方式的维度，来探讨独立经营和战略联盟经营这两种经营模式具体的内容。通过分析利弊，归纳出档案社会化服务经营模式的选择依据。

12.4.1 独立经营模式及典型案例

独立经营模式是指机构针对客户要求，独立满足客户的产品和服务需求，并不与其他企业或机构合作。采用独立经营模式的机构一般在三个方面实现独立，即经营管理独立、经费独立核算、机构人员独立。在国外，档案社会化服务主体多为企业性质，具有独立的法人地位，独立自主、自负盈亏，如 Recall 和 GRM 都采用了独立经营模式。这一类主体还可细分为两种情况：一种是规模较大、服务内容较丰富的主体，业务涵盖文件生命周期的全过程，包括文档管理、数据保护、安全销毁等服务，可独立满足客户提出的文件档案领域各种需求。另一种是规模较小、专门性强的机构，专门提供文件档案领域某一方面的服务，如文件寄存保管和利用，或数字化信息服务等。

在国内，档案社会化服务主体的经营模式经历了一个变化过程。20 世纪 90 年代，在档案社会化服务起步之时，浙江、上海、深圳等地的档案局（馆）率先成立了档案事务所、档案寄存中心、档案评估鉴定中心等形式的社会化服务机构。但这些机构是档案行政管理部门改革的产物，与行政管理机构有着千丝万缕的联系，这类档案中介机构的从业人员与档案行政管理部门为同一套人马，日常经营管理和财政收入都依附于行政管理部门。从本质上说，这类中介机构挂靠在档案行政管理部门之下，不具有独立经营的特点，因此也造成了许多经营上的困难，如职责不明确、运行机制死板、人才缺乏、缺少活力、难以满足日益多元的市场需求等。

随着档案中介机构在我国发展 20 年后，市场化程度逐渐提高。一部分原有的档案中介机构脱离行政管理部门，开始独立经营。此外，越来越多的独立经营、自负盈亏的企业公司进入到档案社会化服务领域，如典型案例中的紫光慧图、量子伟业均是采用独立经营的模式，两个企业的经营模式详细情况见表 12—3。可见，经过初步探索阶段后，我国档案社会化服务主体实现了从挂靠经营走向独立经营的突破，独立经营模式已为国内外大部分档案社会化服务主体所采纳。

表 12—3　　采用独立经营模式的典型案例

调研对象	经营模式	特色经营方式
紫光慧图	独立经营	财务方面：公司内部的华南、华东、华中、华北、东北事业部及研发中心在财务上均独立核算。更多的独立自主权和利益，有利于考核工作效率和激励各部之间的竞争。营销方面：建立独立的遍布全国的营销体系。
量子伟业	独立经营	技术方面：（1）档案管理软件独立开发商（软件研发、营销和技术支持独立运营）；（2）独立研发，注重采纳国内、国际标准，应用新技术到档案管理软件研发中。

12.4.2　战略联盟经营模式及典型案例

在企业经营过程中，过去以博弈为前提的非此即彼的竞争逻辑已难以立足，越来越多的企业从对抗性竞争走向合作性竞争，在这种新型的“双赢”竞争合作关系中，战略联盟占了很大比例。企业战略联盟是指两家或两家以上的企业，为实现各自特定的战略发展目标，如分担研发风险、资源共享、维护市场地位或是共同学习，通过某种正式或非正式的契约建立起来的一种特殊的企业间合作关系。[①] 战略联盟的主要特征是一种非股权式的联合，强调"以共同利益为核心，以协调一致为基础"的合作关系，战略联盟超越了一般意义上的独资和合资经营，改变了公司一贯追求独立控制和实体拥有的传统风格，世界上许多著名的跨国公司都通过战略联盟的经营模式在全球竞争中获取了巨大的竞争优势和市场利益。

按照资源之间的关联关系，笔者把战略联盟经营模式划分为生产联盟、研发联盟、营销联盟、采购联盟和价格联盟等不同类型。在档案社会化服务领域，也已有大型的跨国公司 Iron Mountain 率先采用战略联盟的经营模式。笔者以 Iron Mountain 为典型案例，分析其战略合作伙伴的类型及合作方式，以了解战略联盟经营方式在档案社会化服务中的应用（见表 12—4）。

Iron Mountain 的战略联盟经营是指选择专门的营销渠道合作伙伴和互补的研发技术合作伙伴，整合产品和服务，更好地满足市场需求。

表 12—4　Iron Mountain 的战略联盟经营模式构成及具体内容

Iron Mountain 的营销渠道合作伙伴（Marketing Channel Partners）：营销合作是指两个或两个以上的企业为抓住战略营销机会，达到共同战略营销目标而结成的合作伙伴关系，相互合作共同承担风险，形成一个松散组织。选择营销渠道合作伙伴可实现营销能力的共享，更易突破市场壁	第一，增值经销商（Value Added Reseller Partners），是经过培训并取得销售 Iron Mountain 数据保护产品和服务资格的公司。增值经销商与 Iron Mountain 合作，无须投入高昂的研发生产成本，而是通过自身销售渠道，直接销售 Iron Mountain 现有产品，获得增值。而 Iron Mountain 也可通过与增值经销商合作开辟市场和增加客户。于双方而言，这是一种双赢策略。

① 参见巫景飞：《企业战略联盟：动因、治理与绩效》，北京，经济管理出版社，2007。

续前表

垒进入市场、制约经营风险、降低营销成本、改善服务。①	第二，管理服务提供商（Managed Services Provider Partners），是典型的技术支持服务的供应商，它们承担主动为客户提供一整套技术服务的责任。Iron Mountain 委托管理服务提供商进行产品的售前和售后服务，降低自身成本的同时借助合作伙伴的专业优势，使产品更好为客户服务，树立良好口碑，扩展客户市场。
	第三，托管合作伙伴（Hosting Partners），是借助 Iron Mountain 的基础设施来拓展自身服务的公司。托管合作伙伴借用 Iron Mountain 一流的硬件设施和服务器提供保护解决方案，拓展服务内容、提高服务质量、降低自身的经营成本；Iron Mountain 在为合作伙伴提供托管业务的同时，充分利用托管合作伙伴扩大客户范围、提高客户保留率。
	第四，推荐合作伙伴（Referral Partners），是负责向客户推荐 Iron Mountain 服务的公司。推荐合作伙伴推荐客户购买 CloudRecovery（为客户提供高度安全的文件信息异地存储解决方案），并向客户提供相关的在线培训。Iron Mountain 借助推荐合作伙伴赢得更多客户。
Iron Mountain 的技术合作伙伴（Technology Partners）：越是高技术、高风险的企业，越是倾向于通过建立合作伙伴方式实现企业的目标。技术合作伙伴的经营模式为有效的技术转移提供了一个新形式，并且技术转移已成为研究开发合作成败的关键因素。通过建立技术合作伙伴，可有效降低企业对于新技术新知识的学习成本和协作作成	第一，技术合作伙伴（Technology Partners），技术合作伙伴与 Iron Mountain 是互补关系。某些情况下，Iron Mountain 将技术合作伙伴的产品融合到本公司的解决方案中；另外一些情况下，技术合作伙伴将 Iron Mountain 的产品纳入到自己的服务内容中。总之，Iron Mountain 选择技术合作伙伴的目标是创建最有效的硬件、软件和服务组合来全面满足客户的数据保护和归档要求。
	第二，开发商（Developers），Iron Mountain 与开发商的合作形式是借助特定工具将开发商的应用程序融合到公司数据库中，帮助开发商为客户的重要业务信息提供最佳保护。Iron Mountain 也通过与开发商的合作拓展客户。

① 参见陈黎琴：《企业联盟的实现方式研究》，北京，经济管理出版社，2008。

续前表

本，获取整合及传递技术能力，合作生产和利用新知识新技术。①	第三，战略联盟伙伴（Strategic Alliance Partners），战略联盟伙伴是 Iron Mountain 为满足客户需求而专门鉴别和选定的一组公司。战略联盟伙伴可利用 Iron Mountain 行业龙头的优势而受益，Iron Mountain 也可通过战略联盟伙伴赢得新客户和新市场。二者最终实现互惠互利。

12.4.3 两种经营模式的利弊分析及选择依据

独立经营模式与合作经营模式是两种截然不同的经营模式，前者独立经营、管理、核算，独立满足客户产品和服务需求，不与其他企业或机构合作；后者为实现各自特定的战略发展目标，如分担研发风险、资源共享、维护市场地位或是共同学习，通过某种正式或非正式的契约与其他企业间建立合作关系。综观这两种经营模式，均有利弊。

独立经营模式的优势在于：第一，品牌统一，便于推广。档案社会化服务总体上处于起步阶段，用户认知和了解不够深入，尚未形成用户习惯，因此品牌宣传对于拓展客户十分重要。采用独立经营模式，以统一品牌推出档案社会化服务主体的产品和服务，不仅有助于宣传主体，吸引客户，也容易避免品牌混乱带来用户选择的困扰。第二，标准统一，便于管理。独立经营的档案社会化服务主体，从技术研发到销售再到售后服务均由同一家机构完成，主体有内部统一标准和制度对经营全过程进行管理和监督，因此为不同客户提供的服务均是标准、一致的，不会像战略联盟经营那样存在降低产品与服务质量的风险。第三，财务独立，

① 参见陈黎琴：《企业联盟的实现方式研究》，北京，经济管理出版社，2008。

便于利润分配。采用独立经营模式的档案社会化服务主体，在财务上是独立核算、自负盈亏的。经营过程中的收益与风险均与主体的经营状况挂钩，有更大的经营自主权，便于利润分配和采取激励措施。

独立经营模式的不足在于，从宏观整体来看，每个独立从事档案社会化服务的主体，要独立发展自己所有的产品和市场，前期投入成本较大、时间周期长，且自身优势和竞争力不明显。一方面，无法实现社会资源的优化配置，可能造成大量不必要的重复和资源浪费；另一方面，产品研发周期长、服务质量跟不上，难以适应市场需求的快速发展变化。

与之相对应，战略联盟经营模式的优势在于：

第一，充分利用经营资源，提高竞争力。Iron Mountain 这样的跨国公司，之所以采取战略联盟经营模式，主要原因就在于它能减少工作的重复和浪费，实现资源共享和优势互补，从而提高自身竞争力。如果一个档案社会化服务主体试图自己独立发展各种产品和市场，困难重重，花费时间长、投入大；那么借助联盟伙伴的信息、资金、供应渠道和营销网络，各个机构单独的优势将被有效激活，进而聚合成具有更大优势的联盟体。

第二，发挥技术创新的集群效应，降低技术开发的风险。激烈变化的市场竞争环境对企业技术研究开发提出三点基本要求：缩短开发时间、降低研发成本、分散研发风险。通过战略联盟进行技术合作，一方面，企业可共享最新的产业信息和科技新知识，聚集各企业的技术和人才资源，取长补短，加快技术创新速度，降低技术创新成本；另一方面，当前技术创新开发费用巨大，新技术和新产品的更新换代周期缩短，由此带来巨大的研发风险，可能是单个企业无力承担的，只有依靠战略联盟才能有效降低风险，避免盲目研发。

第三，避免过度竞争。随着市场需求增强，越来越多的机构进入到了档案社会化服务行业中，然而市场的需求量是有限的，如果大大小小的主体在有限的市场中陷入恶性竞争陷阱，比如大打价格战，则不仅会增加市场的竞争成本，而且可能失去现有市场，导致两败俱伤的后果。通过建立战略联盟，主体之间建立新型的合作与竞争并存关系，将市场分层进行合作竞争，共同维护有效的竞争秩序，减少应对激烈竞争的高昂费用。

虽然战略联盟能给企业带来许多好处，但随着企业规模和范围的扩大，企业风险也相应扩大，战略联盟存在风险和不稳定性，主要体现在如下三点。

第一，组织结构松散，管理难度大。战略联盟的经营模式是一种以契约为依据的松散组织，其内部存在市场与行政的双重机制，相对于独立经营主体来说，管理权比较模糊，因此其管理工作难度更大。面对联盟各方的利益和冲突，客观上要求合作各方既要保持相对独立性，又必须建立运行一个科学高效的管理系统来维持组织正常运作。

第二，联盟各方的收益不对称，阻碍企业间的平等合作。战略联盟经营方式取得的收益一般有特定的分配结构，其中一部分是共享，其他部分必须分配。由于联盟内各个主体的竞争条件不同，各方资源投入比例不平衡，因而导致各自优先考虑的问题不同，意见难以统一，很难保证每次交易都是双赢的，利润分配的不均有可能导致战略合作关系的紧张甚至破裂。

第三，知识存在泄露风险，主体间合作有保留。战略联盟既是一个相互合作过程，又是一个相互学习过程。在联盟过程中，一方面，主体注重保护核心关键知识，担心关键技术有可能泄露，被战略合作伙伴学习和掌握，从而使自身丧失以前的技术优势或市场。另一方面，主体又希望合作者能毫无保留地合作，以便使自己在联盟中获得最大效益。这就易造成主体最终从自身利益出发，有保留地进行合作，导致合作伙伴间信任度降低，战略联盟的效果受到抑制。

综上所述，不难看出，不论采用独立经营模式还是战略联盟的经营模式，均各有利弊，应该根据不同类型的档案社会化服务主体进行选择。独立经营模式的品牌统一便于推广，标准统一便于管理，财务独立便于分配，总体经营上更具有灵活性和自主性，适用于中小型规模、处于起步发展阶段的档案社会化服务主体；战略联盟的经营模式可通过寻找战略合作伙伴，充分利用他人的经营资源、技术优势，有效避免过度竞争，总体经营上更具有战略性，符合社会分工理论，有助于社会资源优化配置，适用于在档案社会化服务业积累了一些经验，要快速扩张走向大型规模化的主体。因此，综观国内外档案社会化服务主体的发展路径，可看出其经营模式的发展趋势是从挂靠走向市场化的独立经营，从独立经营走向规模化的战略联盟。目前处在不同发展阶段的档案社会化服务主体，可根据自身特点，选择适合的经营模式。

12.5 档案社会化服务的基础设施

基础设施建设是指档案社会化服务机构为保障自身服务宗旨的实现，符合管理的需要，进行库房的建设和专业设备的购置。中外档案社会化服务主体的运营实践表明，基础设施建设的好坏某种程度上决定着档案社会化服务机构运作是否成功。这是因为，档案社会化服务机构的库房、设备有着自身的独特性，尤其注重安全性，与一般机构存在本质差异。笔者将从库房的建设、设备的购置两个方面进行探讨，归纳出开展档案社会化服务所必要的基础设施及配备的要求。

12.5.1 典型案例基础设施的现状与共性

笔者通过网络调研和实地访谈，将档案社会化服务机构典型案例的基础设施配备状况进行了列表显示，参见表12—5。

表12—5　典型案例的基础设施现状

调研对象	专业设备	库房建筑及设施
量子伟业	➢数字化加工设备：包括图纸扫描仪、高速扫描仪、平板扫描仪、拍摄扫描仪，共计600余台。 ➢档案管理软件研发设备：高性能的服务器和存储设备。	BPO业务基地建筑：大兴区独立租楼，有严格的安保系统，保证文件实体和电子版本的安全。
紫光慧图	➢数字化加工设备：虹光、柯达扫描仪，修图软件，数字化加工系统。 ➢档案管理软件研发设备：支撑软件开发、测试、调试和代码管理所需的服务器（IBM、HP、SUN服务器）、存储设备（磁盘阵列、NAS、光盘柜、光盘库）及备份设备。 ➢档案实体管理设备。	暂无。
信安达（中国）	➢实体档案运输设备：公司自备运输车辆。 ➢实体档案保管设备：档案文件箱、电子媒体存储箱、条形码及扫描器。 ➢档案信息化管理设备：扫描仪、计算机网络备份磁带、硬盘、胶片、服务器。 ➢档案销毁设备：消磁仪、三级粒状安全粉碎销毁设备、纸质文件销毁柜。	在上海普陀区一座容积22 000多立方米的库房，容纳20多万个档案箱。设有特藏库，在先进的温、湿度监控环境中保管备份磁带和其他敏感的磁性媒体介质。配有监控系统：24小时人工执勤，中央闭路电视监控，动态监控系统，电子门禁系统。

续前表

调研对象	专业设备	库房建筑及设施
Iron Mountain	➢档案运输设备：全封闭 GPS 运输车辆、车载报警系统。 ➢档案实体保管设备：温湿度测控仪、文件箱。 ➢档案信息化管理设备：高速扫描仪、服务器。 ➢档案销毁设备：销毁桶、粉碎销毁设备。	设有地下和地上库房存储文件，特别是地下库房，位于地下 220 英尺，可有效防御自然和人为灾害。库房设施：闭路电视摄像机、入侵报警、刷卡进入系统、消防灭火系统。
Recall	➢档案运输设备：全封闭运输车辆、车载报警系统。 ➢档案实体保管设备：温湿度测控仪、文件箱、射频识别设备。 ➢档案信息化管理设备：高速扫描仪、光学字符识别和智能字符识别软件、基于网络的库存管理工具。 ➢档案销毁设备：销毁桶、配备 BABACO 警报系统和全球卫星定位系统（GPS）的流动粉碎车辆、粉碎销毁设备。	库房设施：采用远程监控警报系统、数字闭路电视系统、红外线运动检测系统、火灾检测和消防系统。在灾难保护和安全措施方面大量投入，超越了地方和国家法规的要求。
GRM	➢实体档案运输设备：公司自备运输车辆。 ➢实体档案保管设备：档案文件箱、电子媒体存储箱、条形码及扫描器。 ➢档案信息化管理设备：扫描仪、计算机网络备份磁带、硬盘、胶片、服务器。 ➢档案销毁设备：消磁仪、三级粒状安全粉碎销毁设备、纸质文件销毁柜。	在纽约设立了 3 个文档中心，库房面积总计 150 万平方英尺。

通过对上述典型案例基础设施配备现状分析，可看出档案社会化服务的基础设施主要可分为两类，一类是库房建筑及配套设施，另一类是从事档案社会化服务的专业设备。分析总结现状，

不难发现在基础设施建设上，档案社会化服务主体有一些共同的特性和要求。

第一，在库房建筑和配套设施方面：首先，不是所有提供档案社会化服务的主体均配备库房。国外一些大型、发展成熟、提供全生命周期服务的主体一般均配备文件档案库房，如 Iron Mountain、Recall、GRM 等；而目前国内一些主体也正拓展业务，如量子伟业就尝试在北京大兴区建立了库房基地，提供 BPO 业务外包。其次，由于存放文件档案的特殊需求，主体在库房所有权、库房选址、建筑设计、库房温湿度控制设施、安保系统、消防系统这些方面会有特殊严格的要求。

第二，在档案社会化服务专业设备方面：根据社会化服务主体提供的服务内容不同，所涉及的设备略有不同；但从文件档案管理的整个流程看，主要可分为实体档案运输设备、实体档案保管设备、档案信息化管理设备、档案销毁设备四个大类。

12.5.2　档案社会化服务库房及设施建设

12.5.2.1　库房建筑

库房是保管文件档案的场所，库房建筑的质量及安全性直接决定文件档案保管的安全性和科学性，体现了档案社会化服务的专业性。通过分析国内外档案社会化服务主体的库房建筑，笔者认为，设计存放文件档案的库房需针对文件档案管理安全性的特殊需要，重点考虑库房所有权、库房选址和库房建筑设计三个关键因素。

第一，库房所有权。档案社会化服务主体基于客户需求考虑，通常十分注重拥有库房的所有权。因为就一般客户心理而言，假如库房是主体自有财产，客户顾虑较少；假如是租用库房，客户顾虑会增加，因为保管费用的不确定性可能加大，库房的地点也可能变动。一旦主体库房租期已满，不能续约时可能被迫搬家，这就会影响客户利用文件的便利程度。因此，客户更倾向选择具备自有库房的档案社会化服务主体。从实际情况看也是如此，国外的 Iron Mountain、Recall、GRM 等发展较成熟的公司均是自有库房，而国内典型企业如量子伟业，虽然由于处在起步阶段暂时还是采用租楼方式，但也是整栋租赁，确保库房安全。

第二，库房选址。档案社会化服务主体十分重视自身库房的选址安全，通常考虑两方面因素：一方面是自然环境的安全可靠。因为只有地理环境安全可靠的地点才能保证文件安全。因此库房必须选在远离洪水泛滥、火灾频出等灾害易发地点，如 GRM 选址在纽约，量子伟业选址在北京，都是在自然环境上较安全的地点。另一方面是地理位置的便利。库房的地理位置与客户的距离要恰当，既要保证两地之间的交通便利，能为处于商业区的客户们提供及时有效的专业服务，又必须保证库房与那些商业区之间有一定距离，避免在商业区域发生的灾难性事件影响到库房，实现安全的异地备份。如信安达（中国）总部选址在上海普陀区，而其服务的主要客户——外资企业分布在上海的浦东区、嘉定区及闵行区，信安达（中国）所在地在上述三个区的中间位置，交通方便且各自保持一定距离。

第三，库房建筑设计。库房建造要遵循一般建筑规范，符合建筑资质，才能避免文件受到自然或人为灾害的破坏。此外基于对文件档案管理和存储的特殊需求，库房建筑设计要注意以下几点：首先从建筑材料看，采用高密度混凝土浇铸地基和高荷载的地面承重；大跨度的钢架结构可增加有效使用空间；墙体与屋顶采用双层钢板中间夹一层阻燃材料的复合结构制成，这样既能降低火灾发生风险又能对库房内部温度起到一定的调节作用。其次从建筑结构看，对屋顶、地基、地面承重有特殊设计。如信安达（中国）库房屋顶的层高为 12 米，这样可最大限度提高文档保管中心的有效使用空间，降低客户文件保管成本。库房地基要高于地面至少 1 米，这样即便发生水灾，库房进水的可能性也非常小。地面设计采取特别措施提高地面荷载以适应载重量。最后从库房布局看，除文档管理库房与保管电子信息的特藏库外，还有供专业工作人员与客服人员工作的办公区域，还有为客户准备的空间，供客户在库房整理或查阅档案时使用。

此外，现在出于安全考虑，一些档案社会化服务主体开始选择将库房建在地下。地下库房可避免飓风、龙卷风、暴雪、地震等许多自然灾害，也能保证内部适宜的温湿度。但缺点是地下库房造价更高，维护成本更大。所以，一些知名商业性文件中心在地下库房的建筑材料选择上更加慎重、科学，力求降低成本、提高效益。例如，Iron Mountain 拥有深 220 英尺的石灰石地下库房，石灰石能天然散热，可减少空调功耗，有利于降低维护成本。①

综上，档案社会化服务机构库房建设需要满足三个条件：一是拥有库房所有权；二是选择安全可靠、距离适中的地点；三是保障安全合理的库房建筑设计。只有满足这三方面的要求，档案社会化服务才能安全、高效地开展。

12.5.2.2 库房设施

为保证档案实体安全、长久的保存，除特别设计的库房建筑

① 参见黄霄羽：《美国选择商业性文件中心的考虑因素》，载《北京档案》，2009 (3)。

外，还需要一系列与库房建筑相配套的设施。根据档案保管实际需要，结合典型案例的实践建设情况，库房设施主要分为温湿度控制设施、安保系统和消防系统三类，这些高标准的先进设施体现了档案社会化服务主体的专业优势。

第一，温湿度控制设施。

档案库房的温湿度与保护档案、延长档案寿命有很大关系，各国对档案保管的温湿度标准略有不同，如在我国建筑行业标准《档案馆建筑设计规范》（JGJ25—2000）规定一般档案库房温湿度标准为：温度 14～24 摄氏度（+/−2℃），相对湿度 45%～60%（+/−5%）。在美国为温度 20～24 摄氏度（+/−2℃），相对湿度 40%～54%（+/−5%）。调节温湿度一般采用的设施包括：温湿度测定仪、气暖设备、风扇、空调、去湿机、加湿器等。也有一部分比较成熟的国外档案社会化服务主体开始采用先进的恒温恒湿监控环境系统，长期保管客户的电子文档。如 GRM 的特藏库安装和使用海洛斯温度湿度环境一体控制系统，将特藏库的相对温度和湿度以及空气中尘埃含量控制在适合保管电子载体的理想范围之内。GRM 特藏库的另一特点是在每个特藏库的入口处均设计独立的“隔离间”，独特的隔离间设计可有效防止特藏库环境受到外界空气影响。

第二，安保系统。

先进的库房安保系统可确保客户的文件档案信息安全，这是档案社会化服务主体的核心使命，也是提供其他后续服务的基础。库房设施的安保系统建设主要包括三个方面：首先，门禁系统。如 Iron Mountain 及 GRM 的库房，所有进出不同区域的通道一律安装电子门禁监控系统。每名工作人员都配发门禁卡并必须随时佩戴，各自门禁卡的权限依据职位级别而不同。在某些关键通道采用双重门禁系统，需要两个人同时刷卡才可进入。每扇门上都配有报警器。一旦有报警器被触发，保安人员会立即前往检查。其次，中央闭路电视监控系统。一般使用具有动态录像和红外夜视功能的中央闭路电视监控系统对库房内外进行监控管理。监控区域包括院子、停车场、所有出入口、装卸区、特藏库以及其他通往关键区域的出入口。该监视系统全天候有保安监视察看。最后，安保人员系统。保安全年 365 天、每天 24 小时全天候在岗，每岗由两位保安值班。保安的职责主要是，察看监控录像，定时巡逻，检查库房内部所有出入口，确保安全。

第三，消防系统。

档案社会化服务主体保管着大量的纸质文件，纸质文件一旦遭遇火灾，便会毁于一旦，损失难以弥补，因此库房要配备各种必要设施，尽可能消除火灾隐患、防止火灾发生。首先，采用防火门和防火墙。库房建筑外墙、用于隔离办公区域与文档保管区域的墙壁和门、特藏库以及特藏库外的隔离间都使用防火材料建成。一般情况下，这些防火门与防火墙可抵御 4 小时的火灾。其次，烟雾检测报警系统。如 Recall 采用早期烟雾检测（VESDA）设备作为火灾预警设备，能及时敏锐地检测火情并向喷淋灭火系统发出信号。再次，喷淋灭火系统。如 GRM 在库房各个区域的屋顶均安装了悬挂式灭火喷淋系统。此外，还在每层货架的通道上方也同样安装了喷淋头，这样就保证了一旦发生火灾，每一层货架都可得到有效扑救。

12.5.3 档案社会化服务必备的专业设备

专业设备是档案社会化服务开展的必要工具，也是其服务专业优势的体现之一。尽管根据社会化服务主体提供的服务内容不同，所涉及的设备略有不同，但从文件档案管理的整个流程来看，主要可分为档案实体运输设备、档案实体管理设备、档案信息化管理设备、档案销毁设备四大类。

第一，档案实体运输设备。提供档案实体保管业务的社会化服务主体需配备运输工具，提供安全的运输服务，具体设备包括集装箱、全封闭运输车辆、车载报警系统等。

第二，档案实体管理设备。档案实体管理设备主要指库房中保存、查找档案时所需要的设备，包括：档案存放设备，如档案盒、密集架（如计算机网络控制密集架、电动密集架、遥控密集架、触摸屏密集架、手动密集架以及侧拉式密集架等）、密集底图柜、防磁音像柜、单柱或复柱书架、单面或双面玻璃拉门柜、单面或双面期刊架、档案文件消毒柜；档案保护设备，如库房空气消毒机、温湿度测控仪、温湿度记录仪、温湿度表；档案查找利用设备，如条形码及扫描设备、射频识别读写设备、阅览桌。

第三，档案信息化管理设备。档案社会化服务主体提供的档案信息化管理主要包括纸质档案数字化及电子文件管理。与之相对应，档案信息化管理的设备也可分为两大类：一类是数字化设备，包括各种类型扫描仪（如图纸扫描仪、高速扫描仪、平板扫描仪、拍摄扫描仪）、光学字符识别和智能字符识别软件。另一类是电子文件管理设备，包括支撑电子文件管理系统开发、测试、调试和代码管理所需的服务器、存储设备（磁盘阵列、光盘柜、光盘库）及备份设备。

第四，档案销毁设备。当文件生命周期结束，需要销毁以腾出空间时，如何安全正确地销毁关键信息是客户关注的焦点。档案社会化服务主体除有一套严格的销毁程序外，还需配备先进的文件档案销毁设备，包括：销毁运输设备，如装有车载报警系统和 GPS 全球定位系统的流动粉碎车，将档案运送到销毁中心；纸质档案销毁设备，如纸质文件销毁筒、碎纸机；电子载体销毁设备，如消磁仪、三级粒状安全销毁设备等。

从上述必备的专业设备中，不难看出档案社会化服务主体与一般的机构内部档案管理部门的差别，它集中体现在通过大力引进和采用高新技术设备，提高和优化档案管理的效率和水平，从而体现主体的专业服务的核心优势。以 Recall 为例，它不断开发新的服务内容，采用新的专用档案设备，尤其是它对射频识别技术的利用与发展值得关注。通过网络调查，笔者发现 Recall 是通过改进标准条码而成为业界第一个使用射频识别技术进行文件归档的公司。射频识别资产追踪允许在极短的时间内以 99.9%的准确度进行全面审计，还为客户提供确认和验证所储存的每一个文件箱位置的审计报告，从而直接支持严格的合规要求。① 可见，运用新的、专业化的档案设备及技术，有助于档案社会化服务的高质量、高效率开展。

12.6 档案社会化服务的内部制度

制度，也称规章制度，是国家机关、社会团体、企事业单位为了维护正常的工作、劳动、学习、生活的秩序，保证国家各项政策的顺利执行和各项工作的正常开展，依照法律、法令、政策而制定的具有法规性或指导性与约束力的应用文，是各种行政法规、章程、制度、公约的总称。② 档案社会化服务主体的内部制度

① 参见《射频识别精度更高》，见 http：//www. recall. com. cn/why-recall/radio-frequency-id，2012－06－02。

② 参见百度百科："制度"，见 http：//baike. baidu. com/view/78391. htm，2012－06－03。

是否完善科学，体现了整体管理水平高低，决定着主体能否高效运转。从管理学理论看，内部制度是一个完整的体系，一般包括战略管理制度、组织管理制度、人事管理制度、财务会计制度、信息管理制度、设备管理制度、技术研发管理制度等。这是所有机构在内部管理中均会涉及的共性制度，也会根据各机构运营状况的不同而略有不同。因此，笔者试图抛开泛泛的、共性的制度，从档案社会化服务特殊需求入手，分析其与其他类型机构不同的、关键的内部制度，从而构建出一个核心制度框架，以供正在从事或将要从事档案社会化服务的主体参考。

12.6.1 典型案例内部制度列举

笔者首先对国内外典型案例的内部制度进行列举，得出表12—6。

表12—6　典型案例的内部制度列举

调研对象	内部制度
量子伟业	业务标准化制度："量子伟业项目实施策略"是量子伟业开展服务所遵循的基本流程指南，涵盖了119个模板，可快速指导员工解决如何分析需求、如何开展调研、如何进行架构等问题，以便开展业务工作。
紫光慧图	档案咨询服务制度：参考借鉴档案行业的新法规、新标准。
Iron Mountain	安全制度：支付卡行业数据安全标准，美国国家信息销毁协会AAA认证的碎纸标准，第三方审计认证制度。 合规制度。
Recall	标准运营规程，确保在所有地点所提供的所有解决方案都是相同的、一致的高质量服务。 安全制度：严格的设施和车辆标准、运营方案以及团队培训规程、全球安全标准、第三方安全审计评估制度。 合规制度。
GRM	安全制度。

由于档案社会化服务主体的内部制度多为机构内部文件，获取难度较大。笔者采用网络调研和实地访谈结合的方式，尝试分

析国内外档案社会化服务主体的现有制度，发现其内部制度建设还存在一些问题。

首先从制度类型看，国内制度建设较简单，大部分是企业运营的基本制度，如人力制度、财务制度、行政制度、营销制度等，但涉及专业服务的特色性制度较少；而国外主体制度更完善，除一般性制度外，还有部分涉及服务安全性、业务流程标准化的相关制度，如 Recall 注重安全制度建设，有严格的设施和车辆标准、运营方案以及团队培训规程、全球安全标准、第三方安全审计评估制度。其次从制度体系看，不论国内还是国外，涉及档案专业服务相关的制度都是比较松散的点，且各主体的侧重点不相同，没有建立起一套完整的体系框架。最后从制度内容看，各主体提出的与业务相关的制度名称各不相同，其具体管理的对象和规范的内容无法知悉。

综合上述国内外典型案例的内部制度建设状况，可看出在制度方面还存在一些问题，如缺少特色制度难以规范业务，制度不系统、不具体等，因此笔者试图探讨档案社会化服务主体必不可少的核心业务制度以及核心制度框架构建等内容。

12.6.2 档案社会化服务内部核心制度的框架构建

由于档案社会化服务主体各自经营的业务内容各有侧重，其内部制度管理和规范的具体对象也各有不同，因此探讨具体的制度内容不具有参考性和普适性，笔者构建的核心制度框架仅探讨依据哪些原则确立核心制度及核心制度应包括哪些内容，其制度的具体内容和措施有待主体结合自身运营状况进一步制定。

12.6.2.1 核心制度的确立依据

在建立档案社会化服务主体内部核心制度框架之前，首先要明确的是哪些制度可称为核心制度，其选择和评判的依据是什么。核心制度的确立依据应从档案社会化服务主体的性质、目标和实践发展三方面来考量，对保证主体业务开展、提升主体服务质量、扩大主体竞争优势具有不可或缺的作用。

第一，从主体性质看，档案社会化服务主体是一种服务性机构，而业务是服务机构的核心，业务质量的好坏决定了主体提供服务的水平高低。要想提高业务质量，就要做到统一化、规范化，通过制定业务流程标准化制度，规范和管理业务流程，确保所有员工、所有地点所提供的解决方案都是相同的、一致的高质量服务。

第二，从主体目标看，档案社会化服务主体通过社会化的服务方式提供档案专业服务，要体现自身专业优势，着重实现档案管理安全和可信两大目标。首先，客户委托档案社会化服务主体管理其档案，其中涉及较多客户信息和商业机密，确保客户档案实体和信息内容的安全是主体的重要职责，因此需要建立贯穿各业务环节的安全制度，确保档案的安全性。其次，档案是客户业务的记录，具有凭证作用，如何确保档案真实可信，如何保证档案社会化服务可信是主体的另一大目标。通过参考国际、国家、行业的相关政策法规标准，制定企业内部的合规制度，确保员工在业务开展中的合规性。

第三，从主体实践发展看，国内外典型案例现有的制度，除一般的企业管理通用的制度（人力制度、财务制度、行政制度等），其与档案社会化服务紧密结合的特色制度主要有以下三方面：（1）业务流程标准化制度。如量子伟业的“量子伟业项目实施策略”是量子伟业开展服务所遵循的基本流程指南，涵盖了119个模板，可快速指导员工解决如何分析需求、如何开展调研、如何进行架构等问题，以便开展业务工作。（2）安全制度。如 Iron Mountain 建立有支付卡行业数据安全标准、美国国家信息销毁协会 AAA 认证的碎纸标准、第三方审计认证制度等；Recall 则制定了严格的设施和车辆标准、运营方案以及团队培训规程、全球安全标准、第三方安全审计评估制度等。（3）合法合规制度。如紫光慧图的档案咨询服务制度，参考借鉴档案行业的新法规、新标准；Iron Mountain 也有自身的商业道德与合规计划。

综上，不论从档案社会化服务主体自身性质、目标的角度进行理论分析，还是从典型案例的现实应用总结，得到的结果都是一致的，即档案社会化服务主体开展业务活动必不可少的核心制度，主要应包含三个方面——业务流程标准化制度、安全制度及合法合规制度。

12.6.2.2 核心制度的框架构建

根据上文分析，笔者构建了档案社会化服务的核心制度框架，具体如图 12—2 所示。

第一，服务标准化制度。

档案社会化服务主体要确立服务标准化方面的制度，即通过制定一系列标准化制度、指南、手册等，明确和规范档案服务，确保同一主体的不同员工在不同区域所提供的服务是统一、规范的，其服务质量也是同样水平的。如国内的量子伟业制定了“量子伟业项目实施策略”是开展服务所遵循的基本流程指南；国外的 Recall 也制定了标准运营规程，确保在所有地点所提供的所有解决方案都是相同的、一致的高质量服务。

但从目前实践看，国内外档案社会化服务主体已有的服务标准化制度还比较简单、未成体系，需要建立更加健全和完善的服

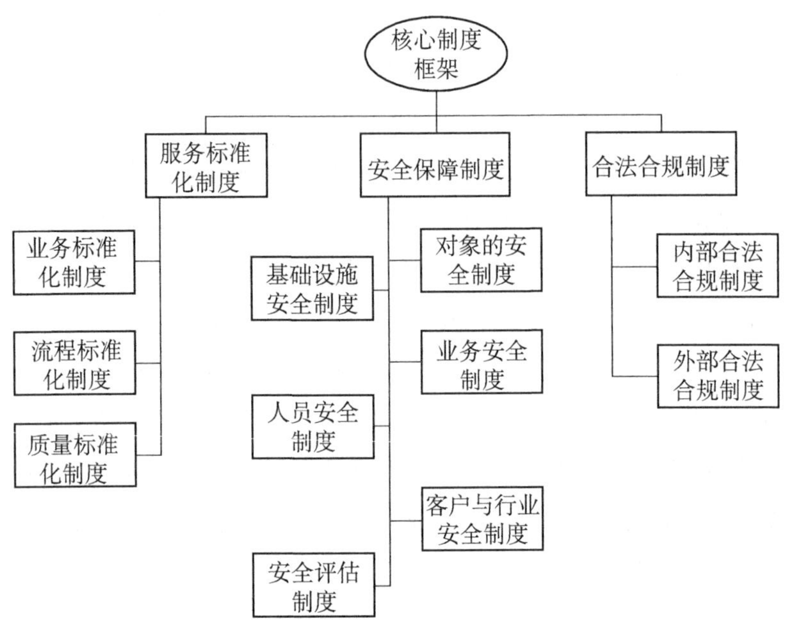

图 12—2 档案社会化服务的核心制度框架

务标准化制度，笔者认为它应由以下三部分组成。

（1）业务标准化制度。业务标准化制度要求档案社会化服务主体根据各自经营实际，规定和明确提供哪些业务内容，可帮助用户达成何种目标。

（2）流程标准化制度。流程标准化制度主要用于规定主体每一项业务的开展程序，是规定业务具体如何开展的制度。业务标准化制度的形式是多种多样的，可通过业务流程图或流程文件形象说明业务的程序步骤，也可建立模板手册，快速指导员工采用模板的标准方式开展业务。

（3）质量标准化制度。质量标准化制度就是明确规定档案社会化服务要达到何种效果，采用制定服务质量考核标准方式，来衡量和考察开展的业务服务水平，确保主体提供的服务是合格的。

第二，安全保障制度。

安全是档案社会化服务主体经营的核心理念，主体需要制定明确的制度规范来确保其业务开展的各个环节、各项内容的安全可靠。从目前实践情况看，国外的档案社会化服务主体已制定了一些相关的安全制度，包括：支付卡行业数据安全标准，美国国家信息销毁协会 AAA 认证的碎纸标准，第三方审计认证制度，严格的设施和车辆标准，人员安全培训制度等。但现有的安全保障制度较松散，要想构建一个完整的安全保障制度，必须贯穿档案社会化服务的各环节，主要应包括以下几方面的制度。

(1) 对象的安全制度。档案社会化服务主体的管理对象是客户的文件档案，有关对象的安全制度就是指规定确保档案实体安全完整不丢失，档案信息内容不泄露的相关制度。

(2) 基础设施的安全制度。除基础设施要符合国家行业标准外，档案社会化服务主体内部也要制定相应的安全管理制度，确保基础设施安全，如库房建筑的设计和建造制度、安全设施采购制度、严格的运输车辆定位制度、设施设备的定期安全维护制度、火灾预防制度、灾难应急预警制度等。

(3) 业务安全制度。业务安全制度是指在业务流程的各环节中制定相应制度，确保业务开展的安全性，如档案收集运输安全制度、档案数字化备份制度、纸质档案安全销毁制度等。

(4) 人员安全制度。人员安全制度是指对档案社会化服务主体内部的人员制定安全方面的制度，规范其服务行为，提高员工安全意识的制度，包括人员入职安全审查制度、人员安全意识培训制度、人员业务实施安全制度、年度工作安全奖惩制度等。

(5) 客户与行业安全制度。客户与行业安全制度立足服务对象——客户及其所处的行业角度，一方面，设立给客户企业提供安全培训的制度，提高客户企业员工的安全意识和安全能力，从档案形成源头上确保和控制文件安全性。另一方面，严格贯彻某些特殊行业文件管理的安全制度要求，内化为主体自身的安全制度，如 Iron Mountain 采用了支付卡行业数据安全标准。

（6）安全评估制度。要保证档案社会化服务主体的业务安全开展，在以上五个制度建设加强的基础之上，还要引入第三方审计机构，建立起由第三方进行安全评估的制度，不断进行安全评估、审计和对标活动，以寻找进一步增强安全性的方式。

第三，合法合规制度。

提供合法合规的服务是档案社会化服务主体要达成的另一个重要目标，也是体现其专业优势的特色之一。这里的合法合规制度主要包含两个层面的含义：一层是指档案社会化服务主体内部业务开展是合法合规的，在此称为内部合法合规制度。如 Iron Mountain 制定了一套完整的商业道德和合格计划，加强内部管理和控制，确保公司业务的开展是道德与合格的。另一层是指档案社会化服务主体提供的服务符合国际、国家、行业三个层次的政策法规，此为外部合法合规制度。如紫光慧图参考借鉴档案行业的新法规、新标准，制定了自身的咨询服务制度。

（1）内部合法合规制度。内部合法合规制度是通过制定一系列制度，确保主体采用道德和合规方式来开展自身的业务与服务。内部合法合规制度包括商业行为守则、违规行为举报制度、内部审计制度、反腐败反贿赂制度等。

（2）外部合法合规制度。外部合法合规制度是指主体充分吸收借鉴外部（国际、国家、行业相关政策法规），制定与之相一致的规章制度，帮助客户实现档案及其管理的合法合规。如引进国际电子文件管理领域的标准、数据安全标准、金融银行业数据安全销毁标准等各种制度、标准、规范，在主体内实现本土化、内部化。

12.7 档案社会化服务的人员队伍

现代机构特别是企业之间的竞争，归根到底是人才的竞争。如何使优秀的员工成为企业的核心竞争力，如何打造强大的人员队伍，已成为各类机构管理的重点之一。档案社会化服务机构，作为专业化的文件档案服务机构，已摆脱了低成本劳动密集型的模式，取而代之的是高技术高产出的新型发展模式，需要更多高素质、高技术的创新型人员，因此在档案社会化服务机构内，人员队伍建设显得尤为重要。

依据人力资源管理相关理论，笔者试图从人才队伍结构和培训发展两个角度来分析现有典型案例中的人员队伍现状，从而归纳并建立一个档案社会化服务人员队伍建设和发展的参考方案。

12.7.1 档案社会化服务人员队伍现状

笔者首先对国内外典型案例中的人员队伍现状进行总结，用表 12—7 表示。

表 12—7　　典型案例的人员队伍现状

调研对象	人员队伍结构	人员培训与发展
量子伟业	数量：公司本部 400 人，数字化团队 800 人。 学历：2%中专，5%大专，88%本科，2%硕士，无博士。 组成：60%计算机专业人员，20%档案专业人员。	内部培训：行业概况、业内大事记、政策法规解读、量子伟业的产品及业务介绍、法规落地解读、国外 OAIS 与 ERA 项目介绍。 外聘讲师：管理层的管理类培训；由企业档案馆馆长提供业务类培训。

续前表

调研对象	人员队伍结构	人员培训与发展
紫光慧图	数量：公司总部 120 人，数字化团队人数不详。 学历：本科为主，10% 硕士，无博士。 组成：计算机专业人员、档案学专业人员。	入职培训：公司经营理念、制度、本单位业务产品。 技能培训：技术培训、档案专业知识培训。 老用户培训会：请优秀员工与老客户共同参加，与客户互动，了解客户需求。
信安达（中国）	数量：不详。 学历：大专及以上。 组成：背景各不相同，运输派送人员、文档管理人员、培训咨询人员、销售人员。	信安达（中国）的每名员工，从仓库管理员到司机，以及保安都必须是接受专业培训方可上岗的专业人员，他们都是公司的全职员工，由公司直接培训和管理。
Iron Mountain	数量：2 万多名专业人士，其中包括 500 多名技术人员。 组成：交通运输人员、服务提供人员、专业服务咨询人员、软件开发人员、销售人员。 招聘程序：包括药物筛选，核实身份，刑事定罪搜索，执法观察名单，就业核实，以及教育验证和机动车辆记录。	专业技能培训。 为员工提供安全意识培训。 商业行为道德培训：开发道德培训课程，所有入职新员工必须在网上学习并取得合格证，入职后员工还要不断重新学习和取得认证。
Recall	数量：4 500 多名成员。 学历：不详。 组成：不详。	Recall 大学培训：电子学习、讲师指导研讨会、外部发展实践。 轮岗培训：为期三年，参与者可获得一系列机会，如培训领导力和管理能力、制订个人发展计划、参与关键业务计划等。
GRM	数量：不详。 学历：不详。 组成：运输派送人员、文档管理人员、培训咨询人员、IT 技术人员。	信息不详。

由于人员队伍现状涉及机构内部管理，因此在典型案例调研中，国内典型案例的信息较充分，而国外三大典型案例的部分信息无法从网络调研渠道获取。通过分析典型案例，笔者发现档案社会化服务主体的人员队伍现状存在一些共同特点。

首先，人员结构方面的特点表现为三点。第一从学历看，国外的学历要求无从得知，国内的档案社会化服务主体的人员以大专和本科为主。如量子伟业88%为本科生，而仅2%的硕士，无博士；紫光慧图的数据则是10%的硕士，无博士。这从侧面反映出此类机构目前在我国难以吸引高端人才。第二从结构看，人员专业背景体现了多元化的趋势。国内外典型案例中的核心业务人员，除档案专业人员以外，还包括运输派送人员、培训咨询人员、销售人员、IT技术人员等多种专业背景的人才，体现了现代人才队伍多元结构、综合配备的建设思路。第三对技术人员的需求普遍较大。随着信息技术发展，客户对于档案信息化管理的需求不断提高，因此档案社会化服务主体更需要专业的技术人员提供基础设施和软件服务支持。如Iron Mountain拥有超过500人的技术工程师团队，负责软件开发、疑难排解、项目管理和业务创新①；同样，在量子伟业的员工中有60%具有计算机专业的学科背景。

其次，培训发展方面的特点表现在，由于国内外档案社会化服务发展的成熟度不同，国外培训体系比国内更完善，具有参考借鉴价值。国外机构十分重视员工的可持续发展，其培训方式可分为职业道德培训、专业技能培训、综合能力培训、轮岗实践培训等方式。如Recall就有自己的企业大学提供培训课程，内容涉及营销技巧、计算机知识、领导力和沟通技巧等；Iron Mountain

① See “Jobs in Technology,” http://www.ironmountain.com/Company/Careers/Jobs-in-Technology.aspx，2013-02-03.

也为员工提供全球各分支机构的轮岗工作机会。而我国的一些档案社会化服务主体，由于自身规模较小，经费有限，培训体系没有国外完善，一般采用入职培训、内部培训、外聘讲师等方式。

12.7.2 人才队伍招募与组建

档案社会化服务主体的人才素质和结构直接影响着其提供服务的质量，因此人才队伍的招募和组建是人员建设的第一步，也是核心环节。作为人员建设的入口和开端，档案社会化服务的人才队伍招募和组建要根据机构的实际业务需要挑选合适人才，采用综合配备的思路打造多元化的队伍结构。笔者就档案社会化服务主体的人才招募和组建提出三点建议。

第一，加强对应聘者素质考察。

在人才招聘与甄选阶段，如何按照档案社会化服务主体的运营需要选择合适的人才，是主体成败的关键之一。基于档案社会化服务对服务安全、专业的特殊要求，除一般人才选拔所看重的综合能力和核心价值观外，还需要重点考察应聘者职业道德、安全意识、专业素养和工作经验四方面的素质。

职业道德。档案社会化服务涉及客户的众多机密信息，其业务必须建立在良好的道德和诚信基础上，因此招聘的人员也须有良好的职业道德，从而确保业务以合法合规方式开展，建立起与客户的长期合作。对应聘者职业道德的考察，关键在于做好入职前的背景调查，这一点 Iron Mountain 的招聘程序值得借鉴，其考察包括药物筛选，核实身份，刑事定罪搜索，执法观察名单，就业核实，以及教育验证和机动车辆记录等。①

---

① See "Company-Ethics & Governance," http：//www. ironmountain. com/Company/Corporate-Responsibility/Ethics-and-Governance. aspx，2013 - 02 - 03.

安全意识。客户委托档案社会化服务主体妥善管理和保护其文件档案，服务的安全性是至关重要的。如果员工缺乏必要的安全意识，容易造成客户企业商业机密的泄露，这对客户和档案社会化服务主体而言都是致命的。因此，在招聘员工时要重点考察员工的责任心和信息保密的意识。

专业素养和工作经验。档案社会化服务主体提供的是一种专业服务，专业性是档案社会化服务主体的核心优势和竞争力，其业务人员队伍必须走在行业前沿，是档案领域的专业人士，因此招聘时应重点考察应聘者的专业素养和相关工作经验，如员工有无专业背景，有无专业认证，是否在专业机构里从事过文件、档案或信息管理相关的工作，是否具有熟悉本公司业务或在同行业其他公司中从业的经历等。

第二，吸引高端专业人才。

在典型案例的分析中，国外的学历要求无从得知，国内档案社会化服务主体的人员以大专和本科为主，难以吸引高端人才。对档案社会化服务主体而言，高学历专业人才是推动其业务创新和发展的核心动力，主体对高端专业人才的需求是急迫的。产生这一矛盾的原因，主要是我国档案社会化服务主体尚处于起步阶段，规模不大，待遇、发展空间等方面对人才吸引力不够。针对这一现状，可通过拓展人才渠道、完善薪酬福利等方式改善。

拓展人才输送渠道。除普通的网络招聘、电视媒体招聘、招聘会等形式外，加强与高校的合作交流，采用参与高校学术论坛，设立奖学金资助部分学生，提供科研经费支持学生研究等方式，宣传企业的同时也建立了高端专业人才输送的渠道。如量子伟业对外与北京联合大学、苏州大学等高校开展合作，每年提供 15 万元赞助经费，一部分用于培训学生熟悉量子伟业的软件，一部分用于支持学生申报的科研项目经费，通过此种方式宣传企业的同时为企业寻找潜在人才。

提供有竞争力的薪酬福利。目前档案社会化服务主体面临人才短缺问题，特别是技术人才和销售人才流失严重。营销或技术方面的人才，对于档案社会化服务行业不了解，担心进入该行业后会失去在专业方面与同行的竞争力，因而他们更愿进入针对性更强的快销、IT 等行业。针对这种情况，提供比其他行业更完善和有竞争力的薪酬福利，是机构吸引骨干人员的重要方式，这一点 Iron Mountain 的做法值得借鉴。Iron Mountain 提供：世界各地的就业和职业发展机会，工作涉及许多垂直行业的世界级公司；专业成长和进步的机会；利用业界领先的工具和技术的机会；有竞争力的薪酬和全面的福利计划，包括医疗，牙科，视力，人寿保险，雇员购股，休假，假期和学费报销。[①]

第三，打造多元化人员结构。

随着客户需求日益多元化，档案社会化服务主体提供的业务内容涉及范围更广，包括传统档案管理，也涉及电子文件管理、档案信息化建设、档案内容开发及咨询服务等业务。因此，档案社会化服务主体不仅需要懂档案管理的人员，还需要有商业头脑、服务意识和创新意识的人才，需要掌握信息技术的人才。但术业有专攻，不可能每个人都是精通多方面知识的全才，因此在人员队伍组建过程中，要确立多元化结构、综合配备的原则。多元化结构主要体现在两方面：首先是人员背景的多元化。档案社会化服务主体在招聘人员时要结合业务，选择不同学历层次、不同专业背景的人才。既有对专业、学历要求不高的，如档案运输派送

① See "Jobs in Technology," http://www.ironmountain.com/Company/Careers/Jobs-in-Technology.aspx，2013-02-10.

人员、数字化扫描人员；也需要计算机技术、市场营销、档案管理等方面的专业人才，来进一步完善产品和服务、拓展销售市场。其次是人员配备使用的多元化。由于档案社会化服务主要是为客户提供一种专业化的档案管理服务，因此与现在许多外包企业一样，可采用项目组的工作方式，根据客户档案管理的实际需要组建项目团队，采用多元化综合配备的指导思想，将技术、服务、管理等各个背景的专业人才组建成服务团队，进驻客户企业或单位开展工作。既深入了解客户的实际需求，制定更合理的服务方案；又让不同专业人才在工作中相互合作，各自发挥专业优势，实现团队效能最大化。

12.7.3 人才培训发展体系建设

档案社会化服务主体在完成人员队伍的招聘和组建后，还要考虑员工的后续发展，建立符合自身业务需求的人才培训发展体系。一方面为员工成长创造优越环境，鼓励每一位员工发挥最大潜能，实现职业目标和价值；另一方面为档案社会化服务主体培养和留住人才，提高服务的质量和效率，在激烈的市场竞争中突显专业优势，赢得客户。在培训体系构建过程中，可从培训计划、培训内容、培训方式三个方面着手，确立培训计划、根据需求确立培训内容、采用丰富的形式开展培训。

首先，培训计划体现持续性。

在档案社会化服务主体构建培训体系时，首先要结合业务需要和员工个人发展愿望，制订员工培训计划。计划应是持续性的，贯穿员工入职到职业发展全过程。针对新入职员工，要提供入职培训，帮助其了解企业的经营理念、制度规则、运作流程、业务产品和自身岗位职责，使新员工尽快熟悉企业、上手工作。对老员工，也要关注其培训计划的可持续性，抓好后续教育。由于每个人的业务素质不同，需要通过不断实践和学习来提高。要保证机构的整体服务水平，必须要投入一定的资金，确保员工的学习时间，按长远计划安排员工培训，确保培训计划的可持续性，才能让员工不断地学习专业及管理领域的新理念、新做法，不断提高业务水平。

其次，培训内容凸显专业性，兼顾综合性。

档案社会化服务主体提供的专业服务很大程度上由其员工的专业性决定，因此员工培训应着重培养其专业素养。根据对典型案例培训情况的调查分析，结合档案管理的实际需求，主体对于员工专业素养的培训主要涉及安全意识培养、职业道德培养、政策法规标准学习和业务技能培训几个方面，具体来说：第一，安全意识培训。大部分员工在日常工作中会负责客户的文档及资产，通过系统学习机构内部的安全规范，了解安全制度的执行和奖惩，提高员工的安全意识，防止由于个人操作不当造成的信息泄露等潜在风险。如信安达（中国）的每名员工，从仓库管理员到司机以及保安都必须接受专门的安全意识培训。第二，职业道德培训。在职业道德培训方面，Iron Mountain 的做法值得借鉴。它专门开发了道德培训课程，所有新入职员工必须在网上学习并取得合格证，入职后员工还要不断地重新学习和认证。第三，政策法规标准学习。政策法规标准类的学习主要是向员工介绍目前国际、国家、行业、企业内部这四个层面上与文件档案管理相关的政策标准，帮助员工理解这些政策标准并运用于实践工作，促使员工提供的服务更专业更规范。如量子伟业就十分关注各类标准、规范，做好政策法规本土化，从中了解未来业务发展方向，提供更合法合规的服务。第四，业务技能培训。档案社会化服务主体最关键的是注重对员工业务技能的培训，对不同岗位的员工提供相应的课程学习，如营销技巧、计算机知识、档案管理知识等，再结合实践工作的锻炼培养，帮助其成为该领域的专家。

通过安全意识、职业道德、政策法规和业务技能上的培养，可提高员工的专业素养，有助于企业提供更专业化、规范化的服务。但在培养专业素养的同时，也要兼顾员工综合素质的训练，可通过开设一些时间管理、知识管理、情绪管理等自我管理的课程及影响力、演讲与表达、沟通技巧等领导力相关的课程，加强员工自我管理的能力，提高员工工作效率，同时为关键岗位培养潜在的管理者。

最后，培训方式注重灵活多样性。

在确定培训目标和内容后，可根据实际需要确定采用何种方式开展培训。培训的方式多种多样，其效果也各有利弊，因此不要只采用单一的培训方式，而应注重灵活多样性，达到最好的培训效果。根据档案社会化服务实际业务的需要，结合典型案例发展的现状，笔者将档案社会化服务的培训方式概括为入职培训、课程培训、轮岗培训、电子平台学习和行业交流培训五种。

入职培训是最基础的培训，帮助员工了解企业的组织架构、公司制度、核心业务产品等，促使新员工尽快熟悉工作流程和方法；课程培训是主要的培训方式，通过企业内部开发课程和外部聘请专家讲师的方式，系统全面地向员工传授专业知识；轮岗培训是实战型的培训方式，企业通过为员工提供多个专业岗位的工作机会，采用师徒制的传授方式，让员工在实际工作中学习前辈经验，将理论运用于实际工作，并转化为自己的知识；电子平台学习和行业交流培训是互动式的培训方式，通过构建企业内部的虚拟网络平台和参加行业内的经验交流会等方式，为员工提供与同行交流经验、共享知识的机会，从而提升专业技能。

Recall 在这一点做得较突出，采用灵活多样的培训方式，取得了较好效果。它为所有员工提供两项学习和发展计划——Recall 大学培训和轮岗培训。Recall 大学培训向所有员工提供电子学习、讲师指导研讨会和外部发展实践，内容涉及营销技巧、计算机培训、领导力和沟通技巧等。员工参加 Recall 大学培训可获得六西格玛认证和项目管理认证。轮岗培训为期三年，参与者可获得一系列机会，如培训领导力和管理能力、制订个人发展计划、参与关键业务计划的特定工作项目，以及获得高级管理培训和指导。①

① 参见黄霄羽：《商业性文件中心的专业优势、形象优势和社会价值》，载《档案学研究》，2011 (1)。

13 档案社会化服务的保障条件

保障条件一般是指外在环境为促进某一事物发展提供的交互动态的有限支撑和支持条件。针对档案社会化服务的保障条件，笔者将其理解为“外在环境提供的适宜并促进档案社会化服务发展的支撑和支持条件”。

适宜并促进档案社会化服务发展的支持条件涉及很多方面，包括政策法规、市场需求、行业发展和人才建设等。笔者选择这四个方面研究档案社会化服务的保障条件。

13.1 档案社会化服务的政策法规保障

档案社会化服务的政策法规是指由国际组织、国家机关、行业组织等权威机构制定的保障和规范档案社会化服务行业发展的各项法律、规定、办法及准则等。国外商业性文件中心经历了近70年的发展，政策法规保障较成熟；而我国目前尚缺乏健全的保障体系，不利于档案社会化服务的发展。学习国外成功经验，并结合我国实际，才能描绘出我国档案社会化服务政策法规保障的美好蓝图，切实保障档案社会化服务发展。因此笔者从分析国内外典型案例的政策法规保障情况入手，归纳总结档案社会化服务政策法规保障的内容构建。

13.1.1 典型案例的政策法规保障现状特点

笔者选取国内外三个知名档案社会化服务机构——Iron Mountain、Recall 和紫光慧图以及一个知名档案社会化服务行业协会——国际文件与信息管理服务行业协会（PRISM）为典型，进行案例分析，研究其政策法规保障的现状特点。

13.1.1.1 档案社会化服务机构的政策法规保障现状特点

Iron Mountain 是国外文件、信息服务业的全球领导者，是当今世界最具知名度和影响力的档案社会化服务机构之一。其政策法规保障包括两部分内容：第一，加入国际文件与信息管理服务行业协会（PRISM）、国际文件管理者和指导者协会（ARMA）等十余个行业协会，其中既有文件信息服务领域的协会，也有法律、医疗等其他领域的协会。Iron Mountain 遵从这些行业协会制定的法规标准，并在自身实践中提炼相关经验，贡献给全行业，协助行业协会制定新的、符合实际的法规标准。第二，加强与客户行业的合作，遵从客户所在行业的标准，其中一个经典例子是 Iron Mountain 获得了对美国支付卡行业（PCI）数据安全标准的遵从地位，并将这一标准运用到自身的文件管理、数据保护、安全销毁等业务上，极大地规范了自身服务，提升了业务水平，获得 Visa 公司颁发的“标准服务提供商”称号。①

Recall 也是一家提供文件档案商业化、社会化服务的全球运营公司，为客户解决文档管理、数据保护与销毁等问题。其政策法

① See “Certifications and Standards,” http://www.ironmountain.com/Company/Certifications-and-Standards.aspx，2012-11-07.

规保障包括两部分内容：第一，遵守国家、地区法律和商业法规，将这些政策法规融入日常的安全保存、数据备份、数据恢复等业务流程中，满足客户的安全管理需求，促进公司可持续发展；第二，针对档案社会化服务行业特点，制定相应的法规标准，包括《Recall 隐私政策》、《托管方案推荐性标准》和《安全销毁规定》等，主要涉及档案信息的收集、利用、共享与销毁方面的规定，政策法规条例清晰明朗，符合 Recall 专业性、安全性的企业形象。①

紫光慧图是国内领先的以知识管理为导向的企业内容管理整体解决方案提供商，是我国典型的档案社会化服务机构。其政策法规保障主要分三部分：第一，遵守国家法律法规，包括《中华人民共和国档案法》、《中华人民共和国档案法实施办法》、《中华人民共和国电子签名法》和《中华人民共和国保守国家秘密法》等，这些法律法规共同构成紫光慧图在国家层面上的政策法规保障。第二，遵守标准规范，包括《档号编制规则》、《机关文件材料归档范围和文书档案保管期限规定》、《重大建设项目档案验收办法》、《国有企业文件材料归档办法》、《归档文件整理规则》、《高等学校档案管理办法》、《档案管理软件功能要求暂行规定》、《档案馆建筑设计规范》、《档案工作国家标准目录》和《档案工作行业标准目录》等，这些标准规范涉及具体的档案工作业务，既有国家层面的规定，也有行业层面的保障；第三，参与行业内部会议，遵守相关规定，包括国际档案大会、国家档案局办公室、国资委办公厅、北京市档案局等召开的档案会议及提出的政策法规，这些政策法规涵盖国际、国家和行业层面。②

① See "Law," http://www.recall.com/search-results.aspx? q=law，2012-11-07.

② 参见紫光档案相关介绍，见 http://www.tsams.com.cn/_d1479.htm，2012-11-07。

13.1.1.2 档案社会化服务行业协会的政策法规保障现状特点

国际文件与信息管理服务行业协会（PRISM）是档案社会化服务界最著名的行业协会，因此其政策法规建设值得关注。

美国商业性文件中心组建联盟始于1980年成立的商业性文件中心协会（ACRC）。1996年，ACRC与国家安全数据保险库协会（NASDV）合并，组成国际文件与信息管理服务行业协会（PRISM），拥有公司会员、附属会员、联合会员和会员伙伴四种会员类型。公司会员是主体，其中包括商业性文件中心、载体设施公司、销毁公司、影像服务公司及其他信息服务公司等。目前，PRISM被界定为"商业性信息管理行业的非营利性行业协会"，这表明商业性文件中心发展已作为一个行业得到国际公认。通过分析，笔者发现PRISM的政策法规建设主要表现为制定行业政策法规。具体来说，PRISM已形成一系列行业政策法规，多以指南性文件发布，主要分两类：一类是针对行业本身的政策法规，另一类是针对客户行业的政策法规。

针对档案社会化服务行业的政策法规主要包括：商业性文件中心运营标准、建筑标准、灾备标准、保险及风险转移标准、载体设施标准、文件保管期限标准、排架标准、行业术语手册等。这些政策法规具有紧扣业务、全面灵活、操作性强的特点。①

针对客户行业的政策法规则涉及金融、医疗保健、零售等相关行业。其中最突出的例子是PRISM对《萨班斯法案》的自觉遵从。2002年，针对安然、世通等公司财务欺诈事件，美国国会出

① 参见黄霄羽：《国外商业化文件信息服务业的监管体系》，载《中国档案》，2011（10）。

台了《2002年公众公司会计改革和投资者保护法案》，简称《萨班斯法案》。该法案明确要求公司采取一系列必要措施以保证向公众提供的财务信息的准确性，也即向投资者们保证其接收到的公司信息是合法、真实的。① 法案涉及多个伪造或篡改文件追究刑责的条款，旨在要求公司更加关注业务和财务文件的真实性和恰当保存，避免文件的非法生成或不当销毁。② 为此PRISM要求会员主动了解和遵从《萨班斯法案》，避免出现违法违规现象。

还有一个典型案例是PRISM对《金融服务现代化法案》的采纳和遵从。金融服务业是档案社会化服务客户所在的主要行业之一，美国1999年颁布的《金融服务现代化法案》既是一部联邦法律，又是金融服务行业的法规。PRISM专门制作了遵从《金融服务现代化法案》的合同范本，作为行业普遍使用的标准协议。范本是会员与客户签订合同的增补，主要内容是明确双方在客户信息保存、使用和安全等方面的权利和义务，确保合同的条款遵从《金融服务现代化法案》。③ 如此一来，PRISM会员使用这种范本就无须担心自身行为违背金融服务行业发展法规，并能有力吸纳和保存金融服务业相关客户，保证了本行业为金融服务业客户提供服务的长期性和持续性，拥有了很好的收益和社会影响力。

13.1.2 档案社会化服务政策法规保障的内容构建

通过上述典型案例分析，笔者概括出档案社会化服务政策法规保障的内容组成，勾勒出档案社会化服务政策法规保障内容构建的理想状态，如图13—1所示。

---

① 参见［美］沈杰·安南：《萨班斯—奥克斯利法案精要》，28页，北京，中国时代经济出版社，2008。

②③ 参见黄霄羽：《国外商业化文件信息服务业的监管体系》，载《中国档案》，2011（10）。

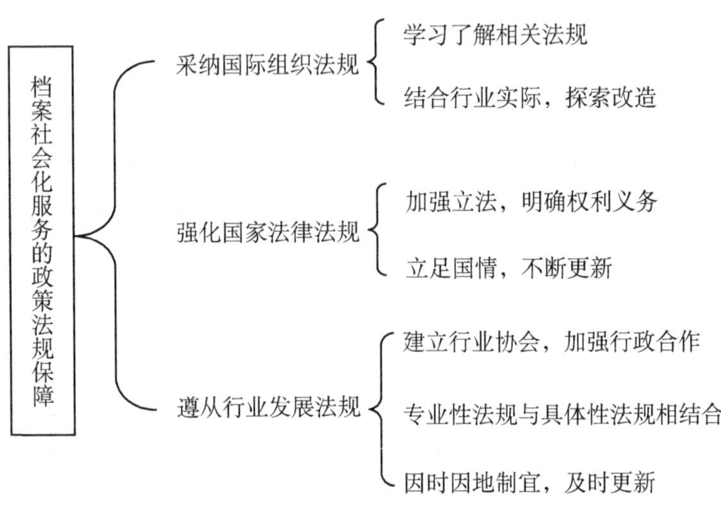

图 13—1　档案社会化服务的政策法规保障

笔者认为，档案社会化服务政策法规保障的内容构建应满足下列要求：第一，应建立覆盖全行业的政策法规保障体系，涵盖国际组织法规、国家法律法规和行业发展法规等三个层面，并明确各层面的具体覆盖范围，对档案社会化服务运作的各个方面形成自上而下、全方位、交叉式的约束力；第二，应结合档案社会化服务实际和某国某地区的具体情况，有组织地、针对性地制定档案社会化服务的政策法规，符合一定的逻辑要求和科学步骤，循序渐进地加以确立；第三，应在保障并促进档案社会化服务发展这一宗旨指导下，在档案社会化服务实践检验中不断更新政策法规，突出重点，加以完善。笔者从采纳国际组织法规、强化国家法律法规、遵从行业发展法规等三方面进行具体论述。

13.1.2.1　采纳国际组织法规

当今世界是一个“全球村”，各种信息交会融通，各个行业竞相发展。在这样的大环境下，档案社会化服务要获得长远发展，必须遵守相关国际组织法规，这既是对其自身及客户权利与义务的保障，也是实现行业稳定、持续发展的必经之路。以建筑标准为例，PRISM 要求会员必须遵循《典型建筑代码与国家防火协会规定》，而该标准遵从了“国际建筑官员和代码管理者协会”制定的《国家建筑标准（修订版）》以及国际建筑官员大会和国际南部建筑代码大会制定的标准。此外，PRISM 还要求会员遵循与文件信息服务相关的国际组织的法律规定，如遵从国际文件管理者和指导者协会（ARMA）和国际标准化组织（ISO）的相关法规。①

档案社会化服务要实现合规、合法发展，必须着力采纳国际组织法规，形成强大的约束力和推动力，提高自身的专业化、标准化服务水平。笔者认为，在采纳国际组织法规时，应注意以下几点：第一，开阔眼界，主动学习了解相关国际组织法规发展状况，及时调研总结，寻找与档案社会化服务发展契合的关键点、基础点，如紫光慧图就注重参与会议，及时了解国际发展动态；第二，立足档案社会化服务发展实际，着眼于推动档案社会化服务健康、可持续发展，从适合本行业发展、满足本行业需求方面积极探索并改造国际组织法规，例如 Recall 在制定《Recall 隐私政策》时充分结合档案社会化服务行业的实际，使这一政策灵活却不失严谨，适用性强。只有在采纳相关国际组织法规的前提下，档案社会化服务才能适应全球发展环境，真正蓬勃、有力地壮大。

13.1.2.2 强化国家法律法规

美国联邦政府 1950 年颁布了《美利坚合众国联邦文件管理

---

① 参见黄霄羽：《国外商业化文件信息服务业的监管体系》，载《中国档案》，2011 (10)。

法》，授权总务署在国家档案与文件局下设联邦文件中心，明确其法律地位，并对其进行监管。可见，美国在 20 世纪 50 年代就已将文件中心纳入国家法律承认并管辖的范围内，赋予这种机构合法地位，并为之后的规范性发展提供了法律框架。虽然该法的约束力只是针对联邦文件中心，却也给商业性文件中心提供了法律指导，为市场环境下的商业性文件中心运作提供了运营规范和标准。

虽然美国拥有《美利坚合众国联邦文件管理法》这样的权威性法律，但美国的档案社会化服务在国家法律法规建设中也存在一定不足，主要表现在法律规定过于简单且更新速度慢。美国国家层面的法律法规中对文件中心的规定仅限于《联邦文件管理法》，法条中仅对文件中心的概念进行了界定，没有明确规定其发展目标和法律地位。而且该法颁布于 1950 年，在之后 60 余年发展中，文件中心已发生了一系列变化和变革，但相关法律并没有跟上变化的步伐。

美国尚且如此，我国档案社会化服务的国家法律法规建设迟缓，成效相对更加欠缺。虽然地方上相关立法有所展开，取得了一定成果，但内容主要局限在经营范围和接受资质认定及档案行政机关监督等方面。上海、北京、安徽、辽宁、黑龙江、河北等省市的地方档案法规已对档案中介机构及其从业人员的资质认定作出规定，但内容过于笼统，针对性不强。如《上海市档案条例》和《黑龙江省档案管理条例》都规定了对档案中介机构和从业人员实行资质认定制度；1996 年天津出台的《天津市档案管理条例》中第一次涉及档案中介机构的法律地位问题；2002 年深圳市制定《深圳经济特区档案与文件收集利用条例》，明确提出政府文件中心和档案中介机构的工作职责和服务内容；2004 年浙江省出台

《浙江省档案中介服务管理办法（试行）》，明确了档案中介机构的定义、职责、监管等。

通过以上分析，笔者对档案社会化服务的国家法律法规建设提出以下建议：第一，必须制定国家层面的档案社会化服务法律法规保障全国的档案社会化服务，明确权利与义务。例如，20 世纪中期美国对文件中心这一新事物的出现有着较及时的立法，用国家法律法规对其定义、性质和法律地位等进行规定，将其纳入法制轨道，这就为政府文件中心和商业性文件中心等档案社会化服务机构在国家层面形成法律法规保障。国家法律法规的内容主要可包含：档案社会化服务机构的定义、性质、发展目标、社会职责、法律地位以及其承担主体的经营方式、业务范围、批准条件、监管体制、人员资格等，将档案社会化服务纳入国家法制轨道；第二，即使已有国家层面的法律法规，也必须结合档案社会化服务实际及变化，不断完善。

13.1.2.3 遵从行业政策法规

行业政策法规是某一行业为保证自身合法有序发展而要求会员共同遵行的制度和规范的统称。如前所述，美国的档案社会化服务行业协会成立较早，发展成熟，许多行业政策法规是由行业协会制定，并逐渐发展成国际性行业政策法规的，在整个行业具有权威性。PRISM 在行业政策法规建设上优点非常鲜明、突出。它成熟度高，对成员的监管力度强，其标准体系和行业法规为成员创造了有规可依、有据可循的发展环境，对规范行业的健康运行具有保障作用。当然，由行业协会主导的档案社会化服务行业政策法规建设也存在自身无法克服的局限，主要体现在约束力上。具体而言，行业协会虽有着灵活、及时、权威的优势，但对行业发展的约束力毕竟不比政府，由政府制定专门的行业政策法规还十分必要。我国并未形成专门化、权威性的档案社会化服务行业协会，行业政策法规也尚未形成。但我国拥有权威性的国家级、省市级档案学会，结合国情，笔者认为档案学会可适当承担制定档案社会化服务行业政策法规的职责，保障档案社会化服务的健康发展。

笔者就档案社会化服务的行业政策法规建设提出几点建议：第一，建立全国性乃至国际性的档案社会化服务行业协会，加强与政府档案行政机构合作，统领一国或地区性的行业政策法规建设，做到有法可依、有章可循，这是档案社会化服务行业政策法规建设的物质基础和现实条件；第二，由于档案社会化服务面向社会，因此行业政策法规应包括针对行业本身的政策法规和针对客户行业的政策法规，两者相互协调，才能高效统一发展，做到法规有效得力，形成一个由内及外、科学完整的行业政策法规体系；第三，行业政策法规必须因地制宜、与时俱进，要时刻以促进档案社会化服务行业发展为根本目标，做到实事求是、及时更新。

13.2 档案社会化服务的市场需求保障

市场需求是指一定的顾客在一定的地区、一定的时间、一定的市场营销环境和一定的市场营销方案下对某种商品或服务愿意而且能够购买的数量。[①] 套用这种解释，档案社会化服务的市场需

---

① 参见百度百科："市场需求"，见 http：// baike. baidu. com/view/123758. htm，2012－06－14。

求保障是指客户在一定的地区、一定的时间、一定的市场营销环境和一定的市场营销方案下对档案社会化服务愿意而且能够购买的数量保障。在当前市场经济条件下，市场需求是任何一个行业健康有序发展的根本动力，档案社会化服务这一新兴行业的发展更离不开市场需求的推动。笔者从分析国内外档案社会化服务机构典型案例的市场需求保障的现状特点入手，归纳档案社会化服务市场需求保障的内容和表现。

13.2.1 典型案例市场需求保障的现状特点

笔者选取 Iron Mountain、Recall、GRM、信安达（中国）、澧尔森、量子伟业、紫光慧图、世纪科怡、老顾头档案设备有限公司等 9 个国内外档案社会化服务机构为典型，进行案例分析，研究其市场需求保障的现状特点。

13.2.1.1 国外典型的市场需求保障特点

Iron Mountain、Recall 和 GRM 均为专业化、综合性的档案社会化服务机构，具备较大的全球影响力，因此成为研究典型。通过统计和分析，笔者发现，这三个国外档案社会化服务机构的市场需求主要反映在地域分布、服务领域和客户数量上，参见表 13—1。

表 13—1 Iron Mountain、Recall 和 GRM 的市场需求现状

机构名称	地域分布	服务领域	客户数量
Iron Mountain	北美洲、欧洲、亚洲、大洋洲、南美洲等五大洲	几乎涉及各主要领域，位于财富 1 000 强之列的公司 95%是其客户	140 000 个

续前表

机构名称	地域分布	服务领域	客户数量
Recall	北美洲、欧洲、亚洲、大洋洲、南美洲等五大洲	几乎涉及各主要领域	80 000 个
GRM	美国、中国等	会计、金融、政府、保健、人力资源、法律、娱乐等行业	不详

资料来源："How Big Is the Commercial Information Management Industry?" http://www.prismintl.org/faqs，2012－06－05。

为更具体展示国外典型的业务地域分布，笔者用表13—2和表13—3列出Iron Mountain和Recall在各大洲的业务分布国家或地区。

表13—2　　Iron Mountain业务分布地域表

全球运营	业务分布国家或地区
北美洲	美国、加拿大、墨西哥等
欧洲	奥地利、比利时、捷克共和国、丹麦、法国、德国、希腊、匈牙利、爱尔兰、意大利、荷兰、挪威、波兰、罗马尼亚、俄罗斯、塞尔维亚、斯洛伐克、西班牙、土耳其、英国等
亚洲	印度等
大洋洲	澳大利亚等
南美洲	阿根廷、巴西、智利、秘鲁等

资料来源："About Us," http://www.ironmountain.com/company/about-us.html，2012－11－07。

表13—3　　Recall业务分布地域表

<table>
<tr><th>全球运营</th><th>业务分布国家或地区</th><th>办事处所在城市</th></tr>
<tr><td rowspan="2">北美洲</td><td>美国</td><td>新墨西哥州阿尔伯克基、佐治亚州亚特兰大、马里兰州巴尔的摩、路易斯安那州巴吞鲁日、得克萨斯州博蒙特、亚拉巴马州伯明翰、爱达荷州博伊西等</td></tr>
<tr><td>加拿大</td><td>艾伯塔省卡尔加里、艾伯塔省埃德蒙顿、马尼托巴省温尼伯、安大略省多伦多、魁北克省蒙特利尔、温哥华等</td></tr>
</table>

续前表

全球运营	业务分布国家或地区	办事处所在城市
北美洲	墨西哥	墨西哥城、托卢卡等
欧洲	英国	伦敦、伯明翰、北安普顿、曼彻斯特、灵顿等
	法国	波尔多、里昂、马赛、巴黎、鲁贝、斯特拉斯堡、图卢兹、图尔等
	德国	柏林、杜塞尔多夫、法兰克福、汉堡、汉诺威、莱比锡、纽伦堡、罗斯托克等
	西班牙	巴塞罗那、马德里、巴伦西亚
	挪威	奥斯陆
	芬兰	赫尔辛基
	丹麦	哥本哈根
	瑞典	库姆拉、瓦尔贝里、斯德哥尔摩、厄斯特松德
	比利时	布鲁塞尔
亚洲	中国	香港、上海
	印度	班加罗尔、新德里
	印度尼西亚	不详
	马来西亚	新山、吉隆坡、槟榔屿
	台湾	台北、桃园县
	泰国	北榄
	新加坡	新加坡
大洋洲	澳大利亚	堪培拉、纽卡斯尔、悉尼、布里斯班、汤斯维尔、阿德莱德、霍巴特、墨尔本、珀斯等
	新西兰	奥克兰、克赖斯特彻奇、惠灵顿等
南美洲	巴西	贝洛哈里桑塔、巴西利亚、里约热内卢、圣保罗、圣埃斯皮里图等

资料来源："About Us," http://www.recall.com.cn/about-us，2012-11-09。

GRM 信息管理公司主要服务于会计、金融、政府、保健、人力资源、法律、娱乐等领域，客户数量逐年平稳增长。目前统计表明，GRM 成立 25 年来，已遍布美国 11 个主要城市，也在中国建立了分支机构；仅在美国纽约都市区就建立了 3 个文件中心，占地 150 万平方英尺。

综上，国外档案社会化服务的运营富有全球化特色，地域分布广泛，服务领域涵盖社会活动主要方面，客户数量庞大，足见其市场需求大，能充分保障本行业的持续、健康、高效发展，值得我国借鉴。

13.2.1.2 国内典型的市场需求保障特点

信安达（中国）、潽尔森、量子伟业、紫光慧图、世纪科怡、老顾头档案设备有限公司等六家公司是国内影响力较大的档案社会化服务机构。其市场需求主要反映在地域分布、服务领域和客户数量上。表 13—4 是笔者根据其网站信息归纳出的市场需求概况表。

表 13—4　　国内档案社会化服务机构市场需求概况

机构名称	地域分布	服务领域	客户范围及数量
信安达（中国）	上海、北京、天津、大连、青岛、苏州、广州、东莞、深圳、成都	保险、银行、金融、制造、会计、咨询、工程、高科技等	客户包括著名律师事务所、银行、保险公司、制造企业、制药公司和高科技产业公司等，数量不详。
潽尔森	北京、武汉、深圳、西安、哈尔滨等	金融、保险、会计、法律、房地产、医疗、教育等	客户包括银行、保险机构、会计师事务所、律师事务所、房地产公司、医院医疗机构、学校和其他社会团体等，数量不详。
量子伟业	设有北京、南京两个研发基地，济南、南京、杭州、南昌四个办事处，深圳培训基地，华北、东北、华东、华中、华南、西南、西北七大营销中心	通信、能源、航空、金融、化工、制造、房地产、专业档案馆、政府等	客户数量超过 1 万家，主要客户群为政府、学校、医院和企事业单位。

续前表

机构名称	地域分布	服务领域	客户范围及数量
紫光慧图	北京	档案馆、电力、政府部门、石油化工、煤炭、通信、水利、冶金矿业、交通建设、烟草、铁路、国防军工、金融保险、机械电子等。	客户数量在内地有1万多家，在香港、澳门地区有1 000多家。
世纪科怡	深圳、北京、武汉等	政府机关、公检法司、文化教育、金融系统、交通工程、卫生系统等。	客户数量不详。
老顾头档案设备有限公司	总部位于沈阳，产品畅销至北京、上海、天津、河北、山西、内蒙古、辽宁、吉林、黑龙江、江苏、浙江、安徽、福建、江西、山东、河南等省、自治区、直辖市等	国家各大部委、金融、电力等系统和各地政府机关、企事业单位等。	客户包括文化部、劳动和社会保障部、信息产业部、国家体育总局、安全生产管理总局、知识产权局、中国印钞造币总公司、国家电力总公司、中国移动总公司、中国纺织化纤工程总公司、解放军总装备部、中国运载火箭技术研究院、中国航天科技集团、辽宁省档案馆、沈阳飞机设计研究院、吉林师范大学、大庆市石油化工总公司、天津市冶金规划设计院、济南机车车辆厂、中国工商银行上海分行、中国西南航空公司、陕西省国家安全厅、宁夏气象局、武汉钢铁设计院、福建省厦门华夏嵩屿电厂、深圳档案局、贵州省兴义市电力公司等，具体数量不详。

由表13—4可知，我国档案社会化服务机构的地域分布较广泛，多数以北京为中心，辐射全国多个重要省市，体现出鲜明的中国特色；服务领域涉及金融、保险、通信、能源、医疗等重要经济发展领域，服务成效大，潜力丰沛，在这些领域拥有着强劲的发展势头；客户范围涵盖全国重要政府机关、大型企事业单位，客户数量多，并处于持续发展中。鉴于上述现状，笔者认为，我国档案社会化服务已有一定的市场需求保障基础。

13.2.2 档案社会化服务的市场需求保障特征及要求

通过上述典型案例分析，笔者研究了档案社会化服务的市场需求保障特征，尝试提出档案社会化服务市场需求保障的要求。

13.2.2.1 市场需求保障特征

笔者认为，档案社会化服务的市场需求保障具有三点特征。

第一，总体而言，国内外档案社会化服务的市场需求均比较旺盛，有力保证了行业的持续发展，主要体现在档案社会化服务的地域分布广、服务领域多、客户数量大等三方面。其中，从地域分布看，国内外档案社会化服务机构均已在世界主要经济体中开展了相关业务，尤其是国外大型档案社会化服务机构，其业务分支基本遍布全球，形成独特全面的服务网络；从服务领域看，档案社会化服务已深入到会计、金融、政府、保健、人力资源、法律等多个行业领域，涵盖社会生活的方方面面；从客户数量看，档案社会化服务的客户群体广泛，数量巨大。

第二，对比而言，国外档案社会化服务的市场需求比国内更旺盛，发展程度也比国内成熟很多。这种成熟体现在：一是国外档案社会化服务的地域分布广泛，涵盖不同大洲的多个主要国家；

二是国外档案社会化服务延伸到会计、金融、保健等社会经济主要方面，服务领域众多；三是国外档案社会化服务的客户数量庞大，仅一个大型档案社会化服务机构的客户就逾万甚至逾十万。这种成熟是国外档案社会化服务的长期实践经验积累的结果，更是这类机构积极面向市场、遵从市场规律、与时俱进开展业务的结果。

第三，进一步思考发现，国内外档案社会化服务的市场需求尚未充分表现出来，因此市场需求对档案社会化服务的保障力度尚有欠缺。这主要表现在档案社会化服务机构乃至行业对市场需求的了解不够充分，尚未主动采取措施激发市场需求。因此档案社会化服务机构乃至行业亟须充分了解国内外档案社会化服务的市场需求，并积极拓展档案社会化服务的地域分布、服务领域，激发市场需求，从而实现客户数量的平稳、科学、快速增长，保障档案社会化服务的健康、高效发展。

在研究上述特征的基础上，笔者提出了档案社会化服务市场需求保障的要求——了解市场需求和激发市场潜力。具体而言，随着社会的进步，行业分工越来越细，档案社会化服务市场越发明朗，需求不断扩大，但这个过程仍十分需要档案社会化服务机构及其他社会机构共同开发，充分了解市场需求，并挖掘潜在客户及老客户的潜在需求。

13.2.2.2 要求一：了解市场需求

了解市场需求是档案社会化服务健康有序发展的重要保障，是促进档案社会化服务市场需求保障顺利实现的第一步，也是最基础的一步，具有举足轻重的作用。

档案社会化服务要在经济全球化迅速发展的今天取得更显著

的发展，必须了解市场需求，针对目标客户设计合理的服务方案，提供更具专业化、针对性的服务，有效保障本行业持续发展。笔者就了解档案社会化服务的市场需求提出几点建议。

第一，档案社会化服务机构应重视市场需求调研，主动采取措施，建立行业调研组织。每一行业的发展都依赖于足够强烈的市场需求，知己知彼，才能有效开展业务，实现社会资源优化配置。只有建立健全相应的市场需求调研组织，赋予其相应的社会职能，明确权责，才能为了解市场需求奠定基础。例如，国外大型档案社会化服务机构往往借助 PRISM 的行业调查、信息调查的结论，及时了解市场需求，调整发展战略，有力促进自身高效发展。

第二，明确档案社会化服务市场需求的表现要素，采取多种方式，既定性又定量地开展市场需求调研。通过典型案例研究，笔者发现档案社会化服务市场需求的表现要素主要是地域分布、服务领域和客户数量。因此在了解市场需求时，应主动采取网络调研、实地调研等多种方式明确这三方面情况，获得清晰、完整的数据。以 Recall 为例，其业务遍布五大洲，覆盖 20 多个国家和地区，它非常注重对这些地域的统筹，在充分把握自身地域分布特点的基础上，进一步分析在相关地域的服务领域及服务项目，重点突出自身安全、高效、可持续性的服务特色，对客户数量进行统计分析，实现对市场需求的全面把握。

第三，对获取的第一手资料进行科学、深入的数据分析，明确市场需求表象下的本质特征。数据分析对了解档案社会化服务的市场需求至关重要。因此，档案社会化服务机构必须在真实有效的数据获取基础上开展高效、阶段性的数据分析，以适应不断变化的市场，真正掌握市场需求动态，并挖掘出其本质特点，有针对性地开展服务、调整战略，保障全球档案社会化服务的发展。以笔者调研的量子伟业为例，它拥有专门的项目实施策略，以此作为开展服务所遵循的基本流程指南，涵盖 119 个模板，可快速指导员工解决如何分析需求、如何开展调研、如何进行架构等问题，深入分析数据以及市场需求，开展业务工作。

13.2.2.3 要求二：激发市场潜力

档案社会化服务作为一种新兴的社会服务，具备一定的市场需求，但在当前经济形势下，主动挖掘潜在市场，激发市场潜力尤为重要，这是保障档案社会化服务市场蓬勃发展的不竭动力。在了解档案社会化服务市场需求、把握其发展规律的前提下，笔者就激发市场潜力提出三点建议。

第一，明确激发市场潜力的主体，即解决“靠谁来激发”的问题。一旦这一问题得到妥善解决，激发市场潜力就如同弦上之箭，具有较牢靠的实现可能。笔者认为，档案社会化服务的市场潜力巨大，但目前仍未得到充分激发，主要归因于各国档案社会化服务行业协会及各档案社会化服务机构本身缺乏明确的自主性。因此，档案社会化服务行业协会和机构就应更主动地承担起激发市场潜力的重责，共同保障行业发展。行业协会应采取会员服务、行业宣传等多种措施，积极激发市场潜力；而档案社会化服务机构更应本着拓展业务、追求利润的目标，采取更多有效手段，参与市场调研，推出更多优质服务，吸引潜在消费者，满足老客户的潜在需要，扩大自身市场。

第二，进一步提高服务质量和效率，是激发档案社会化服务市场潜力的根本途径。国外大型档案社会化服务机构的发展历程表明，只有提供高质量、高效率的档案社会化服务，才能拥有更多更大的客户，实现自身和行业的长足发展。例如，Iron Mountain 致力于提供专业化、综合性的档案社会化服务，经过不懈努力，已拥有 14 万位客户，其服务质量仍在不断提高，市场需求也在继续扩大，它的发展也扩展了行业影响力；同理，Recall 旨在提供高品质、安全、可靠的客户服务，非常重视客户满意度，目前已拥有约 300 个专职运营中心，业务覆盖美国、法国、德国、英国、中国、印度、马来西亚、泰国、新加坡、澳大利亚、新西兰、巴西等 20 多个国家和地区，服务全球近 8 万位客户。

第三，立足国情和市场动态，进一步拓展档案社会化服务的地域分布和服务领域，这是激发档案社会化服务市场潜力的最直接方式。从地域分布上看，档案社会化服务一般都先起源于经济发展程度较高的地域，而后扩展到相对较弱的地域，从而形成一个点状分布的格局，然后通过一点或几点对周边地区的不断影响，形成一个完整的块状发展区域，最终完成某种程度上的规模化发展，市场潜力得以持续释放；从服务领域而言，档案社会化服务目前已在金融、保险、通信、能源、医疗等多个社会主要领域占有一席之地，众多行业也已意识到档案社会化服务的重要性和不可替代性，但要满足激发市场潜力的要求，档案社会化服务要在保持现有客户行业领域的基础上追求继续拓展和深入，努力完善适用领域的服务经验和知识，提高服务质量，最终覆盖所有可服务的社会领域，真正形成一个完善、独立、自主、好口碑的行业。例如，前文已提到 Iron Mountain 等大型跨国档案社会化服务机构已形成较成熟的规模化发展面貌，也已将服务覆盖到众多社会领域，在此基础上，公司仍在不遗余力地推动规模化发展、扩展服务领域，有力激发了市场需求，不仅奠定了自身的行业地位，更促进了本行业社会认可度的提升。

13.3 档案社会化服务的行业发展保障

档案社会化服务的行业发展保障是指档案社会化服务行业的市场结构、运行状况与竞争态势等各种因素相互作用后的结果与趋势。档案社会化服务是一个全新的朝阳行业。国外以商业性文件中心为典型的档案社会化服务机构乃至行业在自身建设和完善中已积累了许多行业发展保障的经验，值得笔者学习和借鉴。而国内档案社会化服务行业并未最终形成，缺乏相应的行业发展保障条件。因此，笔者将从国内外档案社会化服务行业现状特点入手，概括行业发展对档案社会化服务的保障作用，结合国内实际探索档案社会化服务行业发展保障的内容构建。

13.3.1 档案社会化服务行业保障的现状特点

档案社会化服务的行业发展保障在国内外发展差异十分明显，笔者立足国外档案社会化服务行业发展保障的成功经验，分析国内与档案社会化服务行业发展相关的保障机构及其运作，呼唤国内尽快建立适合国情、适合本行业发展的保障机构与机制。

13.3.1.1 国外档案社会化服务行业保障的成功经验

国外档案社会化服务的行业发展保障较成熟，具备鲜明特色，其成功经验主要源于领导要素、机制要素和文化要素三方面的优势。具体来说，领导要素是指国外档案社会化服务具有一个权威的领导中心——行业协会，指导、团结并推动各档案社会化服务机构的发展；机制要素是指国外档案社会化服务行业协会在协会内部建设和行业发展建设上均富有成效，逐步形成较科学的组织结构，吸引会员并服务会员，自觉承担起推动行业发展的重任，在对外服务上勇于开拓，树立了良好的行业形象；文化要素是指档案社会化服务行业协会已在社会上形成了特有的行业文化，保证档案社会化服务作为一个特定行业具备持久独特的吸引力，为档案社会化服务行业发展提供了不竭动力。

首先从领导要素上看，国外逐步形成了行业发展保障的领导中心。行业协会是介于政府、企业之间，商品生产业与经营者之间，并为其服务、咨询、沟通、监督、公正、自律、协调的社会中介组织①，对一个行业的形成与发展具有至关重要的作用。经过几十年发展，国外档案社会化服务行业已形成一个具有高度权威性和专业性的领导中心——国际文件与信息管理服务行业协会(PRISM)，有力推动和保障了本行业的发展。它的建立揭开了国外文件信息服务业发展成熟的序幕，作为行业的领导中心，通过其自身的影响力协调行业成员的关系，形成有效的行业领导、保障与监管机制，促进行业的良性发展，树立行业的良好形象，为档案社会化服务的不断发展优化提供有力的行业领导组织保障。

其次从机制要素上看，PRISM 在协会内部建设和行业发展建设方面均卓有成效，体现出强大的吸引力和影响力。其中，内部建设的成效主要体现为组织结构完善、会员规模扩大、会员服务周到。具体而言，PRISM 的组织结构体系由最高权力机构理事会、专员和任务小组三种机构组成，分别负责统筹规划、具体执行和研究辅助等工作，分工协作完成各项战略目标；PRISM 的会员规模处于持续扩大的积极状态，目前已达 633 个，分布于欧洲、美

① 参见百度百科："行业协会"，见 http://baike.baidu.com/view/670853.htm#sub670853，2012-06-14。

洲、亚洲、非洲和大洋洲五大洲55个国家[①]；PRISM拥有四类会员，即公司会员、附属会员、联合会员和会员伙伴，为会员提供交流合作机会、实施会员辅导计划、组织开展行业调查等，保障周到的会员服务。不仅如此，PRISM还将目光转向整个行业，注重行业发展建设，着力履行自身作为客户与企业纽带的职能，带动本行业发展。行业发展建设主要反映在宣传本行业的使命和价值以及宣传会员的特色和优势上。例如，PRISM编制了《为什么要文件管理》、《为什么要外包》和《为什么要保护数据》等系列宣传手册，说明文件管理和外包服务的重要性，让客户了解行业使命和价值；并且，在网站上大力宣传会员的总体特色和优势，使用"安全、灵活和高效"三个关键词概括客户选择会员的好处，并用会员名录、资源名录及客户简讯项目来展示会员个体的特色产品和服务。[②]

再次从文化要素上看，国外档案社会化服务特有的行业文化通过PRISM和档案社会化服务机构的共同努力得以诞生，拓展了全行业的社会影响力，有利于行业的长期持续发展。档案社会化服务行业文化是指被档案社会化服务行业成员普遍认可和共同遵循的价值观念、道德准则和行为规范，体现在行业宗旨、行业价值观和行业道德准则上。其中，国外档案社会化服务的行业宗旨集中体现在PRISM的愿景和使命中，愿景是"成为最富远见且最有效的全球行业领导者，为行业成员提供支持性、教育和网络化服务，帮助它们增加客户和提高收益"，使命为"通过大力吸引和保留会员，成为全球商业化文件信息服务商不可或缺的家园"，也

① 参见黄霄羽：《国外商业化文件信息服务业的发展历史与行业文化》，载《中国档案》，2011（8）。

② 参见黄霄羽：《国外商业化文件信息服务业的保障途径》，载《中国档案》，2011（9）。

即借助对客户优质高效的档案社会化服务，帮助行业成员获取良好收益，最终实现行业的健康持久发展；同时，国外档案社会化服务业形成了“信任、价值、安全、集成、合作”五位一体的行业价值观，这五方面密切关联，相辅相成，共同维系和推动着档案社会化服务的发展；国外档案社会化服务业还形成了明确的行业道德准则，PRISM 针对不同对象——客户、行业成员及社会公众分别做出成员合作、服务客户和树立良好行业形象等道德承诺，准确地诠释出档案社会化服务业行业文化的核心内容，要求行业成员共同遵守。①

13.3.1.2 国内档案社会化服务行业保障的现状特点

国内档案社会化服务行业尚未形成统一、权威的行业协会。但我国建有各级档案学会、信息服务类行业协会等机构，它们为档案社会化服务奠定了一定的行业发展保障基础。据统计，仅上海一地，涉及档案社会化服务所属现代服务业的行业协会就有 119 家。其中，与档案社会化服务较相关的领域主要是信息服务类，光这一类就设有 10 家行业协会：上海市图书馆行业协会、上海市信息安全行业协会、上海市计算机行业协会、上海市信息化青年人才协会、上海信息化发展研究协会、上海市信息服务业行业协会、上海市信息系统质量技术协会、上海市信息化培训协会、上海市信息协会、上海市信息法律协会。而与档案社会化服务相关度较高的有上海市信息服务业行业协会、上海市信息协会，这两个协会的发展值得深入分析。同样在珠三角，也有一个与档案社会化服务相关度高的行业协会，名为广东省现代信息服务行业

① 参见黄霄羽：《国外商业化文件信息服务业的发展历史与行业文化》，载《中国档案》，2011 (8)。

协会。

基于此，笔者试图从具有代表性的中国档案学会、上海市信息服务业行业协会、上海市信息协会以及广东省现代信息服务行业协会的发展现状中梳理我国档案社会化服务行业协会建设的参考线索，参见表13—5。

表13—5　我国档案社会化服务相关行业协会建设概况

名称	建设概况
中国档案学会①	成立时间：1981年； 性质：档案学术性群众团体，中国科学技术协会组成部分； 设置：拥有9个专门学术委员会和1个组织协调工作委员会； 任务：组织群众性档案科学技术研究活动，编辑出版档案学术书刊资料，普及档案科学技术知识，发现和培养档案专业人才，促进档案干部队伍素质提高，鼓励会员对发展中国档案事业提供建议，参加国际档案学术交流，发展同国外档案工作者的民间友好往来； 会员：包括档案局馆、档案学术研究机构在内的个人会员和单位会员。
上海市信息服务业行业协会②	成立时间：2001年； 性质：由上海信息服务业企业自愿组成的跨部门、跨所有制的非营利的行业性社会团体法人； 设置：拥有企业信息化、社区信息化、数码互动娱乐、动漫、网络教育、数字内容、移动互联网、数字出版、金融信息和数字营销10个专业委员会； 任务为从事信息服务，涵盖电信、广电、互联网、软件和系统集成；为会员提供信息、各类咨询、宣传推介、培训、招商引资等服务，推动上海乃至整个长三角的信息服务业产业发展； 会员：580家。

① 参见百度百科："中国档案学会"，见 http：//baike. baidu. com/view/3330968. htm，2012-12-11。

② 参见上海市信息服务业行业协会的相关介绍，见 http：//www. sisa. net. cn/about. aspx? typeid=60&id=414，2012-12-15。

续前表

名称	建设概况
上海市信息协会①	成立时间：1992 年； 性质：经上海市民政局注册的具有社团法人资格的专业性社会团体； 设置：由理事会、秘书处和分支机构组成； 任务：从事信息行业领域事务，参与社会各领域的信息服务和中介工作，为会员单位提供特色信息专供服务，组织会员单位举办相关活动等； 会员：近1 000家。
广东省现代信息服务行业协会②	成立时间：2009 年； 性质：非营利民间团体； 设置：由会员组成会员代表大会，作为最高权力机构；设有理事会、监事会、分支机构和代表机构，拥有会长、副会长、秘书长、监事； 任务：汇集会员愿望和要求，提高行业地位，维护行业利益；组织行业培训、会议会展、技术咨询、信息交流、产品推介，促进技术传播，推广产品和服务；联合政府及产学研机构，收集并分析本行业的技术情报和经济信息，开展行业现状的统计调查，编写本行业产业发展报告等经济技术资料；参与行业发展规划的政策论证，提出服务标准及咨询建议，营造优良产业发展环境；组织本行业优秀产品、企业的评审，宣传并提升行业形象；开展与国内外同行业的交流合作，促进行业国际化及人才引进和交流；承接政府和机构的委托、授权等； 会员：100 余家。

档案学会的特点是行政性、学术性强，但社会服务功能相对不足，尤其是涉及保障档案社会化服务的职能不显著。应当借鉴 PRISM 的模式与经验，借助自身在档案行业中的重要功能和影响，适度承担我国档案社会化服务行业发展保障的领导职责。

① 参见上海市信息协会相关介绍，见 http：//www. sia. org. cn/，2012 - 12 - 21。

② 参见广东省现代信息服务行业协会相关介绍，见 http：//www. gdmisa. org. cn/article. asp？a _ id=1，2012 - 12 - 25。

信息服务业行业协会、信息协会等行业协会主要面向信息行业，基本具备完善的组织结构，具有会员服务、对外宣传等职责。我国目前不少档案社会化服务机构加入了信息服务类协会，可借助信息服务行业协会的资源平台，作为档案社会化服务行业协会的基础。

13.3.2 档案社会化服务行业保障的内容构建

因国内档案社会化服务行业尚未形成，因此结合国情借鉴国外成功经验是较好的研究思路。国外档案社会化服务在行业协会的倾力领导下有序发展，形成科学完善的行业管理机制，逐步打造出富有特色的行业文化。遵循这种思路，笔者尝试提出档案社会化服务行业发展保障的内容构建。

13.3.2.1 领导要素：建设行业协会

要构建档案社会化服务的行业发展保障，首先必须建设行业协会作为领导中心。笔者的建议是：

第一，理清行业协会的性质与职能，明确行业协会建设的必要性与可行性。行业协会是一种具备鲜明特点的民间组织，属于非政府机构，具有非营利性，是一个行业健康有序发展的保障。建设行业协会非常必要，国外经验有力地证明了这一点。

第二，立足国情行情，吸收现有相关协会有益经验，加以改组或探索建立我国档案社会化服务行业协会。我国相关协会行政性较突出，市场机制尚未完善。尽管我国尚未形成档案社会化服务行业，但发展潜力较大，已有一定基础。同时，像档案学会、信息服务类行业协会等相关协会的发展也为档案社会化服务行业协会的建立提供了参考。笔者认为应学习和借鉴相关协会的有益经验，适当改组或探索建立适合我国国情的档案社会化服务行业协会。

第三，拓展会员规模，培育自身权威化、专业化、特色化的影响力。档案社会化服务行业协会的会员规模是其整体影响力彰显的依据和条件，因此应有选择、有条件、有准备地扩展。为提高影响力，协会必须完善自身，努力提升专业化水平，建立健全准则、体系，做好会员把关，提升行业影响力。

13.3.2.2 机制要素：加强内外联动

完善管理机制，加强内外联动，是指档案社会化服务行业协会应充分把握内部建设和行业发展建设，理顺保障途径，实现两者协调稳步发展，切实发挥自身的行业发展保障作用。笔者的建议是：

第一，就协会内部建设，积极探索建立完善的组织结构，着力加强会员服务。前文提到PRISM的组织结构体系由理事会、专员和任务小组三种机构组成，这样的结构保证了行业协会整体职能的发挥，较科学。笔者认为可结合国情建立行业协会完善的组织结构，提高会员服务的水平，学习国外经验如构建行业合作交流平台、开展会员辅导和组织行业调查等，还可创新服务内容与形式，体现自身特色。例如在我国，行业协会作为政府与档案社会化服务机构间的纽带，应及时向政府传达行业成员的共同要求，协助政府制定和实施档案社会化服务行业发展规划、产业政策、行政法规和相关法律，履行沟通职能；严格监督服务质量、竞争手段和经营作风，维护行业信誉，鼓励公平竞争，打击违法违规行为，履行监督职能。

第二，就行业发展建设，行业协会应加强客户宣传，提高行业影响力、社会认可度和知名度。借鉴PRISM经验，我国行业协会可从两方面开展客户宣传，既从行业整体角度宣传档案社会化服务行业的使命和价值；又从行业局部入手宣传会员的特色和优势。可选择与运用宣传方式，如年会宣传、材料宣传、网络宣传和活动宣传等。

总的来说，完善管理机制，加强内外联动，才能真正促使行业协会发挥作用。如PRISM率先开展的档案社会化服务行业会员服务和对外宣传充分体现了行业发展保障内外联动的鲜明特点，效果卓著。档案社会化服务行业协会作为会员与客户间的桥梁，一方面在业内主动为会员服务，保障会员利益以获得会员认可；另一方面向业外的客户积极宣传本行业的服务，确保客户知晓行业价值和会员优势。① 正是这样富有成效的机制，才使国外档案社会化服务拥有强大的行业发展保障，激励和促使这一行业的健康、持续发展。

13.3.2.3 文化要素：培育行业文化

档案社会化服务作为一个行业，要得到持续、高效发展，行业协会应在日常管理中不断加强行业文化建设，塑造良好的行业形象，形成一种良性、强有力的助力。培育行业文化是一项持续性、高难度且高收益的工作，需要行业协会大力投入。就档案社会化服务业的行业文化培育，笔者的建议是：

第一，落实行业宗旨。档案社会化服务应将为客户提供优质高效的档案社会化服务作为整个行业发展的根本，将获取良好收益、实现行业健康长远发展作为整个行业发展的目标。行业协会作为档案社会化服务机构的强大后盾，应在对内对外服务中传递行业宗旨，帮助会员实现发展目标，从而实现行业整体发展目标。

第二，建立行业价值观。行业价值观是指行业协会及其会员的整体价值取向，是指行业在追求自身发展过程中所推崇的基本

① 参见黄霄羽：《国外商业化文件信息服务业的保障途径》，载《中国档案》，2011（9）。

信念和目标。国外档案社会化服务行业的价值观体现为信任、价值、安全、集成和合作。在这样的行业价值观指导下，国外档案社会化服务行业蓬勃发展。我国档案社会化服务行业协会也需要加强行业价值观培育，努力建立信任、价值、安全、集成和合作的行业价值观，指导本行业的实践。

第三，规范行业道德准则。行业道德准则是行业道德的标准规范。档案社会化服务行业的道德准则可针对客户、行业成员及社会公众三类不同的主体，做出相应设定，因此可明确为成员合作、服务客户和树立良好行业形象的三方面承诺。这三方面相辅相成，缺一不可，共同构成了档案社会化服务的行业道德准则，推动着档案社会化服务业的持续发展。

综上，档案社会化服务的行业发展保障主要包含三方面内容：建设行业协会、加强内外联动和培育行业文化，实现领导要素、机制要素和文化要素的辩证统一。其中，建设行业协会是行业发展保障发挥作用的前提，因为行业协会是加强内外联动和培育行业文化的领导中心和重要基础；加强内外联动是实现行业发展保障的有效途径，是行业协会发挥作用的实践条件，更是行业文化培育的必要手段；培育行业文化是行业发展保障的优化状态和实现目标，是建设行业协会和加强内外联动的最终目的。

13.4 档案社会化服务的人才建设保障

人是生产力中最活跃的因素。档案社会化服务作为一项专业性的社会服务，迫切需要高素质、复合型的人才建设。档案社会化服务的人才建设保障是指社会为保证档案社会化服务行业的发展提供的人力资源条件。笔者认为，档案社会化服务的人才建设保障主要体现在以下三方面：一是人才准入得到严格把关，表现为工作资格认证的加强；二是人员配置合理，表现为突出档案专业化人才建设，并辅之以其他各专业人才输入，从而建设综合型人才队伍；三是人才提升具备大空间，表现为档案职业培训的完善。这样一来，从人才准入、配置到提升，每一步骤都井然有序，有力保障了档案社会化服务人才队伍的持续更新与高效运转。

国外商业性文件中心经历几十年发展，通过自身努力为全社会提供了成熟、合理的人才建设保障条件；而我国目前尚缺乏健全的档案社会化服务人才建设保障体系，亟须构建与发展。学习国外有益经验，结合我国实际，才能勾勒出我国档案社会化服务人才建设保障的美好蓝图，切实保障档案社会化服务发展。笔者将从国内外档案社会化服务的人才建设保障现状特点入手，提出档案社会化服务人才建设保障的内容构建。

13.4.1 档案社会化服务人才建设保障的现状特点

笔者将着眼于档案社会化服务发展的外部人才建设环境，分析研究国内外档案社会化服务人才建设保障的现状特点。

13.4.1.1 国外档案社会化服务人才建设保障的现状特点

国外档案社会化服务蓬勃发展，离不开全社会源源不断提供专业化、职业化的高素质人才。以美国、英国和澳大利亚为典型的西方经济发达国家在档案社会化服务的人才建设保障方面已卓有成效，首先表现为档案职业资格认证制度的建立。笔者先以美国、英国、澳大利亚为例进行分析，它们均已建立较完善的档案职业资格认证体系。

随着档案工作和档案专业的发展，美国对档案从业人员的专业化程度要求越来越高，因此相应建立了档案职业资格认证制度。美国档案工作者协会（SAA）1987 年成立了“临时资格认证局”（IBC），以确定职业化的档案工作者资格标准及依据这些标准设计出的考核办法。经过几年实践和数次修改，1989 年 IBC 运用这些标准对首批档案工作者进行资格认证，并在当年全美档案工作者年会上正式成立了“档案工作者资格认证标准学会”（ACA），标志着美国档案职业资格认证制度的正式确立。ACA 提供的职业资格证书已成为美国乃至整个北美地区的职业认证标准，在全世界产生了很大影响。① 在这一职业资格证书制度的规范和鼓励下，美国档案社会化服务机构得以拥有专业化的档案人才，为本行业发展奠定了坚实的人才基础，仅 Iron Mountain 和 Recall 这两家大型档案社会化服务机构就聘用了大量高素质的专业化档案人才，保证了本机构的健康发展。

英国档案职业资格认证制度始于 20 世纪 70 年代英国档案工作者协会（SOA）认可的档案管理证书。目前 SOA 开展的认证活动主要有两种：一是提供单组证书的档案管理认证，二是档案保护资格认证。第一种认证一般采取远程教育方式进行，提供商业档案、古文字学与外交学、教会文件、房地产档案等单组证书；第二种认证主要面向档案保管领域的工作人员，以集中培训与自学交流相结合的方式授课，提供开放式的认证项目。SOA 在其颁布的 2003—2007 年战略发展目标中，拟修订和提高已实行的档案职业资格标准，建立档案工作者伦理守则，并准备在未来几年中实行职业资格准入制度。② 英国档案职业资格认证制度的推行时间

---

① 参见黄力：《建立我国档案职业资格认证制度的思考》，载《北京档案》，2006（1）。

② 参见王新才、谭必勇：《档案职业资格认证制度与中国档案教育的发展前途》，载《图书情报知识》，2005（12）。

早，有力保障了本国档案社会化服务的人才素质，还为他国建立相关的档案职业资格认证制度提供了优质范本。

澳大利亚通过借鉴学习英国档案职业资格认证制度，创造性地建立了具备澳大利亚特色的国家档案职业资格认证体系。澳大利亚的档案职业资格认证特色主要体现在该制度由档案工作者协会（ASA）和文件管理协会（RAMM）共同开展并依托于档案高等教育。具体而言，澳大利亚 ASA 课程设置遵循四个基本准则：《澳大利亚国家文件档案能力标准》、《澳大利亚文件管理标准》、档案工作者使命声明和职业教育认证声明。已被 ASA 授权培养档案专业人员的大学包括五所：新南威尔士大学、蒙纳大学、伊迪丝·柯万大学、皇家墨尔本理工学院、柯廷大学。同时，ASA 与 RAMM 成立了“ASA/RAMM 能力框架联合委员会”，承担档案与文件管理行业职业资格认证标准的优化与更新的职责。[①] 澳大利亚的档案职业资格认证制度在制度设计上颇具匠心，充分利用高等教育这一社会资源，产生了较好效果，值得学习。这一制度也为 Iron Mountain、Recall 等跨国档案社会化服务机构提供了优秀的档案专业化、职业化人才。

国外档案社会化服务的人才建设不仅体现为全国性档案职业资格认证制度的建立，还反映为大型档案社会化服务机构内部人员配置合理，并引领整个行业实现人员的合理配置。笔者以 Iron Mountain、Recall 这两大档案社会化服务机构为典型，分析其人员配置。

Iron Mountain 明确了自身招聘人员的要求，主要包括专业能力与工作心态两部分，由 talented 和 motivated 两个关键词组成；明确提出职员的工作内容为帮助客户保护和管理与自身业务紧密

① 参见王新才、谭必勇：《档案职业资格认证制度与中国档案教育的发展前途》，载《图书情报知识》，2005 (12)。

相关的数据与文件；明确描述员工的素质体现在勤勉、灵活、客户至上等三方面。① 因此，Iron Mountain 的雇员很多具备档案专业的教育背景，而中高层管理人员一般都拥有 MBA 学位，具备普遍的、精英化的管理知识与能力以及多年的档案社会化服务管理工作经验。例如，公司在 2012 年 12 月任命的董事会主席威廉·米尼（William Meaney）不仅具备机械工程学士学位与工业管理硕士学位，还具有超过 20 年的档案社会化服务管理工作经验，曾在美国、欧洲、亚洲、非洲等地开展过十分成功的工作。②

Recall 将自身成功归于高效合理的管理团队，并将公司未来更好的发展寄希望于这一优秀团队。如公司总裁兼运营长埃尔顿·波茨拥有 MBA 学位和金融管理学学士学位，并且具备数十年的管理工作经验，在产品设计、标准建设、产品销售等多方面均有出色的工作表现。而且，包括北美、欧洲、大洋洲、亚洲和巴西等地的中高层管理人员，大都具有 MBA 学位，并承担过相应的管理工作，既包括文件信息服务，又包括安保、市场等多方面工作。③

同时，国外档案社会化服务的人才建设还包括档案职业培训，保证档案社会化服务从业人员的综合素质和服务能力跟上实践的变化与发展。如 Recall 为所有员工提供 Recall 大学培训和轮岗培训等两项学习发展计划。其中，Recall 大学培训为所有员工提供电子学习、讲师研讨会和外部发展实践的机会，内容涉及营销技巧、计算机培训、领导力和沟通技巧等，紧密贴近现实工作需要；而轮岗培

---

① See "Information Management Jobs at Iron Mountain," http://www.ironmountain.com/Company/Careers.aspx, 2013-01-16.

② See "Iron Mountain Appoints William Meaney President and Chief Executive Officer," http://www.ironmountain.com/Company/Company-News/News-Categories/Press-Releases/2012/December/3.aspx, 2013-01-16.

③ See "About Us," http://www.recall.com.cn/about-us, 2012-11-09.

训为期三年，参与者可获得一系列机会，如培训领导力和管理能力、制订个人发展计划、参与关键业务计划的特定工作项目，以及接受高级管理培训和指导。[①] 正是由于此类档案社会化服务专业培训项目持续开展，才保障了档案社会化服务机构乃至整个行业的人才质量和服务成效。

13.4.1.2 国内档案社会化服务人才建设保障的现状特点

国内档案社会化服务发展前景良好，在档案高等教育方面，全国已有 30 多所高校开设专门的档案学专业。近些年随着学科建设不断完善，培养了大批具备专业知识的人才，在档案专业领域取得相当成就。同时，由于各学科的不断渗透，档案专业培养出的人才拥有多元化的知识结构，这些人才在实际工作中发挥了重要作用。但由于发展起步较晚，并未拥有成熟、完善的人才建设保障。笔者通过对量子伟业和紫光慧图的实地调研，获取了档案社会化服务机构对于人才建设保障认识的第一手资料，参见表 13—6。

表 13—6 我国典型档案社会化服务机构对人才建设保障的认识对比表

量子伟业	紫光慧图
档案社会化服务行业的人才保障应加强用户培训，加强与学校的合作。	现在一些档案行政机构会提供相关的档案培训，但只是区域性的，相关证书没有通用性。国家档案行政机构及社会服务机构应多提供些档案行业的从业资格、计算机相关知识、外包服务管理、流程管理等相关方面的培训，并提供相关资质获得的机会。
结论：从人才建设保障角度看，社会应从多方面为档案社会化服务机构提供人员培训或资质（格）认证。	

资料来源：对量子伟业和紫光慧图的访谈（访谈地点：量子伟业信息技术有限公司，时间：2012 - 07 - 18；紫光慧图信息技术有限公司，时间：2012 - 07 - 23）。

① 参见黄霄羽：《商业性文件中心的专业优势、形象优势和社会价值》，载《档案学研究》，2011 (1)。

通过表 13—6 及相关调查发现，我国档案领域尚未建立国家职业资格证书制度及人员培训机制。因此，我国完全有必要加快建立档案职业资格认证制度和档案社会化服务人员培训机制。

随着我国档案社会化服务领域的拓展和档案工作认可度的提高，已有一些省市率先探索了档案专业技术人员管理制度改革，其中最典型的是 2004 年起上海市推行档案专业人员职业资格制度。《上海市档案专业技术人员职业资格暂行规定》，标志着我国档案职业资格证书制度的起步。该规定指出，上海市档案职业资格认证机构为上海市人事局和上海市档案局，它们共同负责全市档案专业技术人员职业资格的政策制定、组织协调、资格考试和监督管理。同时，该规定将档案职业资格分为初级、中级和高级三个级别，明确了各级的能力要求，更明确了各级资格的取得条件。如规定指出，申请参加中级资格考试的人员，必须符合取得大学专科学历，从事档案专业工作满 6 年，或取得大学本科学历，从事档案专业工作满 4 年，或取得硕士或第二学士学位，从事档案专业工作满 2 年，或取得博士学位等条件。① 诸如此类的我国区域性、地区性档案职业资格认证制度的建立，在一定程度上保障了该区域、该地区的档案社会化服务人才资源，效果较好，因此仍需加强；而笔者认为在此基础上更需努力探索适合国情、覆盖全国的档案职业资格认证制度，以实现档案职业资格认证的通用性、权威化、专业化管理，为我国档案社会化服务行业提供人才保障。

虽然我国在档案职业资格认证与培训方面存在很大的不足，但我国的档案社会化服务机构在人员配置方面较科学，一般遵循

---

① 参见付长翠：《关于建立我国档案职业资格认证制度的探讨》，载《兰台世界》，2012 (2)。

了将档案专业人员与其他各专业人员综合配置使用的原则，具体参见表 13—7 的调查结果。

表 13—7　　我国典型档案社会化服务机构人员配置状况表

机构名称	人员配置状况表
量子伟业	公司招聘人才更看重态度和潜力，具体能力可在进入公司后培养；其中，60%的人员是计算机专业的，20%的人员是档案专业的，20%其他专业的，涉及市场营销、财务会计等；为增强对高素质人才的吸引力，与北京联合大学、苏州大学等高校开展合作，每年提供 15 万元赞助经费，用于培训学生熟悉量子伟业的软件，同时支持学生申报的科研项目，通过此种方式宣传企业、为企业寻找潜在人才。
紫光慧图	一般要求本科以上学历，与产品相关的职位主要是计算机专业和档案学专业的，并有一定的行业经验，要求员工认同企业的经营理念和产品，并具有一定的稳定性，对于档案数字化岗位要求会适当放宽；有入职培训，后期定期举行各种技术和专业培训，同时每年举行老用户培训会，也会邀请优秀员工参加，与客户互动，了解客户需求，公司还会定期举行各种户外培训活动。
信安达（中国）	乐于招募有头脑、有才干、富有创造力、甘于奉献、积极进取的人才；信安达员工背景各不相同；在信安达工作的全体中外员工目标一致，齐心协力，努力工作，相处和睦。

资料来源：对量子伟业、紫光慧图及信安达（中国）的访谈［访谈地点：量子伟业信息技术有限公司，时间：2012-07-18；紫光慧图信息技术有限公司，时间：2012-07-23；电话访谈：信安达（中国），时间：2012-07-30］。

13.4.2　档案社会化服务人才建设保障的内容构建

通过典型案例分析，笔者总结出档案社会化服务人才建设保障的内容，应从三方面进行构建：第一，人才准入得到严格把关，表现为加强职业资格认证；第二，人员配置合理，表现为突出档案专业化人才建设，并辅之以其他各专业人才输入，从而建设综合型人才队伍；第三，人才提升具备空间，表现为完善档案职业培训。

13.4.2.1 人才准入：加强职业资格认证

所谓档案职业资格认证制度，就是按照国家或行业协会制定的职业技能标准或任职资格条件，通过政府认定的考核鉴定机构，对档案行业从业人员的技能水平或任职资格进行客观公正、科学规范的评价和鉴定，并对合格者颁发相应的职业资格证书的制度。① 通过前文对国内外档案社会化服务人才建设保障的现状特点的分析，不难发现在我国建立全国范围的职业资格认证制度的迫切性和必要性。笔者就国家档案职业资格认证制度提出以下建议。

第一，规范档案社会化服务从业人员准入标准，提高人员素质。目前我国档案社会化服务从业人员学历层次混乱，没有统一标准，无法体现档案社会化服务的专业性，不利于行业长期可持续发展。加之缺乏统一的、全国性的、专业化的档案人才录用标准，在档案社会化服务从业人员管理中随意性较大，缺乏科学有效的管理机制与管理标准。需要加强档案职业资格证书制度建设，规定档案社会化服务从业人员必须持证上岗，从人才准入条件上强化档案专业队伍，改变从业人员的知识结构、提高学历、增强素质，有效杜绝从各种渠道推荐和安排不适合从事档案社会化服务的各类人员。而有志于从事档案社会化服务的其他非档案专业优秀人员，可通过学习获得职业资格证书，被吸收到档案社会化服务行业，从而优化人力资源结构，提升整个行业队伍的专业水平。

第二，提高档案职业的地位和形象，保障档案社会化服务的

---

① 参见李丽：《2004—2011年我国档案职业资格认证制度研究综述》，载《中国档案》，2012 (10)。

社会认可度。一般而言，职业资格认证制度作为劳动者职业能力水平鉴定的有力途径，已得到全社会的广泛认可。而档案职业资格认证制度作为其中一个专业化制度，如有条件建立和完善，将大大提高档案职业的地位与形象。因为档案社会化服务从业人员通过档案职业资格认证肯定自身能力和价值，可使档案人才在单位内的地位、权益和工作积极性得到保障；而且开展档案职业资格认证，对档案工作的规范和提升也可起到一定的宣传作用，长期坚持，必然引起社会各界对档案工作的重视，让更多人关注档案事业发展，增强社会档案意识，从而全面保障档案社会化服务的社会认可度。

第三，主动学习借鉴发达国家档案职业资格认证制度建设的有益经验，建立起全国范围内的档案职业资格认证制度。例如美国的文件管理者认证制度（CRM）就值得学习借鉴。CRM 是美国文件信息管理领域最主要的资格认证，是专门为承担管理职责、经验丰富的专业人员设置的。文件管理者认证学会（ICRM）是 CRM 的官方认证主体。文件管理者一旦具备 CRM 资格，在本专业领域将会形成较强影响力和较高价值。申请人员充分相信，这一认证将提升自身的文件管理专业知识，从而具备相关的职业能力素质，在工作中可以获得更高的薪水和成就。要通过 CRM 认证，须具备下列条件：第一，过硬的教育背景；第二，专业化的工作经验；第三，通过六部分内容的考试。六部分内容考试包括：管理原则与文件信息管理流程；文件与信息：产生与利用；文件系统、存储与检索；档案鉴定、保存、保管与处置；技术；案例研究。其中，前五部分各有 100 道多项选择题和一道论述题；只有通过前五部分考试，申请人才能参加第六部分考试。申请人必须为本科以上学位，同时具备一年文件与信息管理专业工作经验，专业工作经验包括文件信息管理系统设计、开发和实施，承担直接的项目管理或操作职责，或在公认的高等院校担任过文件信息管理教学的全职人员。[①] 由此可见，美国的文件管理者认证学会指明了确定的管理机构、申请条件、考核程序等，为档案社会化服务的人才准入明确了方向，保证了符合条件的人才进入档案社会化服务这一领域，在考核规范性、推广权威性方面很值得学习。

13.4.2.2 人员配置：建设综合型人才队伍

人员配置解决了人才进入后如何使用的问题，关系着企业乃至行业发展目标的实现。档案社会化服务的人才建设保障尤其需重视人员配置。结合国内外案例，笔者认为，档案社会化服务的人员配置主要表现在建设综合型的人才队伍上，由基层工作人员团队建设与中高层管理人员团队建设两方面组成。

第一，就基层工作人员团队建设来说，应以档案学专业、计算机专业等为主，主要从事文件信息管理的各项基础性工作；同时，在相应职能部门，应配备会计、人力资源、物流管理等相关专业人才，做到人尽其用。在面对难度较大、需要多部门配合的工作时，应适当成立专门的工作小组，集合以档案学专业为主的多专业人才共同完成工作。总的来说，基层工作人员团队建设的主要特点是专业特色突出，人员设置相对分散，专人专用。例如，量子伟业在基层工作人员团队建设上很注重专人专用，相应岗位招对口的专业人才，并且在学历层次上注重穿插、搭配，以适应繁复、变化较小的基础性工作。

第二，就中高层管理人员团队建设来说，应以具备丰富的档

---

① See "About Certification," http://www.icrm.org/about/, 2013-01-16.

案社会化服务工作经验为基础，同时兼顾较高端的管理学背景，以适应复杂、综合化的管理工作。例如，Iron Mountain 和 Recall 均非常重视任命具备 MBA 学位的人才担任重要的管理工作，带领团队不断开拓。因为档案社会化服务机构对中高层管理人员的要求较高，职责较大，所以需要管理经验丰富、管理知识齐备的专业化管理人才。在这里，是否具备档案学或计算机学科背景就不再成为必要条件了。当然，在强大、专业化的企业文化感召下，一般档案社会化服务机构的中高层管理人员对档案学或计算机学科均有较深刻认识，也十分注重自身在这方面的能力培养。

可见，不管是基层工作人员团队建设，还是中高层管理人员团队建设，都需要配置专业素质高、工作态度积极的人才，并站在满足实际工作需要的立场上，对人才进行合理的配置与规划，最终顺利实现档案社会化服务机构乃至行业的发展目标。

13.4.2.3 人才提升：完善档案职业培训

培训是一种有组织的知识传递、技能传递、标准传递、信息传递、信念传递、管理训诫行为，是提高员工工作能力的重要手段。[①] 当前社会发展速度快，知识更新快，档案社会化服务行业要实现自身的可持续发展，必须提供对从业人员的职业培训，保证培训的制度化、系统化，以填补档案社会化服务从业人员的知识空白，提高知识素养。就档案社会化服务行业的职业培训，笔者的建议是：

第一，档案社会化服务培训设计需科学化、规范化。档案社

---

① 参见百度百科：“培训”，见 http：//baike. baidu. com/view/9787. htm，2012－06－30。

会化服务培训不可流于形式，缺乏计划性。培训要达到预期目标，实现机构发展计划，只有走科学化、规范化的发展道路，保证培训内容的系统性。具体说来，机构内部要设立专门机构或专职人员，如在人力资源部下设培训模块等，明确培训目标，做好培训计划与具体安排，并按计划内容逐步实施。培训专员不仅要对行业发展和机构内部员工情况有明确认识，还要掌握档案社会化服务前沿动态，合理规划培训内容。

第二，档案社会化服务培训形式应丰富化、多样化。为激发档案社会化服务从业人员学习兴趣，增强培训效果，培训专员在提供培训形式时应尽量丰富化与多样化。当前，档案培训主要依靠以下几种形式：一是集中培训，即将档案人员集中起来进行教学或研讨，这种方式较普遍，成本低，缺点是培训形式缺乏创新，不能充分激发学员兴趣；二是实践培训，即组织人员观摩现场，这种方式优点在于印象深刻，效果明显，缺点是人数受限；三是委托培训，即委托其他机构，如高校等，对员工进行培训，专业水平较高，但同时培训成本也较高昂，上文提到的澳大利亚就实行了此种培训方式；四是其他创新形式的培训，如现场模拟等。从实践效果来看，培训形式的丰富非常有助于增强培训效果。①

第三，档案社会化服务培训效果评估要实现制度化。档案社会化服务培训的目的在于提高从业人员技能水平，效果评估是检测培训收获与成绩的重要手段，但往往是培训中最易被忽略的环节。做好评估，不仅可了解培训效果与从业人员的变化，也能为之后的培训提供改进基础。因此，档案社会化服务培训效果评估的制度化建设不可小视。培训效果评估可从以下几个方面进行：

---

① 参见刘萌：《提高档案培训效果探析》，载《档案与建设》，2007（2）。

一是观察档案社会化服务从业人员工作状态，判断培训前后是否有明显差异；二是由从业人员填写培训意见反馈表，了解其收获与对培训的意见、建议等；三是对从业人员测试，依据培训内容对其进行技能考核与测试，检测从业人员对培训知识的掌握和应用情况。

本部分小结

本部分阐述了档案社会化服务的实践基础，依据国内外实践发展状况，分析了档案社会化服务的承担主体、服务内容、实现途径和保障条件，系统解答了档案社会化服务由谁做、做什么、怎么做、保障条件为何的基本理论问题。

本部分提出的主要观点有：

一是我国应立足国情，从承担主体、服务内容、实现途径、保障条件等方面确定档案社会化服务的实践发展框架。

二是提出档案社会化服务的承担主体分为非营利型和营利型两种。在国外主要表现为文件中心（政府文件中心和商业性文件中心），在国内主要表现为政府文档中心和档案商业化服务机构。国内外主体的共同特点是基本性质的独立性、业务领域的专业性和服务优势的效益性。

三是提出档案社会化服务的内容全面多样，与国内相比，国外的服务内容更先进，技术水平更高，服务的针对性和细分特点更突出。

四是从承担主体的具体实践提出档案社会化服务的实现途径，包括主体对外的经营理念、客户选择和经营模式，以及主体内部的基础设施、制度和人员队伍。

五是提出档案社会化服务的保障条件包括政策法规、市场需求、行业发展和人才建设。

研究并构建档案社会化服务的实践发展框架，目的在于说明档案社会化服务是复杂且内容丰富的实践活动，需要从宏观层面概括其实践基础。只有科学解答档案社会化服务由谁做、做什么、怎么做、保障条件为何等基本问题，才可能让档案社会化服务在实践中落地。

分析档案社会化服务承担主体的类型并强调国内外主体的共同特点，目的在于说明档案社会化服务由谁做需要结合国情和尊重市场规律。提出档案社会化服务主体具有基本性质独立、业务专业、效益优势的共同特点，可为我国档案社会化服务的机构建设提供切实参考。

对比分析国内外档案社会化服务的内容特点及相应差距，目的在于揭示档案社会化服务全面广泛、日益精细的内容体系，为我国档案社会化服务的内容建设提供切实参考。

档案社会化服务的实现途径是本部分的重点，立足承担主体的微观层面分析档案社会化服务的具体实施框架，目的在于让档案社会化服务在实践中可操作。就实施框架提出的建议是：档案社会化服务应树立安全、专业、创新、合法合规、可持续的关键性理念；将按照优先考虑专业需求最突出的行业客户以及拓展有潜力的新领域和新客户作为客户选择的原则；结合实际选择独立或合作经营模式；掌握档案社会化服务的基础设施即库房及其配套设施、专业设备；内部核心制度包括业务流程标准化制度、安全制度及合法合规制度；以人才招募和组建、人才培训为抓手建设档案社会化服务的人员队伍。这些观点及建议，可为档案社会化服务主体经营管理的策略和方案设计提供切实参考。

分析档案社会化服务的保障条件也是本部分的重点，立足国内外现实情况，提出档案社会化服务需要政策法规、市场需求、行业发展和人才建设四个方面的保障条件，并就每个方面提出建议：在政策法规保障上需要采纳国际组织法规、强化国家法律法规、遵从行业发展法规；在市场需求保障上需要了解市场需求和激发市场潜力；在行业发展保障上需要建立行业协会、完善行业管理机制和培育行业文化；在人才建设保障上需要加强职业资格认证确保人才准入的严格把关、建设综合型人才队伍实现人员合理配置、完善档案职业培训以提供人才提升空间。这些观点及建议，可为档案社会化服务的宏观保障提供切实参考。

第四部分

档案社会化服务的价值取向

15 档案社会化服务价值取向的概念厘定

15.1 价值取向的概念及其作用

价值哲学于19世纪末20世纪初在欧洲兴起，由法国哲学家拉皮埃在《意志的逻辑》中最早提出，后由E. 哈特曼在《哲学体系纲要》中作了系统说明。我国对于价值哲学的研究始于20世纪80年代初，伴随改革开放而逐渐发展起来。我国价值哲学研究的总体特点是以马克思主义哲学为核心，以科学的实践观和唯物史观为指导，坚持用唯物辩证法去分析价值问题，重视价值的客观性。价值取向作为价值哲学的重要范畴，其相关研究也坚持上述原则。作为日常使用的概念，理论界对于价值取向的概念界定并未像对价值评价、价值选择等一样给予充分的关注。相关研究成果显示，人们对于价值取向含义的理解不尽相同。综合相关价值取向概念的研究成果，主要存在以下几种概念定义。

第一，以"倾向"来定义。如百度百科对于价值取向的定义为"价值取向指的是一定主体基于自己的价值观在面对或处理各种矛盾、冲突、关系时所持的基本价值立场、价值态度以及所表现出来的基本价值倾向”①。《马克思主义哲学全书》中对于价值取向的定义为“一定主体价值选择的总趋向和价值追求的一贯性倾向”②。这两种定义的共性在于都将价值取向归结为主体在价值选择过程中表现出的倾向。笔者认为以“倾向”作为价值取向的属概念是不够严谨的，倾向更多表现的是主体作价值选择时的主观感性色彩，而实际上价值取向是基于一定价值观念的理性行为取向，以倾向作为哲学概念显得不够科学与恰当。

第二，以价值标准来定义。《社会科学新辞典》中对于价值取向的解释为“某一个人所信奉的，而且对其行为有影响的价值标准”③。该定义认为价值取向是针对个人而言的，而非群体行为，不免有失偏颇。此外，标准一般指用以判断的规则或准则，价值取向并不是判定准则，而是建立在此价值判断标准之上对外表现出的行为取向。

第三，以行为取向来定义。如阮青在《价值哲学》一书中将价值取向定义为价值主体在进行价值活动时指向价值目标的活动过程，反映出主体价值观念变化的总体趋向和发展方向。④ 刘永福在《价值哲学的新视野》中将价值取向表述为根据价值判断或根据经验、习惯来决定做什么好或怎么做好。⑤《简明文化人类学词典》对价值取向的定义为“人们根据自己的价值观而产生的一种心理上和行为上的稳定趋向”⑥。《新时期新名词大辞典》中价值取

---

① 百度百科：“价值取向”，见 http：//baike. baidu. com/view/1151623. htm，2012－09－29。

② 李淮春：《马克思主义哲学全书》，281 页，北京，中国人民大学出版社，1996。

③ 汝信：《社会科学新辞典》，401 页，重庆，重庆出版社，1988。

④ 参见阮青：《价值哲学》，北京，中共中央党校出版社，2004。

⑤ 参见刘永福：《价值哲学的新视野》，北京，中国社会科学出版社，2002。

⑥ 陈国强：《简明文化人类学词典》，199 页，杭州，浙江人民出版社，1990。

向的解释为"人们在价值选择上的趋向"①。宋霞在《我国政府信息公开的价值取向研究》中指出"价值取向是主体基于一定的价值观在面对或处理各种矛盾、冲突、关系时所持有的价值立场和做出的行为选择"②。这一类型定义的共同点在于将价值取向理解为主体基于一定价值观念而表现在行为上的取向，根据文献调研结果，多数学者赞同这一表述方式。

综合以上不同定义，笔者归纳出学界对于价值取向的理解的共同点：第一，价值取向是一定主体做出的行为，这个主体可以是个人，也可以是群体；第二，价值取向取决于主体内在的价值观念；第三，价值取向是介于价值观念和行为之间的中间环节，是基于价值观念而选取的方向。因此，笔者总结归纳前人研究成果，将价值取向定义为："一定主体基于内在价值观念，在价值选择中，表现出的在心理和行为上的稳定趋向。"

价值取向具有普遍性的特征，它贯穿于人类认识世界和改造世界的各种实践活动之中，包括政治、经济、文化活动等。价值取向不仅对个体活动中的价值选择产生影响，对社会共同体的活动也有重要的导向作用。此处主要探讨价值取向对社会主体活动，即档案社会化服务的影响问题。

第一，价值取向促进社会活动的规范性。

价值取向具有一定的稳定性，一旦明确下来，它将影响社会主体的价值评价、价值选择和价值创造等活动，在一定程度上对社会活动进行规范。社会是由无数个体组成的，个体的价值取向汇聚融合成整个社会层面的价值取向；同时，整个社会的价值取

---

① 马国泉、张品兴、高聚成：《新时期新名词大辞典》，592页，北京，中国广播电视出版社，1992。

② 宋霞：《我国政府信息公开的价值取向研究》，硕士论文，武汉，华中师范大学，2008。

向也反来过约束、规范个体的价值取向，使其趋于一致。法律、规章、制度等也具有规范社会活动的作用，但其依靠一定的强制手段来维护其权威性，如违反法律，则必然受到惩罚。与此不同，价值取向的规范作用没有前者如此高的威慑性，其规范作用主要依靠文化氛围的引导和价值观念的传递，因此更加能渗透到社会生活的方方面面，涵盖法律、规章、制度不曾覆盖的部分，具有更大的包容性。

第二，价值取向引导社会活动的方向。

人们所进行的各种实践活动都有一定方向，价值取向对方向的选择产生一定的引导作用。而这种定向作用的实现主要依靠个体对社会价值理念的认同，将之内化为个体自身的价值取向，引导个体行为的方向。只有科学、合理的价值取向才能获得社会各界的认同，正确引导社会活动的方向，产生有益的影响；否则，偏离正轨的价值观念将导致错误行为，造成恶劣的后果。

第三，价值取向驱动社会活动的发展。

价值取向具有社会规范和社会定向功能，在此基础上，它还从宏观层面上推动社会的前进与发展。人们认识世界与改造世界是持续前进的过程，在这个过程中，旧事物不断消亡，新事物不断产生，人们的价值观念也在不断发生变化，过时、落后的部分遭到淘汰，而正确、核心的观念被保留下来并与时俱进，不断发展，引导人们进行正确的价值评价与选择，引导人们正确的行为实践，驱动社会活动的蓬勃发展。

价值取向作为社会活动正常进行以及向前发展的一种无形的力量，在潜移默化中影响着社会生活的方方面面，从对个体行为的影响波及对整个群体行为的影响，从而将整个社会紧紧凝聚为一个团体，在这个范围内每个个体受其规范，以其为方向，最后顺从其趋势实现发展，在某种程度上具有相同的价值目标。在社会化服务的过程中，社会群体在一个共同的价值取向的引领下，基于各自专业的分工，为社会的发展提供服务。在此过程中，价值取向扮演着一个具有高度指导意义的角色。

15.2 档案社会化服务的价值取向

从以上研究中可看出，价值取向对社会实践活动具有重要的影响。因此，如何确立科学、合理的价值取向，引导社会实践活动的正确发展，显得极其重要。档案社会化服务在我国起步较晚，发展时间较短，其理论研究和实践发展都还很不成熟，急需科学的价值取向对其进行引导，促进其合理发展。这也正是本部分研究的意义所在。

目前，对档案社会化服务价值取向的研究尚属首次。根据价值取向的一般定义，笔者对档案社会化服务的价值取向进行套用研究。因为档案社会化服务可分解为“档案＋社会化＋服务”，因此档案社会化服务的价值取向就是指社会主体基于档案价值观念、社会化价值观念、服务价值观念，在进行档案专业性、社会化服务过程中所表现出的稳定趋向。

档案价值观念就是人们在档案社会化服务专业领域内所持的信念、信仰，具体说来，就是档案社会化服务既要符合档案基本价值取向，又要结合其自身特色，探索其专业发展的新取向。社会化价值观念即档案社会化服务在面向社会提供服务过程中体现在社会层面的理想价值系统，它理应对社会各方面产生积极有益的影响。服务价值观念是指档案社会化服务作为新兴服务行业，其科学发展要遵循服务业基本规律和档案服务特殊规律。在此基础上，可归纳并升华档案社会化服务宏观层面的发展取向。因此，笔者将档案社会化服务的价值取向分解成四个维度进行论述，即专业取向、社会取向、科学取向和发展取向。这四个维度具有递进特征。

16 档案社会化服务的专业取向

信息时代的到来，政府机关、企事业单位甚至个人都要面对文件档案信息的大量增长，如何安全、有效地对文件档案进行管理和利用逐渐引起社会各界的重视。在信息化背景下，档案社会化服务作为新兴产业，必须找准自己的市场定位，敏锐捕捉市场需求，才能实现科学可持续的发展。作为社会专业分工的产物，档案社会化服务必须体现专业特色，找准自己的专业取向，明确专业定位，提供专业化、专门化的档案服务，以区别于其他服务行业，这是生存发展的首要价值取向，是做好一切工作的基础，也是最基本的价值取向。

档案社会化服务的专业取向是探究档案社会化服务与其他社会化服务的不同之处，也就是其所具有的与其他服务不同的专业特征。档案社会化服务是立足社会专业分工而形成的具有明显差异性的专业服务，致力于建立档案专业领域内可靠、高效、权威的服务。

具体说来，笔者基于档案管理的专业需求和市场发展规律提出了以下几种专业取向：第一，安全保密的档案服务，安全保密意味着档案社会化服务必须保证档案实体、内容以及系统的安全性，保护档案信息内容，避免信息泄露，这是实现可靠服务的基本要求；第二，高效优质的档案服务，要求档案社会化服务本身是高效率、高质量的服务，并能通过减轻客户负担、提高客户的运营效率，实现较高的客户满意度，这是市场竞争的本质要求；第三，合法合规的档案服务，要求档案社会化服务符合国际组织法规、国家法规政策以及行业规范、标准，这是建立权威、保障性服务的必然要求。

16.1 安全保密的档案服务

安全保密的专业取向是立足档案本质属性提出来的。档案是人类活动的原始历史记录，这是档案的核心特点和本质属性。档案社会化服务只有满足档案管理安全保密的需求，才能维护档案的原始性，发挥档案的凭证价值和参考价值，这是建立在档案本质属性上的基本要求。作为一项专业化服务，档案社会化服务既要符合档案管理的各项基本理论原则，包括来源原则、文件生命周期理论等；在此基础上，还要体现出专业优势，首要的就是保障档案的安全与保密，这是提供可靠服务的首要条件。安全保密的档案服务，是指保障档案载体和系统的安全性，维护档案的长期可读性，同时保障档案信息内容不被泄露。作为社会活动的真实记录，档案中蕴含着重要的信息，不乏机密内容，大多数单位的档案是对外保密的。档案社会化服务机构只有确保档案安全、保密，才能得到客户的信任和满意，维护自身的持续发展。具体说来，安全保密的档案服务有以下要求。

第一，档案载体的安全保存。这里的档案载体不仅有纸张，还包括磁带、胶卷以及电子文件新型载体，如磁盘、光盘等。档案社会化服务机构应建立符合档案库房建设规范的标准化库房，配备相应的恒温恒湿设施，保障档案载体不受外界影响，拥有良好的保存条件。此外，还应通过保管制度的建立与实施，明确管理人员责任，提高其保管和保护意识。

综观档案社会化服务机构提供的服务内容，主要可分为传统型和现代型两大类。其中传统型以档案寄存、代管、整理和档案用品销售为主，国内多数文档服务中心属此类，例如北京市档案事业服务中心、深圳市文档服务中心等；而现代型以档案管理软件开发、档案信息化系统研发、档案管理咨询等服务为主，例如国外的 Iron Mountain、Recall、GRM 和国内的量子伟业、紫光慧图等。总的来说，档案寄存和管理仍然是当前档案社会化服务的重要服务项目。因此，做到档案载体的安全保存，是对档案社会化服务机构专业方面的基本要求。此外，在互联网时代，越来越多的档案不再需要任何形式的物质载体，而是通过“云存储”、“网络磁盘”等诸如此类的虚拟存储介质进行存储，这些虚拟档案的安全保存同样具有现实意义。

第二，档案管理系统的安全防范。随着信息化建设的逐步深入，数字档案管理系统已成为有效管理档案的重要工具。档案管理系统在给人们带来高效与便利的同时，由于各种内外部因素（管理疏忽、系统缺陷、技术漏洞、黑客攻击、网络病毒等）的干扰，也增加了档案管理的安全隐患。因此，档案社会化服务机构应在系统开发到投入使用、维护的整个生命周期内，做好系统的安全防范工作，防止非法侵入和篡改计算机系统数据，维护档案数据的完整和安全，确保系统正常运行，不因系统故障导致档案信息丢失或档案工作中断等不良后果。

量子伟业作为近年来发展较快的档案社会化服务机构，其服务内容不断扩展，建立了拥有 10 000 平方米的 BPO 数据处理中心，提供较全面的档案服务。该公司高度重视安全保障，通过制度建设、员工培训和安全例会三个方面加以实现，因此十余年来未发生过重大档案安全事故，获得了客户的高度信赖。

具体说来，作为专注档案信息化的企业，量子伟业在信息化技术方面对安全性要求较严格。例如其自主开发的 PDE 安全防扩散系统，利用切实有效的加密、解密、控制管理等手段，对电子文档加强了全方位的保密措施。该系统的安全保密功能主要体现在打印控制、授权管理和日志管理三个方面。打印控制通过对打印权限加以控制，所有打印需求都必须经管理员审核，有效避免了档案信息的外泄。授权管理通过对文件进行授权，将文件阅览、更改、打印的权限控制在一定用户手中，并且对授权文件全程跟踪进行管理。日志管理可记录每份文件的操作运行情况，对文档进行全程监督，实现有效管理。①

第三，档案信息内容的保密。档案的机密性要求档案信息必须处在可控的监管环境下，确保信息内容的安全性。这一要求不仅体现在实体寄存上，也体现在档案管理系统开发、运行上，要通过一定技术手段明确不同文件的阅读权限、安全级别，实现可控可追踪的管理。只有做到信息内容安全保密，才能使档案社会化服务更具有安全性、权威性，满足社会多变的动态档案需求。以信安达（中国）为例，其提供了电子文档销毁服务工作流程，如图 16—1 所示。

从图中可看出，该销毁服务的每一个步骤都运用了先进的设备或仪器，并有严格的制度管理，对销毁过程予以监管和控制，保证电子文档销毁过程中信息内容的安全保密。

---

① 参见量子伟业对 PDE 安全防扩散系统的相关介绍，见 http：//www.pde.cn/inside_article.php? ctid=15&id=519，2013－04－26。

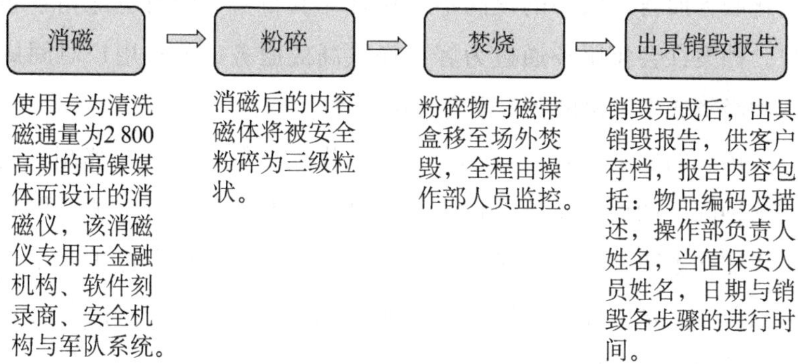

图 16—1　信安达（中国）电子文档销毁服务流程图

16.2　高效优质的档案服务

高效优质的专业取向探讨的是如何从专业的角度体现档案社会化服务的高效与优质。其中高效指的是档案社会化服务的高效益和高效率；优质指的是服务取得良好的满意度，满足专业需求。档案社会化服务集中了优势资源，如集约化的档案库房、高素质的档案人才等，采用快捷有效的工作方式来确保工作效率。注重高效率的同时，还注重服务质量，确保各项工作按时按需完成，令用户满意。

16.2.1　高效益与高效率的档案服务

高效的档案社会化服务是指通过提供劳动产品取得较好的效果和利益，主要是指经济效益，也即以同等的劳动耗费取得更多的经营效益。档案社会化服务从专业分工角度出发，定位市场，发挥其规模效应，从而取得较高的效益。而效率指的是单位时间内完成的工作量，也即有效的利用资源以满足需要，对于档案社会化服务而言，效率的提高不仅仅针对其自身，同时也适用于客户。档案社会化服务通过为客户提供高效服务，节省用户时间成本和经济成本，协助客户提高工作效率。

传统的档案工作一直都存在“高投入、低效益”的弊端，造成这种问题的原因主要有两点：一是由档案本身特性造成，档案工作往往不能在短期内见效益，而是通过档案管理和保护产生长远效益；二是由现行档案事业体制和档案工作流程不尽完善所致。档案社会化服务作为适应市场需求而产生的新兴产物，必须要走高效益的生产方式，才能获得市场认可。社会化服务在其他领域，如后勤管理、农业生产、审计服务中已有较好的发展，并且体现了高效益的优势。例如，在皖南烟区，青壮年劳动力大量流失，农民购买生产机械资金少，生产现代化程度不高。烟叶公司通过整合、利用社会资源，组建专业的农机、用工服务队，将生产用工市场化、社会化，为烟农提供各项机械化作业和用工服务，此举实现了高效益的种植、生产，达到了多边共赢的目标。[①] 档案社会化服务也应汲取其他领域内的先进工作经验，创造高效益的工作模式。

档案社会化服务的高效率，如前所述，包括自身的高效率和提高客户工作效率两个方面，这两方面的效率提高是相辅相成的。通过对社会资源的合理利用，在提高自身工作效率的同时，也为客户提供优质高效的服务，解决客户困扰，提高客户的工作效率。Recall 是国际知名的提供档案社会化服务的跨国企业，为全球约 8 万名客户提供文件档案管理服务。该公司在为澳大利亚排名前五

---

① 参见《皖南烟叶公司着力推行烟叶生产社会化服务体系》，见 http：//www.tobaccochina.com/news/China/agriculture/20093/200932583543_351094.shtml，2013-01-20。

的金融机构服务时，客户提出了缩短信用卡申请处理时间的需求。Recall 在详细了解客户背景、工作流程的情况下，提出了集成化文档管理的解决方案，涵盖了数字化、数据抓取和处理等业务。通过实施该解决方案，信用卡申请通过邮件或传真方式寄送到 Recall 运营中心，进行分类、数字化、建立索引等处理，再传输到信用卡审批系统。周转时间从 7 天缩短至 24 小时，极大地提高了文档管理的工作效率，同时减少了纸张用量，降低了运营成本，带动了客户利润的上升，取得了较高的满意度。①

从上述案例可看出，Recall 公司在该项目中的成功原因主要归结为以下三点：第一，快捷地对用户需求做出反应。Recall 准确把握了用户需求，在最短时间里借助信息化专业技术，提出可靠方案，自身效率高。第二，通过解决方案的实施，提高了用户的文档管理效率。Recall 实施的解决方案极大缩短了客户处理业务的时间，为用户节省更多时间从事核心业务，从而极大提高了用户的工作效率。第三，高品质的服务，得到用户满意。Recall 提供的方案，覆盖面广，功能完善，质量上乘。由此，高效服务在取得客户信任、占据市场份额和实现可持续发展方面对档案社会化服务具有重要意义。

16.2.2 优质的档案服务

优质的档案服务是指为客户提供满足专业需求和用户期许的档案服务，从而取得良好的客户满意度。服务作为一种劳动形式，不同于产品，有量化的质量衡量标准，对服务质量的评估，多以客户为导向，以符合客户期望值的高低作为服务质量评估的标准。

---

① 参见《澳大利亚前 5 大金融机构高度赞扬 Recall 的应用数字化解决方案》，见 http：//www.recall.com/document-storage/case-studies/，2013－04－15。

笔者结合服务管理思想和档案专业特色，将档案社会化服务质量分解为沟通质量、技术质量、感情质量和关系质量。

第一，沟通质量是指服务提供方对客户需求的分析和理解。档案社会化服务机构要通过对客户的观察和调研，明确客户的显性需求，挖掘客户的隐形需求，再根据现有技术水平和实际状况，规范需求，使其科学化。沟通质量是确保服务优质的前提条件，是进行档案服务的先行环节。

第二，技术质量是指档案服务过程和结果的质量。服务不同于产品，具有过程性，并且客户会参与服务过程，因此对技术质量的衡量不仅包括对服务结果的衡量，也包括对服务过程的测评。对服务过程的评价集中在档案服务效率上，即能否迅速对客户需求做出反应，给出解决方案并迅速执行。快捷、有效的服务是档案社会化服务吸引客户、建立客户忠诚的必经之路。技术质量是优质服务的本质要求，是工作流程的核心。

第三，感情质量是指对客户的服务态度以及规范、礼貌的服务行为，这是赢得客户好感的重要因素。为提高感情质量，档案社会化服务机构应更加重视人员培训与建设，建立高素质的人才队伍，同时规范员工的行为举止。

第四，关系质量是指客户对服务机构及人员的信任程度，以及对服务的满意度。关系质量是建立在以上三种质量基础之上的综合质量，是客户判定服务质量的最终结果。只有确保沟通质量、技术质量和感情质量，才能提高关系质量，使客户满意，建立客户忠诚。

以上海中信信息发展股份有限公司为例，作为一家从事以档案信息资源管理为核心的相关电子政务系统产品开发与服务为主的公司，专门推出了自主服务品牌“S1 服务”。该服务管理体系分别从内容和形式两个角度对服务进行描述，强调了服务响应和到场时间，同时重视换位思考，为用户着想，实现了专业化、规范化的服务，有效提高了服务质量各个方面的指标，成为近年来公司规模不断扩展、业务规模不断扩大的重要原因之一。①

16.2.3 高效优质取向的理论支持

高效优质的专业取向不仅得到实际的证明，在理论上也有相应的依据支持，表现如下：

第一，市场竞争的要求。

不管是资本主义市场，还是社会主义市场，都存在商品经济。商品经济中不同利益主体之间争夺有利条件，形成竞争。竞争促使商品市场实现优胜劣汰，在服务业中亦如此。只有注重效率提升的企业才能在竞争中存活，获取有利的市场地位和发展条件。竞争另一方面也能推动社会技术进步，推动企业创新。因此采用技术创新等方式提高效率，成为企业发展的明智选择。

第二，价值增值的要求。

服务作为商品，同样具有价值，除直接满足用户需求的价值外，还具有增值性，这是现代服务业所具有的重要特征。这种增值主要通过降低经营成本、提高经济效益来实现。一方面，档案社会化服务表现为企事业单位档案管理职能的外包，从而实现了档案管理的规模化效应，大大降低了用户的经营成本；另一方面，档案社会化服务利用专业化的优质服务，使客户花费同样成本所产生的经济效益得到更大提高，从而为客户带来价值增值。价值增值是新兴服务业得以持续发展的必要条件，也是客户选择的重

---

① 参见中信信息对 S1 服务的相关介绍，见 http：//www. cesgroup. com. cn/zx/platformData/infoplat/pub/zxxx _ 12/web/s1services. jsp，2013 - 04 - 26。

要考虑因素，因此它必然要求高效优质的专业取向。

16.3 合法合规的档案服务

档案社会化服务不仅要遵从档案领域内的法律法规，同时也要遵从社会化领域内的细化的法律和相关制度规范。具体说来，合法合规的专业取向要求档案社会化服务符合三个层次的法律法规——国际组织法规、国家法律法规以及行业法规，方可实现文件档案的合法管理和利用。合法合规的专业取向一方面能规范档案社会化服务机构自身的工作流程，树立在行业内的权威性；另一方面能帮助客户做到合法合规，优化客户经营管理流程，实现双赢。

第一，国际组织法规。在经济全球化迅速发展的今天，档案社会化服务需拥有全球视野，在服务过程中遵从相关国际组织法规，这既是提高服务水平和档次的客观要求，又是走向国际化、与世界市场融为一体的必经之路。以建筑标准为例，PRISM 就要求会员必须遵从《典型建筑代码与国家防火协会规定》，该标准遵从了“国际建筑官员和代码管理者协会”制定的《国家建筑标准（修订版）》以及国际建筑官员大会和国际南部建筑代码大会制定的标准。

第二，国家法律法规。毋庸置疑，遵从国家法律法规是维护市场秩序、规范经营行为、杜绝恶性竞争的有效途径。档案社会化服务既要遵从国家档案领域内的法律法规，也要遵从针对档案社会化服务的具体规定。相对于国外较完善的法律监管体系而言，我国从法律上对档案社会化服务实践予以规范的进程相对比较缓慢。在全国范围内，至今尚未有完整、健全的法律体系，但地方上相关立法已逐步展开，取得了一定成果，不过内容主要局限在经营范围和接受资质认定以及档案行政机关监督等方面，如《上海市档案条例》、《黑龙江省档案管理条例》等。已有的法规条例中，条款宽泛，内容不详尽，可操作性有所欠缺。因此，目前档案社会化服务在合法取向上不仅要遵守现有的制度规范，同时要通过实践促进相关法律法规建设，为未来完善的法律框架出谋划策。

第三，行业法规。这里的行业法规包括两层含义：一是档案社会化服务行业的行业法规；二是档案社会化服务客户所在的行业法规，档案社会化服务机构在服务过程中要遵从以上两方面的行业法规。

我国档案社会化服务行业的发展还很不完善，尚未建立专门的行业协会，在法规以及行业标准建设方面较滞后。而在国外，档案社会化服务行业以及相关规章制度已有相对健全的发展。例如PRISM就是商业性文件中心行业的非营利协会，尽管它并非标准制定机构，却为会员搜罗了行业领域内相关的法律法规，供会员参考和遵循。具体的法规包括防火与建筑规范、政府特殊档案存储要求、《萨班斯—奥克斯利法案》等。

档案社会化服务的服务对象涉及医疗保健、金融、法律、能源、零售、音像等众多领域，因此在遵从档案领域内相关法律法规外，还要遵从客户所属行业的行业法规，保证其工作的合法、有序。以Iron Mountain为例，作为目前国际领先的商业性文件中心，也是我国档案社会化服务的行业榜样，其在合规性方面，不仅严格遵守相关行业标准，并且根据工作实际建立并完善行业标准，对文件档案管理标准体系的建设工作做出了一定贡献。例如，该公司经审核达到了 2012 年支付卡行业数据安全标准（PCI），加入了 PCI 安全标准委员会，成为合规的一级服务提供商，为成千上万的客户提供信用卡数据保障服务。可见它在提供合规服务方面的表现较优异。

归结而言，合法合规服务的优势在于既可保证服务符合法律、技术规范或其他专业准则，符合社会需要；又可吸引消费者，获得客户认可和信赖。在合法合规的专业取向中，合法是开展一切服务的基础，合规是指导档案服务科学发展的重要理念。

17 档案社会化服务的社会取向

档案社会化服务的社会取向是探讨档案社会化服务的社会化特征，即档案社会化服务与一般档案服务的区别与联系。首先，档案社会化服务是基于社会分工而产生的档案服务，其运作的基点是整个社会；其次，档案社会化服务通过整合优质资源，在面向社会个体及组织提供服务的过程中体现出规模效益；最后，从宏观层面来说，档案社会化服务是维护社会记忆不可缺少的一环。

17.1 基于社会分工的档案服务

所谓社会分工是指超越一个经济单位的社会范围内的生产分工。也就是说，不再是局限于某个企业或行政区域内的分工，而是指全社会范围内的社会分工。基于社会分工而产生的档案社会化服务主要存在以下特点。

第一，服务范围扩大至全社会。

服务范围从本单位扩大至全社会，是档案社会化服务区别于一般档案室、档案馆服务的重要特点之一。传统形式的档案服务主要基于一个单位内部，如单位档案室、企业档案馆等，负责收集、保管机构内部产生的档案，仅面向机构内部进行服务。而档案社会化服务不同于一般的档案服务，它超越了机构内部，面向社会不同行业、不同领域提供服务。服务面的扩大，对档案社会化服务机构和人员提出了更高的要求，他们要具备更全面的专业知识，了解不同行业档案工作特点，有针对性地提供服务。

第二，服务工作效率大幅提高。

档案社会化服务是遵循社会发展、专业分工的原则而产生的，这种分工的有利之处在于集中了优势资源，包括人力资源、物质资源等，极大地缩短了劳动时间，提高了劳动效率。

第三，推动产业结构的演进。

整个社会经济是由不同产业相互作用而推动发展的。社会分工的逐渐细化，推动档案社会化服务等新兴服务业产生，促进产业结构的变化与调整，社会资源得到更加充分的利用。现代服务业的蓬勃发展，促进了产业结构由低级到高级，由失衡到基本合理的演进，推动社会经济更好更快增长。

17.2 体现规模效益的档案服务

档案社会化服务机构拥有优质的人力、物力，相对于单位内部的档案管理机构而言，其生产规模更大，专业化程度更高，因而使档案管理成本降低，产生规模效益。这种规模效益为不同类型的客户带来收益。档案社会化服务是面向社会服务的，社会是由人组成的集合。微观上，个人是组成社会的细胞；宏观上，社会成员通过发展组织关系而形成各种团体，包括企事业单位、政府机构，以及社会团体等组织形式。具体说来，体现规模效益要求档案社会化服务做好个人档案的收集和保管，促进企事业单位文件档案管理质量的提高，精简政府职能，促进政府转型，并在此基础上，推动宏观层面社会记忆的维护与延续。

17.2.1 将个人档案管理纳入社会档案管理体系

社会是人的集合，个人是构成社会的基本元素，但长久以来，由于档案意识薄弱和管理条件局限，个人档案没有纳入社会档案收集和管理的范畴之中。近年来，随着科学发展观的贯彻与落实，以人为本的概念逐渐深入人心。以人为本强调人的主体地位，人既是发展的根本目的，也是发展的根本动力，从而重视人的价值。个人档案是个人生活与工作的原始记录，在体现个人意识、反映个人价值方面具有重要作用，但个人档案并没有成为档案机构收集和保管的必要组成部分，个人档案的价值没有得到足够重视。在这样的背景下，档案社会化服务机构应主动承担起收集和管理个人档案的职责，将个人档案纳入保管范围。

17.2.1.1 保管个人档案，维护个人权益

目前，档案社会化服务机构的客户以企事业单位和政府机关为主，个人尚未成为档案社会化服务的主流客户。现实生活中，个人档案意识增强，个人对档案保管的需求也日益增强，但个人在档案收集、整理、归档方面存在较多困难，也不够专业，容易产生档案收集不完整、分类不规范、保管条件欠缺等问题。由档案社会化服务机构提供个人档案的专业服务，不仅可满足个人档案保管的现实需求，还能保障和维护其个人权益。

针对个人物品的保管，其他行业也有所涉及。例如银行推出的保险箱服务，允许客户将个人贵重物品，如金银、字画、古董或珍贵资料、文件等物品存入银行提供的保险箱，确保物品的安

全。档案社会化服务也应吸收其有益经验，维护客户个人档案的安全，同时要结合档案专业特色，提供个人档案的利用服务。

17.2.1.2 增强全民档案保管意识，为社会记忆观的形成奠定基础

虽然个人档案服务目前尚未成为档案社会化服务市场的主流需求，但随着人民群众科学文化水平的提高和可支配收入的增加，笔者相信个人档案的管理会成为档案社会化服务的一个重要分支。通过对个人档案的保管和服务，促进全民增强档案保管意识，进一步重视个人档案的价值，为社会记忆观的形成奠定基础。

17.2.2 降低企事业单位管理成本，保障文件档案管理质量

档案社会化服务是基于社会分工理论产生的，亚当·斯密在其代表作《国民财富的性质和原因的研究》中，最早提出劳动生产率是增加国民财富的重要条件之一，而分工能大大提高劳动生产率。为了追求劳动生产率的提高，专业分工日益细化，产生了各种新兴产业，档案社会化服务产业也在这种背景下兴起。各种企事业单位逐渐将部分非核心业务外包，例如将文件档案管理业务交由档案社会化服务机构承担，从而达到降低成本、提高质量、增强核心竞争力的目的。

17.2.2.1 降低企事业单位交易成本

企事业单位为维持日常运营，必须投入一定成本，而档案社会化服务存在的价值就是帮助企事业单位降低成本。具体说来，一方面，企事业单位选择档案社会化服务，可精简组织内部的文

件档案管理部门，节约人力成本、管理成本，降低内部交易费用；另一方面，与企事业单位自身采购档案管理设备、材料的方式相比，通过档案社会化服务获取产品及服务的费用更加低廉，从而降低了企业的外部交易成本。

笔者以一个国外典型案例来说明档案社会化服务对降低企业管理成本的成效。①

Noridian 管理服务公司是美国 Noridian 互助保险公司的子公司，在医疗保健行业有 60 多年的管理经验，为政府机构提供医疗保险和医疗补助索赔。作为一个政府合作商，其成功在于严格遵守美国国家档案与文件局的规定。2009 年，国家档案与文件局发布联邦法则第 36 号文件第 1234 部分，对联邦文件保管设施提出新的安全和防火要求。Noridian 管理服务公司此时发现需要 30 万立方英尺的空间来保管分散在 14 个州的文件。

面对这一难题，Noridian 管理服务公司有三个解决方案：增加库房设施、选择与当地的保管公司合作或是选择一个值得信赖的文件信息服务公司实现文件合规保管。在衡量前两种方式的成本后，Noridian 管理服务公司选择了第三条道路——寻找一个在全国都有运营点并能支持本公司业务的文件信息服务公司。最终它选择了 Iron Mountain。

Iron Mountain 设计的解决方案帮助 Noridian 管理服务公司达到了国家档案与文件局的要求，并省下了 120 万美元库房修建费、20 万美元运输费和每年 1.4 万美元的数据库维护费，总计节省达 143 万美元。

---

① See "Iron Mountain Opens Special Storage Facilities to Help Federal Records Keepers," http://www.ironmountain.com/news/2009/impr 09222009.asp，2013-05-08.

17.2.2.2 获取优势资源，提高文件档案管理质量

资源是企业竞争中不可或缺的重要因素，而对于处在激烈市场竞争中的企业来说，用来获取优势资源的资金和能力是有限的。因此，企业应将主要精力放在争夺有利于巩固其市场地位的核心资源上。档案社会化服务机构集中了档案管理领域内的各种优势资源——现代化的标准档案库房、先进档案管理设备、管理系统、软件以及高素质的档案管理专业人才等，并且致力于提供文件档案专业化服务，理应达到最佳规模，产生良好的规模效应。因此，在企业不想将更多投资用于获取非核心业务资源时，选择档案社会化服务，就可一定程度上弥补自身在档案管理领域内资源和能力上的欠缺。此外，档案社会化服务机构在专业上的高效、优质、安全、合规服务也能保证文件档案管理的质量，帮助企业提高档案管理水平。

以量子伟业为例，其为东方航空公司成功打造了符合公司需求的档案信息化管理平台。东方航空公司成立至今，档案数量大、种类多，传统的管理模式已无法适应信息的爆炸式增长，各类档案无法及时、规范收集、管理和利用，工作效率低下。鉴于此，该公司选择与量子伟业进行合作，量子伟业利用其专业技术上的优势，完成了东航电子档案管理系统项目，实现了利用信息化平台对档案进行规范收集、高效管理。该案例的成功，帮助东航公司利用档案社会化服务弥补其在档案管理领域上的不足，提高了管理水平和质量。①

此外，对于事业单位而言，其虽然不以盈利为目的，不存在市场竞争，但也将主要力量放在履行管理和服务职能上，与档案

---

① 参见《东方航空建设档案信息化新航道》，见 http://www.pde.cn/inside_article.php?ctid=19&id=899，2013-04-26。

社会化服务机构合作，可收到较好的文件档案管理效益，同时也可节省国家财政投入。

17.2.2.3 增强企业核心竞争力，提高企业绩效

所谓企业核心竞争力是指企业开发独特产品、发展独特技术和发展独特营销手段的能力，是能使企业保持持续竞争优势的能力。① 企业在核心竞争力上的投资能产生较大的拉动和放大作用，远远超过在非核心竞争力上的投资收益。正因如此，企业会将有限的资源投入到具有核心竞争力的业务上，而将非核心的支持辅助性业务外包给服务机构来完成。档案社会化服务就担负了减轻企业负担、解决企业后顾之忧的使命，以此来提高企业核心竞争力，实现企业绩效的最大化。

17.2.3 精简政府职能，提高政府工作效率

档案社会化服务机构提供的服务业务内容广泛，涵盖了文件管理、数字归档、在线备份、安全销毁、文档管理咨询等，并且服务专业性强，服务质量可靠。政府将文件、档案管理职能以业务流程外包（BPO）的方式交付给档案社会化服务机构，一方面符合当前精简政府职能的时代需求，另一方面也能促进政府转型，提高政府工作效率和工作有效性。

17.2.3.1 推动政府职能专业化、集中化，提升政府行为有效性

根据《政治学辞典》的解释，政府职能是指政府的职责和功

① 参见邵金菊、姜丽花、刘东林：《服务外包：经济效应和影响因素研究》，11页，杭州，浙江大学出版社，2011。

能。基本职能有两种：阶级统治职能和社会管理职能。具体体现为：指导职能、服务职能、协调职能、监督职能、控制职能、保卫职能。政府职能的具体内容随着社会的发展而变化。① 在实际工作中，政府职能是有限的，全能政府是不存在的，政府管得过多、过宽，在一定程度上只会增加行政成本，降低工作质量和效率，不利于其核心职能的发挥。通过服务外包的方式，政府将非核心、非专业的文件档案管理业务外包出去，专注于核心职能，有助于推动政府职能专业化、集中化，保证政府集中资金和精力做好本职工作。

政府的行政能力和有效性都通过政府行为来体现，具体说来，要看政府能否高效实现政府目标，制定行之有效的政策措施。而促使政府职能专业化、集中化的各项措施，其中就包括采纳外包服务。它能有效促进政府集中优势力量解决核心问题，提升政府行为的有效性。档案社会化服务机构在面向政府提供服务时，要立足专业优势，提供完善的服务产品，推动政府工作效率的提升。

紫光慧图针对政府机关提出了具有针对性的解决方案，其典型政府客户包括国家财政部、国家发改委、国务院国资委以及中共中央直属机关事务管理局。其为政府客户提供的服务包括电子文件实时归档、基于电子文件保管期限表的自动鉴定、电子文件定期转录、实时迁移以及信息安全保障等。通过这一系列服务的提供，简化政府电子文件管理流程，保证政府机关将更多精力投入核心业务。②

17.2.3.2 推动政府转型，建设服务型政府

随着经济制度改革的不断深化，市场在资源配置中的作用逐

① 参见王帮佐等：《政治学辞典》，1页，上海，上海辞书出版社，2009。

② 参见紫光慧图对解决方案的介绍，见 http：//www.thams.com.cn/solutions_gov.php，2013-02-20。

渐加强，而政府在经济运行中的指导和引领作用逐渐弱化，实现政府转型成为当前一项重要命题。市场化改革要求政府由经济建设型向公共服务型转变。档案社会化服务作为新兴服务业，在拓展市场、提供专业服务的过程中，应释放国内需求市场的潜力，特别是来自政府的需求。因为政府行为具有较强的市场引导作用，这样一来，便可成功打开市场、拓展业务。这种政府采购服务的行为，能强有力地促进第三产业发展，推动产业结构的调整和经济转型，有助于实现政府转型，建设服务型政府。

当前，国内档案社会化服务发展较快的企业都将政府作为重要客户。如量子伟业的政府机关客户包括广州市委办公厅、苏州市地方税务局以及各地市档案局等。它正是借助政府拓宽市场，增强企业竞争力，同时也推动当地政府职能的转变。政府通过服务产品采购，培育第三产业发展潜力，为经济建设服务。

17.3 维护社会记忆的档案服务

从档案的发展史来看，档案始终作为一种社会记忆工具与人类文明进程紧密相连，使人类具备历史积累和传递的能力，才有了传统的延续、文化的传承和社会的进步。可以说，没有档案，历史将成为一种空白，民族的记忆就会中断，也就没有完整的社会活动。离开社会记忆，人类将无法把握社会自我发展、自我完善的内在机制，无法真正理解历史必然性和规律性。档案社会化服务不仅在维护个体档案完整与安全方面体现了其规模效益，也在宏观层面上对社会证据的保管、人类记忆的维护起到了积极效果。因为档案是社会记忆的重要载体，是构建社会记忆的重要资源。

17.3.1 以证据为基点的档案管理

档案是社会历史的真凭实据，是人类活动的真实记录，具有重要的凭证价值。档案的形成过程和内容都决定了档案记录的是客观的历史情况，是令人信服的社会证据。因此，档案社会化服务在面向社会各界提供文件档案管理服务的同时，也要为各个领域内的生产、生活留下活动证据，提供以证据为基点的档案管理服务。从当前档案社会化服务开展的实践来看，其客户涉及经济、政治、医疗、金融、法律、能源等众多行业，借助现代化的服务手段，安全保管各类生产、经营的证据，以便有需要时查考，起到佐证作用。在服务过程中，档案社会化服务机构要特别注重以保管证据为基点，提供安全可靠的服务产品。

17.3.2 鉴定和选择社会记忆

社会记忆是一个哲学概念，它是人们将在生产实践和社会活动中所创造的一切物质财富和精神成果以信息的方式加以编码、储存和重新提取的过程的总称。[①] 换言之，它是以人为实践主体，对历史的形成和发展进行保存、占有和延续的机制。档案作为实践活动的真实记录，是储存社会记忆最直接的载体，具有重要的维持和延续社会记忆的功能。而以档案为工作对象的档案社会化服务机构必然承担着鉴定和选择社会记忆的责任。面对现代社会大量庞杂的各类信息，提取最重要、最核心的记忆加以保存，成为档案社会化服务机构的重要职责，体现在具体工作中，就是对档案的价值鉴定和保存。例如近年来，各种社交媒体逐渐兴起，

---

① 参见孙德忠：《社会记忆论》，24页，武汉，湖北长江出版集团，2006。

如 Twitter、Facebook、微博等，人们利用这些平台撰写、分享、评价、互动并相互沟通。随着使用群体的扩大，产生了各种类型的信息，面对这些看似无序的信息，如何加以组织和提取具有重要价值的信息内容，并以档案形式保存下来，成为当前讨论的热点和难点。档案社会化服务机构应在各类信息的鉴定与选择过程中，发挥专业特长，综合考量影响档案价值的各方面因素，为人类记忆的维护发挥其应有的价值。

17.3.3 维护和延续社会记忆，为人类认识社会提供依据

社会记忆对于人类认识的形成和积累、人类文化的传承与发展都具有不可替代的重要作用。人类生活的方方面面，如政治、经济、文化领域等都存在着社会记忆，社会记忆塑造并影响着人类对客观世界的认识。档案是在长期的社会政治、军事、经济、科学、文化、技术等活动中形成的历史记录，是一个国家和民族独有的文化财富，是社会记忆的汇集。档案社会化服务通过对文件、档案及其他形式信息的管理和保存，对社会记忆的维护和延续起到了重要作用，在此基础上为人类认识世界、改造世界提供了历史依据，这是档案社会化服务在社会层面上的最高价值取向。

18 档案社会化服务的科学取向

档案社会化服务在社会分工和经济发展的基础上，随着社会需求的不断扩大逐步发展起来。作为现代服务业的组成部分，档案社会化服务也会符合一般服务业发展的科学规律。科学取向致力于探讨档案社会化服务与其他服务的共性。档案社会化服务在符合现代服务业发展一般规律的同时，也存在着与其自身特色相一致的表现形式。从不同时期档案社会化服务的纵向发展来看，其依赖的生产要素符合服务业发展从劳动、资本逐渐向技术、知识演进的规律；从同一时期档案社会化服务发展业务的横向比较上看，存在着多元化和专业化并重的取向。

18.1 技术、知识要素主导的档案服务

在现代服务业中，存在着要素依赖的演进规律，指的是服务业在发展过程中逐步深化，所依赖的要素逐渐演变与升级，这是现代服务业所具有的一般性规律。在档案社会化服务行业中，也存在这一规律，其发展所依赖的要素同样存在逐步升级的现象。具体从纵向维度来看，不同时期档案社会化服务发展所依赖的生产要素，存在着从劳动、资本依赖向技术、知识要素依赖逐渐转

变的现象，这是档案社会化服务在时间轴上遵循的重要科学规律。

18.1.1 起步阶段依赖劳动和资本的投入

纵观国内外档案社会化服务的发展，其起步阶段，在产业发展上都较多依赖劳动和资本的投入，以获得产出和收益。早期的档案社会化服务，服务项目相对较少，服务内容较简单，以文件档案的运输、寄存代管为主。

在美国，政府文件中心起源于1941年海军部设立的文件中心，最初只是为解决文件激增问题而设立的临时库房，主要功能在于集中保存半现行文件。20世纪50—60年代，美国商业性文件中心开始起步，中心多从搬家和仓储公司发展而来，提供文件保存、管理以及运输服务。当今文件档案商业化服务巨头Iron Mountain也在这一时期开始起步，它于1951年正式建立文件管理公司，为首位客户东河储蓄银行提供文件档案保管服务、文件运输服务。此后，越来越多的公司意识到文件保管的需求，纷纷效仿。① 可以看出，起步阶段，国外文件档案管理的需求并不明确，一般只是为了解决文件存放空间紧张的问题而求助于文件中心。文件中心发展初期提供的服务也较简单，所投入的主要是资金和劳动力。

在我国，档案社会化服务起步较晚。20世纪90年代初，浙江建德、湖州市分别成立了档案事务所，为本地机关、企事业单位代办档案事务，揭开了我国档案社会化服务发展的序幕。我国档案中介机构成立之初承接的服务项目包括编目、立卷、档案评估等基础工作，适用于当地一些规模小、人手不足，缺乏档案管理人员的企业。这一阶段档案中介机构针对不具备存放条件的单位，

---

① See “About Us,” http：//www.ironmountain.com/Company/About-Us/History.aspx，2013-02-04.

提供以档案馆为标准的寄存库房，为其代管档案。[1]

综上所述，这一时期档案社会化服务在产业发展上呈现出的主要特点在于：第一，服务项目较简单，规模化程度低，专业、技术含量低。起步阶段，档案社会化服务机构提供的服务多为文件整理、搬运以及立卷、归档等工作，专业含量较低，对服务人员的知识储备要求不高，只要具备简单劳动能力的人便可胜任。马克思曾经指出，生产方式的变革在工厂手工业中以劳动力为起点。[2] 在现代服务业的发展历程中，劳动力依然是生产发展初期所依赖的重要生产要素。劳动力的投入，促进了协作，提高了工作效率。第二，档案社会化服务机构规模较小，用户数量少，资金较欠缺。在起步阶段，档案社会化服务机构的服务区域多限于本地区，客户数量较少，没有出现跨地区、跨国家经营的现象。拥有资本，就能获取土地、劳动力等生产要素，即可扩大档案库房，雇用员工，购买保管设备等。资本在档案社会化服务规模扩大路径上的重要性逐渐凸显，成为占主导地位的生产要素。因此可见，档案社会化服务产业起步阶段，机构的发展主要依靠劳动力以及资本的投入，对其他要素的依赖程度较低。

18.1.2 从劳动、资本转向对技术、知识要素的依赖

20 世纪 70 年代，国外商业性文件中心开始发展，经历组建联盟、爆炸式增长后，进入了 21 世纪以来的优化整合阶段，数十年的积累使得档案社会化服务发展的规模不断扩大，机构数量不断增多，提供的业务种类日渐丰富，服务更加成熟。国内 20 世纪 90

---

① 参见梅松枝、刘洋、孟汉松：《档案中介机构及其业务运作》，载《黑龙江档案》，2002 (4)。

② 参见马克思、恩格斯：《马克思恩格斯全集》，1 版，23 卷，北京，人民出版社，1972。

年代后，档案社会化服务机构的数量也迅速增长，类型日趋多样，性质不一。尽管总体上来说发展时间较短，规范化程度较低，但也逐步形成了各具特色的服务项目和发展路径。表 18—1 列举了国内外典型档案社会化服务机构提供的服务项目。

表 18—1　　国内外典型档案社会化服务机构服务项目统计

国外典型		国内典型	
美国政府文件中心	运送接收文件、文件保管、处置、电子文件管理、24 小时查询、培训等	溍尔森	档案文件保管、检索、递送，电子文件异地备份、介质迁移，档案文件销毁，文件归档整理、建立索引，文档扫描，档案管理咨询，档案用品销售等
Iron Mountain	文件扫描与管理、数字文件管理、医疗信息管理、档案管理与存储、技术托管、联邦文件存储、数据中心、咨询、域名管理、娱乐服务、产品营销等	量子伟业	档案管理系统研发、档案数字化加工、档案信息化方案咨询服务等
Recall	存储、数字解决方案、数据保护、安全销毁等	紫光慧图	免费保修服务、软件产品升级、二次开发、热线技术、快速响应技术咨询、远程在线诊断和故障排除、用户现场服务、系统技术咨询服务、应用软件后续开发咨询服务等
GRM	电子文档管理、文件管理、文档销毁、数据保护、灾难恢复、音频视频归档、远程数据存储、电子发现、文件合规、艺术存储、库存管理等	信安达（中国）	纸质文件管理、电子文档管理、咨询、运输、培训与支持、在线服务、材料供应等

从表18—1可看出，国内外档案社会化服务机构都在原有传统文件档案管理服务的基础上新增了电子文件管理、数据销毁与恢复、培训、档案管理系统研发、软件升级等服务项目。这些新增服务项目都是顺应信息时代潮流，应对档案管理新需求而产生的，反映了市场对于档案社会化服务提出的新要求。据此，笔者推断档案社会化服务机构为适应市场需求而采取的业务发展策略存在两点趋向：第一，增加电子文件管理、系统开发等服务，重视与技术发展同步，加快档案信息化发展进程。以GRM为例，其提供的数据保护、音频视频归档、远程数据存储等服务项目都需要多媒体存储技术、信息安全技术等现代化技术手段的支持。这一时期，技术作为生产要素的重要性逐渐被认识。第二，档案培训、咨询以及信息化服务项目等对专业知识要求越来越高，需要具有更高素质的专业人才。知识的运用是技术进步和经济发展的重要前提，档案社会化服务要顺应科技发展潮流，适应市场需求，就必须扩大知识型劳动者在员工结构中所占的比例。知识作为主导档案社会化服务发展的主要依赖要素主要是基于客户需求的变化，从传统的文件搬运、整理、保管向更高要求的数字化建设、知识管理转移。

通过以上对于档案社会化服务起步和发展阶段依赖要素的研究和分析，可以看出主导生产要素存在着劳动、资本向技术、知识演化的规律，技术和知识逐渐成为促进其产业发展的重要因素。从最初的依赖劳动力和产品设备等的投入，到现在依赖技术支持和知识的进步，显示了档案社会化服务正在逐渐走向科学发展的轨道。要素依赖的演进规律说明，现阶段知识是保证档案社会化服务科学发展的核心要素，这是由现代服务业发展的客观规律所决定的，因此要在管理机制上重视对专业人才的培养以及人才的合理利用，制定具有前瞻性的人才培养方案和管理制度，发挥知识要素在促进档案社会化服务发展过程中的重要作用。

18.2 多元化、专业化并重的档案服务

从横向发展来看，同一时期，档案社会化服务机构在业务发展上存在着两种倾向，一种是提供多元化服务，另一种则是提供专业化服务。所谓多元化服务，指的是不局限于提供一种产品或服务，而是尽量丰富服务种类，扩大经营范围和市场范围。针对档案社会化服务而言，指的就是提供涵盖整个文件生命周期全过程的服务，服务种类多样，服务范围广泛，以期扩大客户群体。所谓专业化服务，指的是在某一细分领域内提供远高于行业平均水平的产品或服务。具体到档案社会化服务而言，就是指专注于文件生命周期中某一个或某几个环节，专门提供针对这一（些）环节的优质服务，以强化自身在这一细分领域内的竞争优势地位。这两种倾向目前处于并重发展的状态，并且都占据一定的市场份额。

多元化的档案社会化服务主要存在三点优势：第一，服务内容广泛，满足客户多样化选择需求。客户可选择机构提供的某一项服务或某几项服务的产品组合，或全套服务，可选择的余地较大，可满足不同类型客户的需求。第二，提供一站式服务，节省客户时间。提供综合性服务的档案社会化服务机构，能基于整个文件生命周期提供全面性、全阶段的服务。用户选择一家机构，即可购买整套服务，免去选择多家机构的麻烦，更加节省时间成本。第三，服务对象多样，包括不同性质的客户单位。档案社会

化服务的对象应是多样的，不仅包括政府、企事业单位，而且包括个人的专门服务，面向的是全社会需要档案服务的群体。

多元化经营或服务在其他领域中已得到较好的利用，例如在图书馆服务领域，多元化发展已成为一种趋势。城市图书馆在做好文献信息服务工作的同时，也开展了学术报告、学术沙龙、文化论坛、科技市场等其他公益性或经营性服务。开展多元化服务的意义在于：既能进一步满足社会多样性需求，争取潜在客户；也有利于增加经济收入，促进自身发展。在档案领域，也应借鉴多元化服务的成功范例，规划自身的多元化发展战略。目前提供多元化服务的公司包括 Iron Mountain、Recall 以及 GRM 等国外商业性文件中心。这类公司起步较早，经历了时间的积累，已成长为跨国经营的国际化公司，资金较雄厚，技术较成熟，提供的服务门类丰富，能为用户提供一站式服务。例如，多元化服务机构 Iron Mountain 业务共分为 11 大类，下设的子服务项目达到 90 余项，涵盖了从文件产生到永久保存或销毁的整个生命周期，可谓全面、丰富。Iron Mountain 的多元化经营战略也为其赢得了庞大的客户群，机构发展规模不断扩大，目前已发展成为世界领先的信息管理服务提供商，在五大洲 35 个国家建立了超过156 000个分支机构。

专业化的档案社会化服务，其优势主要在于：第一，专注程度高，服务专业性更强、质量高。专业化的档案社会化服务机构提供的服务项目种类少，多集中在某一两个方面，因此提供的服务内容更深入细致，在该领域内具备丰富的管理经验和一流的业务能力，工作效率远远高于行业平均水平，服务质量更优。第二，在同行业竞争中，保持自己的特有优势。专业化服务的档案社会化服务机构提供有差别性的服务，并在这一领域实力突出，有利于机构构建核心竞争力，保持自身在市场竞争中的独特优势，在同行业中保持领先地位。

我国的紫光慧图、老顾头档案设备公司等这类企业都属于专业化的档案社会化服务机构。前者专注于档案管理软件开发，后者专注于档案设备及用品销售服务，分别都是所在领域内的佼佼者。紫光慧图目前在我国已拥有万余家高端客户，在亚太地区也成功占领了一定的市场份额。老顾头档案设备公司是目前国内同行业中最大的生产企业之一，公司发挥高科技人员密集、技术设备先进的优势，采用航空工业工艺技术，生产规模越来越大，其生产和销售的档案设备涵盖了温湿度记录仪、底图柜、密集架、防磁柜、办公柜等多个系列。

综上所述，可看出在档案社会化服务领域，存在着多元化服务和专业化服务并重发展的局面。无论是多元化还是专业化，都能通过合理的战略制定、市场定位获得自身的发展。多元化与专业化的档案社会化服务机构并存，和谐发展，才能满足市场不同需求，推动档案社会化服务的科学发展。

19 档案社会化服务的发展取向

研究档案社会化服务的发展取向应着力于探讨档案社会化服务的发展战略、最终要实现的发展结果及其长期影响力。具体说来，就是要采取可持续发展战略、协同发展战略，达到建立可信档案社会化服务的结果，并实现获得社会认同的长期影响力。其中可持续发展是维护档案社会化服务资源合理利用、自身良性发展的重要战略，是发展的基础；协同发展是促进档案社会化服务事业与国民经济发展协调一致、共同发展的必要战略，是发展的深化；可信的档案社会化服务的建成，是发展的结果；实现社会对档案社会化服务的认同，是发展的影响。

19.1 可持续发展的档案服务

正处在起步阶段的档案社会化服务产业，面临着市场中的种种挑战，如何不断发展和壮大自身，获得市场份额，实现可持续发展，成为行业关注的焦点。所谓可持续发展，是指一种注重长远发展的经济增长模式，既满足当代人需求，又不损害后代人满足其需求的能力，是科学发展观的基本要求之一。[①] 针对档案社会

---

① 参见百度百科："可持续发展"，见 http://baike.baidu.com/view/18480.htm，2012-12-20。

化服务行业来说，可持续发展是强调档案社会化服务要与经济、社会需求相互协调、同步发展，而非盲目追求机构数量的增多和规模的扩大。坚持走可持续发展战略，实现资源优化配置和利用，是保障档案社会化服务健康发展的基础。具体说来，符合可持续发展要求的档案社会化服务应具有以下取向。

第一，资源分配与使用的适度取向。

一定时期内，行业发展所需要的物力、财力、人力等资源都是有限的，盲目追求档案社会化服务机构规模的扩大化，只会造成资源消耗的增加，市场供过于求。为保证档案社会化服务行业的可持续发展，在资源分配和使用上要讲究适度原则，不能为了追求规模效应，造成资源浪费。行业内机构数量与规模大小应与市场需求持平，保证科学的增速和增幅，在市场可提供的条件内确定档案社会化服务产业的规模。

第二，与经济、社会发展的协调取向。

档案社会化服务作为新兴的现代服务业，与服务对象乃至整个社会都存在着相互依存、相互促进、共同发展的关系。要把市场看作一个整体，档案社会化服务作为市场的重要组成部分，在发展过程中逐步融入社会结构，与其他产业共同进步，并影响整个社会经济发展进程。实现档案社会化服务的持续发展，要从两个方面保证其与经济、社会发展的协调：一是档案社会化服务发展的方向要与整个社会发展的方向一致；二是档案社会化服务要与现阶段经济发展状况相协调。

第三，满足不同时期、不同客户需求的公平取向。

对档案社会化服务而言，可持续发展要求其在两个方面保证服务的公平性。一是对待不同客户的公平性。档案社会化服务的服务对象包括个人、企事业单位和政府机构，对待不同客户应保证同等的服务质量，确保不同类型的客户得到公平对待，促进整个社会层面档案管理水平的提高。二是对待不同时代客户的公平性。档案社会化服务要实现可持续发展，必须注重长远发展，既要满足当代人的档案服务需求，又要重视后代人的档案管理需求。因此档案社会化服务的建设不能仅驻足眼前，要高瞻远瞩，制定长期规划，满足后人需求。

第四，经济效益与文化效益并重的人文取向。

档案社会化服务行业不同于其他行业的重要特征，在于它产生的根源并不仅仅是追求经济利益的最大化，同时也追求人类文化的发扬与延续。档案是人类文化的重要载体之一，档案管理活动承载了保护人类文化的重要使命。档案社会化服务作为一种先进的、市场化的档案管理方式，为人类文化的发扬提供了更专业化的平台，更有利于提高人文意识，呼吁社会重视人的文化。档案社会化服务机构是组成社会的一部分，是社会的器官，其在追求经济效益的同时，也要履行社会责任，维护档案的文化属性，发挥其应有价值。履行社会责任有益于企业树立良好的形象，增强内聚力，同时与企业绩效呈现正相关的联系。以互联网产业为例，腾讯公司在网络文化产业中凭借技术和创新，走在行业的前列，为维护整个网络文化产业和谐、持续发展，不断改进网络技术和模式，加以应用和推广，促进文化产业的数字化、网络化进程，兼顾了企业经济效益的提高和社会责任的履行。档案社会化服务机构也应妥善平衡经济效应与文化效应的追求，促进企业自身的可持续发展，并以此支撑行业的可持续发展。

19.2 协同发展的档案服务

协同发展战略指的是促进档案社会化服务事业与国民经济协

调一致、共同发展，这是致力于实现社会认同所采取的必要战略，是发展的深化。档案社会化服务自身的可持续发展是实现协同发展的强有力的基础和支撑。所谓协同，指的是协调两个或两个以上的不同资源或者个体一致地完成某一目标的过程或能力。1971年，德国科学家哈肯提出了统一的协同学思想，认为自然界和人类社会的各种事物普遍存在有序、无序的现象，一定条件下，有序和无序会相互转化，无序就是混沌，有序就是协同，这是一个普遍规律。将市场看作一个系统，各个产业成为组成市场的子系统，档案社会化服务产业在与其他产业建立联系的过程中，促进了各子系统之间的合作、协调和同步。

第一，强调整体功能的实现。

协同效应是指子系统之间相互作用而产生的整体效应或集体效应。协同理论强调分工和协作，以汇聚子系统的分散力量，整合为一个整体，最终在整体上实现“2＋2＞4”的效果。档案社会化服务是基于社会分工而产生的，分工是构成协作的基础。正是因为有不同的劳动分工，协同的重要性才逐渐得到重视，协同发展的目的在于将相互分离而独立的劳动连接起来，发挥其整体作用。

档案社会化服务是面向社会的服务，服务对象涵盖了社会的每一个细胞，在这些分散的社会个体之间建立了联系。因此，在大力发展档案社会化服务产业的同时，不能将眼光仅仅局限在这一专业分工领域之中，应注重不同产业间的联系，将这种相互关系看作一个协作的系统，发挥整体效应。这种整体效应的实现基于两个方面。一是档案社会化服务产业与其他产业的协作意愿。为推动资源的合理配置，通过协作发展的模式，其他行业可利用档案社会化服务机构提供的优质文档服务，档案社会化服务机构在服务过程之中也能推动自身的前进与壮大，因此它们之间存在较强的协作意愿。二是共同的目标，从服务需求方来说，其所要达到的目标是实现高效优质的档案管理，而档案社会化服务产业的目标则是为社会提供完善的档案管理服务。正是基于以上两点，档案社会化服务产业与其他产业之间形成了协同发展，共同发挥整体效应。

第二，注重不同产业之间的相互配合。

资源的有限性和配置不均衡，是各产业之间协同发展的重要原因。协同的具体实施就是要保证系统中各子系统间在操作、运行过程中的合作、协调和同步。具体说来，档案社会化服务产业拥有先进的档案管理理念和方法、档案管理设施设备以及优秀的专业人才，在档案管理领域占据资源优势，其他产业在这一领域的资源相对匮乏。通过产业间的相互配合，资源在不同产业中流动，得到高效率的运用，有利于整个市场的稳定和发展。以长三角地区的经济发展状况为例，这一地区聚集了大量制造业企业，近年来，逐渐呈现出制造业与生产性服务业的协同发展趋向。一方面，制造业的发展，促进了服务业的成长与专业化；另一方面，服务业与制造业紧密联系，也加快了自身专业化分工的深化与繁华，竞争优势逐渐凸显。由此可见，产业间的协同，方便了知识和技术的流动与传播，有利于产业升级。①

第三，促使市场向有序化转变。

对于一个系统而言，总是从一种有序状态向另一种有序状态转变。档案社会化服务产业在与其他产业共同发展的过程中，促进了产业内外资源的有序协同，一定程度上推动了市场向有序化

① 参见高峰、刘志彪：《产业协同集聚：长三角经验及对京津唐产业发展战略的启示》，载《河北学刊》，2008（1）。

转变。档案社会化服务发展初期，市场发育不完全，内部需求没有被完全发掘出来，市场准入与监管制度也没有建立起来，这些都是制约档案社会化服务产业发展壮大的瓶颈。而随着资源的有效调控，不同产业间的相互配合，系统内部以自组织的发展方式，逐渐完善起来，市场逐渐从无序向有序状态转变。

19.3 可信的档案服务

可信的档案社会化服务是档案人孜孜以求的建设目标。所谓可信，是指可相信或可信赖。之所以要建立可信的档案社会化服务行业，是由于档案涉及个人或群体活动的真实记录，具有重要的凭证价值和参考价值，只有建立可信的服务，才能稳定客户来源，保障市场需求，促进档案社会化服务的全面发展。

目前，我国在档案社会化服务领域内对可信服务的鉴定，尚无确切的标准；但在其他领域，如互联网领域，已出现对可信服务建立的探讨，值得学习和借鉴。2011 年我国首个《第三方网站可信服务行业规范（征求意见稿）》公布，该文明确了第三方网站可信服务的申请主体、实施主体、服务内容和实施原则，以应对当前互联网发展中出现的网络欺诈和网络诚信缺失的严重问题。这对于可信档案社会化服务的建立，起到了重要的启示作用。

可信服务体系的建立，需要从三个方面进行努力。

第一，实施主体的自我约束。

可信服务的实施主体是档案社会化服务机构本身，其自我约束是建立可信服务的主要推动力。档案社会化服务机构应建立可信服务观念，并实行自我管理和监督，这是保障行业可信发展的第一步，也是最关键的一步。档案社会化服务的承担主体要准确把握市场形势，了解客户对于可信服务的需求，审时度势，不断调整自我约束的内容和原则，以适应不断变化的外部条件。无论是行业还是法律上的监管，都存在一定程度的滞后性，而机构的自我约束成为实时性最强的监督机制，可及时发现问题，并予以纠正，保障客户的信息安全利益。自我约束的实施主要依靠档案可信服务管理制度的建立、企业内部监管部门的设立以及监管措施的运用。建设可信的档案社会化服务机构，主体自身要从两点着手：一是培养可信的档案社会化服务人员。机构自身要加强对员工的培训，包括档案专业知识、服务技能、服务态度等多方面的培养。二是维护可信的档案社会化服务工作流程。建立标准化工作流程及相应的制度管理，确保用户获得可信赖的档案服务。

第二，建立可信服务原则。

建立可信服务原则应依靠档案社会化服务机构及其客户在公平、公正、公开的环境下进行。原则要具有针对性、可行性，满足当前档案社会化可信服务的基本要求。具体说来，可信服务原则的内容应以多重防护、保护用户隐私和商业机密以及应急处理机制为重点，在其基础上细化和拓展。多重防护强调档案社会化服务机构要提供严密、完善的可信赖服务体系，多角度、多方法、多途径保护用户档案实体与内容安全；保护用户隐私和商业机密是可信服务原则的重点，强调服务机构要对涉及用户隐私和商业机密的重要档案施行重点监管，严防信息泄露；应急处理机制则要求服务机构要事先建立完善的应急处理方案，设立应急工作组，一旦用户档案信息遭受损害，要能立即阻止损害行为，并做好善后处理。

第三，逐步增强行业监管。

我国档案社会化服务领域尚未出现行业协会，法律上的监管也极为欠缺。加强行业监管，加速行业协会的诞生成为当前建立可信服务的重要条件。行业协会建立后承担的主要职责将包括建立行业准入机制、可信服务认证、服务质量监督等。保护用户信息，谨防信息泄露是建立可信档案社会化服务的关键。行业协会日后应将推行可信服务作为工作重点，对符合可信认证标准的机构颁发相应的认证资格证书，并实行动态监管，定期检查其服务质量，对不符合标准的机构要适时撤销相应认证。以 PRISM 协会为例，它为会员提供了隐私保护认证服务，目标在于保证会员遵守行业标准，确保客户信息的私密性，防止未经授权的信息访问和使用给客户带来的可能损害。要获得 PRISM 协会的隐私保护认证，商业性文件中心必须符合五项标准，包括：设立隐私保护负责人；通过物理和技术的保障措施，实施管理，保护客户信息的保密性、完整性和可用性；依据法律规定，将未经授权的信息使用情况告知客户，保障客户的知情权；确保分包商、代理商受合约约束，保护客户信息；保护客户信息，避免未经授权的信息访问。除此之外，会员还要遵守隐私保护的法律法规及其他标准。

19.4 社会认同的档案服务

推动社会对档案行业的认同，是档案社会化服务在发展层面上的最终目标，也是档案社会服务发展的最高价值取向，是通过科学发展对社会各界产生的长期影响。档案社会化服务通过可持续发展战略、协同发展战略的推行，建立可信的档案社会化服务，最终对社会各界产生深远的影响力，推动社会对档案事业的认同。

所谓“认同”，最早由奥地利精神分析学家弗洛伊德提出。他认为，认同是个人与他人、群体或模仿任务在情感上、心理上趋同的过程。笔者认为档案事业的认同指的是不同主体能客观地看待档案及档案工作，发现档案事业对人类社会进步与发展的价值，匡正档案偏见，达成高度统一的认可与共识。我国档案工作经历多年建设与发展，其社会地位已得到一定程度的认可，但也需要正视现实，目前社会各界对档案工作的认知程度仍然较低，就连档案专业人员对档案工作也缺乏较高的认同度。档案社会化服务需要加强档案工作与社会各界的关系，承担起增强档案事业社会认同感的使命。档案社会化服务应从两方面推动社会对档案事业的认同。

一方面，借助改革与发展积极探索先进的运作方式。

过去传统的档案管理模式存在较多的弊端，在企事业单位或政府部门内部，档案机构的地位得不到足够重视，档案工作缺乏动力，档案工作人员职业发展受限，待遇较低，严重影响了档案工作的积极性，这样的背景导致科班出身的档案专业人员对档案工作的认同度也较低。档案社会化服务行业的出现，给市场注入了新鲜活力。档案社会化服务机构自主经营、独立核算，以营利性机构为主，具有先进的经营理念和管理制度，同时适应社会变化及市场需求，不断进行改革，探索先进的运作方式，以推动自身发展。与服务对象内部的档案部门相比，档案社会化服务机构的发展动力更为强劲，发展方式更加灵活，赋予档案工作者更多的职业发展空间，增强档案专业人员对档案行业的认同感。

另一方面，对外服务中彰显档案核心价值。

长久以来，人们对档案工作不甚了解，档案工作的重要性和核心价值并未得到社会的普遍重视。档案社会化服务主要从两个方面彰显档案及档案工作的核心价值：一方面是档案社会化服务机构在对外寻找客源，建立客户关系时，对档案工作的价值理念进行推广和传播，起到较好的宣传作用，让更多服务对象了解档案行业；另一方面是档案社会化服务机构在对外提供服务过程中，树立起良好的形象，通过专业、高效、优质、安全的档案服务展现了档案工作的良好风貌，彰显了档案工作的重要性，突出了档案及档案工作的核心价值。

通过以上两方面的互动，档案社会化服务将逐步推动社会各界对档案事业的认同。

近年来，档案用户需求的社会化趋势日益明显，不再局限于机关工作查考和史料编纂，而是广泛涉及政治、经济、文化、科学等各方面。客户需求在社会和市场的催生下，呈现出金字塔式的“层次化”规律。① 档案服务产业化的概念，目前虽还不够明晰，但市场的发展，已引发了客户对档案管理及各项配套服务都产生较强的需求，而不再局限于单独的查考、查证需求。市场的发展印证了档案社会化服务正在逐步推动社会对档案事业的认同。

---

① 参见王运彬：《近十年来档案用户需求研究综述》，载《档案学通讯》，2011 (1)。

本部分小结

本部分阐述了档案社会化服务的价值取向，立足价值取向的哲学解读，界定档案社会化服务价值取向的内涵，提出档案社会化服务价值取向的四个维度，并就每一个维度的内容进行详细阐述，系统解答了档案社会化服务的专业价值、社会意义、科学规律和发展导向的基本问题。

本部分提出的主要观点有：

一是提出档案社会化服务的价值取向包括专业、社会、科学和发展四个维度且具有紧密的递进逻辑关系，即专业取向→社会取向→科学取向→发展取向。档案社会化服务作为以社会分工为基点的专业服务，具有专业角度和社会角度的价值取向顺理成章；同时，档案社会化服务作为不断发展的新兴服务，也需要遵循科学发展规律，探寻正确发展方向，自然具有科学和发展取向。

二是立足档案本质属性和档案专业特征提出档案社会化服务的专业取向是安全保密、优质高效和合法合规。

三是立足档案服务的社会化特征提出档案社会化服务的社会取向是立足社会分工、体现规模效益并维护社会记忆。

四是立足现代服务业的一般规律提出档案社会化服务的科学取向是由技术、知识要素主导以及多元化与专业化并重。

五是立足档案社会化服务的发展目标提出档案社会化服务的

发展取向是追求可持续发展和协同发展，达到可信和被社会认同。

研究档案社会化服务价值取向的维度，目的在于说明档案社会化服务的存在价值不仅仅局限于档案领域，还延伸至社会层面。档案社会化服务以社会分工为基点，目的是借助档案服务满足广泛的社会需求，推动社会的良性发展。只有确定专业、社会、科学到发展取向的维度框架，才能全面揭示档案社会化服务的专业价值、社会意义、科学规律和发展导向，使档案社会化服务的存在价值和意义升华到宏观高度。

阐述档案社会化服务的专业取向——安全保密、优质高效和合法合规，目的在于说明档案社会化服务最基本的取向是维护档案的本质属性，确保档案实体和信息的安全。明确这一点，档案社会化服务的理论研究和实践发展才能找到立身之本。

阐述档案社会化服务的社会取向——立足社会分工、体现规模效益并维护社会记忆，目的在于揭示档案社会化服务区别于一般档案服务的本质特征，立足社会分工赋予其服务的高起点，体现规模效益赋予其服务的明显优势，维护社会记忆赋予其服务的终极目标。明确这一点，档案社会化服务的实践开展、机构建设和产业发展才能显现优势。

阐述档案社会化服务的科学取向——由技术、知识要素主导以及多元化与专业化并重，目的在于说明档案社会化服务作为现代服务业的一个分支，具备科学发展规律，由技术、知识要素主导呼应了档案社会化服务的知识性特征，多元化与专业化并重反映了档案社会化服务的发展路径。明确这一点，政策制定部门才能更科学地规划档案社会化服务的实践开展、机构建设和产业发展。

阐述档案社会化服务的发展取向——追求可持续发展和协同

发展，达到可信和被社会认同，目的在于说明档案社会化服务的发展战略和目标，可持续发展是保持档案社会化服务与经济、社会需求相互协调、同步发展，协同发展是保持档案社会化服务与国民经济发展协调一致、共同发展，达到档案社会化服务可信并被社会认同的终极目标。明确这一点，档案社会化服务的理论研究和实践发展才能找到正确导向。

结 论

本书以档案社会化服务为论题，系统研究并阐述了其理论基础、实践发展和价值取向。理论基础部分包含档案社会化服务的内涵、特征、依据、功能和原则，回答档案社会化服务是什么、有何特征、依据何在、功能为何、原则有哪些的基本理论问题。实践发展部分包含档案社会化服务的承担主体、服务内容、实现途径和保障条件，回答档案社会化服务由谁做、做什么、怎么做、保障条件为何的基本理论问题。价值取向部分包含档案社会化服务的专业取向、社会取向、科学取向和发展取向，回答档案社会化服务的专业价值、社会意义、科学规律和发展导向的基本问题。三部分具有紧密的内在逻辑，理论基础与实践发展相互作用，价值取向的导出以理论研究和实践发展为基础，同时也是对理论研究和实践发展的提升和导引。

本书的主要观点在各部分小结中已有明确归纳，最核心的结论可概括为三方面。

第一，档案社会化服务的概念内涵应是社会组织基于社会分工，以经济、高效、优质、安全的方式提供的涉及档案的专业性、专门化和社会化服务，与档案服务社会化的区别在于服务主体不局限于档案部门还包括社会组织。此结论表明，档案社会化服务的基点是社会分工，体现社会分工的专业和效益优势。

第二，档案社会化服务应从承担主体、服务内容、实现途径和保障条件四方面构建实践发展框架。每一方面都立足国内外发展现实，在尊重国情和借鉴国外成功经验的基础上总结发展建议。就档案社会化服务的实现途径建议：我国档案社会化服务应树立安全、专业、创新、合法合规、可持续的关键性理念；将优先考虑专业需求最突出的行业客户以及拓展有潜力的新领域和新客户作为客户选择原则；结合实际选择独立或合作经营模式；掌握档案社会化服务的基础设施即库房及其配套设施、专业设备；建构档案社会化服务的内部核心制度即业务流程标准化制度、安全制度及合法合规制度；以人才招募和人才培训为抓手开展档案社会化服务的人员队伍建设。就档案社会化服务的保障条件建议：我国档案社会化服务需遵照国际、国家和行业三个层面建立政策法规保障；通过了解市场需求和激发市场潜力建立市场需求保障；借助成立行业协会、完善行业管理机制和培育行业文化建立行业发展保障；通过加强职业资格认证、建设综合型人才队伍和完善档案职业培训建立人才建设保障。这些结论，可直接应用于我国档案社会化服务的具体实施和宏观布局。

第三，档案社会化服务的价值取向应包括专业、社会、科学和发展四个维度且具有递进逻辑关系，即专业取向→社会取向→科学取向→发展取向。立足档案本质属性和档案专业特征提出档案社会化服务的专业取向是安全保密、优质高效和合法合规；立足档案服务的社会化特征提出档案社会化服务的社会取向是基于社会分工、体现规模效益并维护社会记忆；立足现代服务业的一般规律提出档案社会化服务的科学取向是由技术、知识要素主导以及多元化与专业化并重；立足档案社会化服务的发展目标提出档案社会化服务的发展取向是追求可持续发展和协同发展，达到可信和被社会认同。这些结论，从宏观高度显现了档案社会化服务的理论研究意义、实践存在价值和社会发展地位。

本书的三方面核心结论集中体现了研究成果的建树和贡献。

首先，确立档案社会化服务的理论概念并明晰其学术内涵。理论和实践贡献在于，澄清学界的混淆认识，确立档案社会化服务的正确基点，让具有科学、规范内涵的档案社会化服务在我国得到正名，让学界和实践部门真正理解和正确评价档案社会化服务理论研究和实践发展的创新价值，让档案社会化服务的实践开展、机构建设和产业发展得到坚实的理论支持，也让档案服务的理论内容更丰富。

其次，构建档案社会化服务的实践发展框架并提出科学建议。实践贡献在于，帮助我国实践部门明确档案社会化服务主体的性质特点、内容范围、实施方案和外部条件，让档案社会化服务的实践开展、机构建设和产业发展找到切实可行的实施路径。

最后，提出档案社会化服务价值取向的维度及具体内容。理论和实践贡献在于，帮助学界和实践部门明确档案社会化服务从专业领域到社会层面的广泛存在价值，尊重档案的本质属性，明晰档案的社会功能，遵循档案服务的科学规律，最终实现档案社会化服务的发展目标，让档案社会化服务找到立身之本、优势之源、科学之据和发展之导向，让档案社会化服务的理论研究、实践开展、机构建设和产业发展超越专业层面，显现出对社会经济发展、秩序构建和记忆延续的重要作用，进一步提升档案及档案专业的社会价值。

档案社会化服务是具有丰富内涵的研究课题，本书只是对档案社会化服务理论和实践的基本问题进行了系统研究，尚需深入研究的问题还包括档案社会化服务的法制建设、档案社会化服务的实证应用、档案社会化服务的产业发展等。

附录一

典型档案社会化服务机构访谈提纲

访谈时间：　　　　　　　　　　访谈地点：

访谈对象：　　　　　　　　　　调研人：

访谈内容：

一、经营理念

1. 贵公司主要的经营理念是什么？

2. 贵公司是如何实现这些理念和目标的？（采取了哪些措施，请举例说明）

二、客户选择

1. 贵公司的主要客户有哪些？

2. 贵公司对于客户是有选择地合作还是来者不拒？如果有选择的话，贵公司进行客户选择时考虑的标准和重点是什么，更愿意与什么样的客户合作？

3. 贵公司的客户主要分布在哪些行业？为何目前主要集中在这些行业，考虑过拓展到其他行业的可行性吗？

4. 不同行业的客户对贵公司产品和服务的需求有什么不同点吗？贵公司又是如何满足这些不同需求的？

三、运营模式

1. 贵公司采用的运营模式是什么？独立运营还是合作运营？为何采用这种运营模式？

2. 企业运营模式大体上分为行政管理、销售、生产、技术、财务这五个层面，作为档案领域的服务型企业，贵公司在以上几个方面与其他企业相比，运营模式上有什么特色？

四、内部制度

1. 贵公司目前形成了哪些制度，大体的制度框架是怎样的？

2. 贵公司制定这些制度时的原则是什么？

3. 贵公司的制度中哪些是与企业发展密切相关的核心制度？哪些是与其他企业不同的、体现专业特色的独特制度？

4. 这些核心、特色制度的建立为企业带来了怎样的影响与效果？能否举例？

五、人员队伍

1. 贵公司招聘人才的条件和要求有哪些？

2. 贵公司的组织架构是怎样的？

3. 各部门的人员数量、学历（专、本、硕、博的比例）、专业分布情况如何？

4. 贵公司是否为员工提供一些培训项目，主要采取哪些形式的培训，能否满足本公司的需求？

5. 贵公司在人员队伍建设中面临的最大困难和挑战是什么？采用什么方式来应对？

六、硬件环境建设

1. 维持贵公司的业务开展需要哪些硬件设备？

2. 除了一般的办公设备外，作为档案领域的服务机构，需要配备哪些专业性的建筑和设备？

七、价值取向

1. 贵公司在档案领域的专业优势是什么？

2. 贵公司主要从哪些方面提高客户满意度？

3. 贵公司提供的服务对社会发展的意义表现在哪些方面?

4. 贵公司认为档案社会化服务走向科学化发展还存在哪些不足，应从哪些方面弥补?

5. 贵公司在企业发展中摸索出的规律有哪些?

6. 贵公司认为档案专业怎样才能与社会持续发展紧密结合起来?

八、保障条件

1. 贵公司对档案服务的国家政策法规有哪些期待?

2. 贵公司对档案社会化服务的市场需求如何看待?

3. 贵公司认为档案社会化服务的行业应如何发展?

4. 贵公司认为档案社会化服务的关键性技术有哪些?（按通用办公技术和专业技术两个维度来解读）技术的发展对这个行业的发展有何影响?

5. 贵公司认为社会应怎样为档案社会化服务企业提供人员培训或资质（格）认证?

附录二

典型档案社会化服务机构量子伟业公司访谈记录

访谈时间：2012－07－18　访谈地点：量子伟业公司总裁办公室

访谈对象：副总裁陈玉朕　调研人：黄霄羽、宋萍萍、陆慧

访谈内容：（根据访谈整理而成）

一、经营理念

1. 贵公司主要的经营理念是什么？

经营理念是科技创新、服务为本。

2. 贵公司是如何实现这些理念和目标的？（采取了哪些措施，请举例说明）

科技创新主要是分为两方面：一是技术创新，如2012年发布的PDES企业基础架构软件平台V2.0是基于ESB企业数据总线的SOA组件化架构，是中国档案领域内首创的完全基于SOA架构技术的管理软件业务基础平台。二是业务创新，提供业务流程外包服务，在北京大兴区建立了BPO数据处理中心，借助量子伟业的软件研发技术、充足的库房、多年档案管理领域的服务经验，提供包括业务档案接收、查验、分类整理、归档，文件存储，数据处理和计算统计，检索和利用等全流程的专业基础性服务。

服务为本是量子伟业发展壮大的另一关键，作为提供档案信息化服务的企业，其服务质量决定了企业的生命线。量子伟业紧密结合用户需求，为企业提供文档管理系统研发、档案管理咨询、档案资源加工服务、BPO业务流程外包、实体档案文件资料托管业务等服务，其优质的服务在客户间口口相传，客户数量不断扩大，在业界建立了良好的品牌和口碑。

二、客户选择

1. 贵公司的主要客户有哪些?

量子伟业目前服务的用户已超过1万家，主要有两大类型：

一类是政府系统内的，主要是综合档案局（馆），分布主要集中在江浙地区，如杭州市档案馆、绍兴市档案馆、扬州市档案馆等，在沈阳、大连、郑州等也有一部分政府用户。

另一类是企业用户，中国百强企业中30%是量子伟业的用户，多集中在一些大型央企国企和有影响力的知名民营企业，如中石油、中石化、中国移动、中国电信、中国联通、五矿集团、苏宁电器、万达集团等。

2. 贵公司对于客户是有选择地合作还是来者不拒? 如果有选择的话，贵公司进行客户选择时考虑的标准和重点是什么，更愿意与什么样的客户合作?

量子伟业成立于1999年，在企业成立初期，由于知名度和影响力较小，对于客户基本上是来者不拒的，甚至销售人员要去各个城市跑业务，做免费培训宣传企业、发掘潜在客户。

2003年以后，企业进入快速发展成长的时期，许多客户主动上门联系，量子伟业将其服务的对象定位在了高端用户，选择用户的标准主要有两方面：

一是用户企业确实发展到一定阶段，有档案管理方面的刚性需求，量子伟业提供的服务确实能有效地规范企业管理、提升企业效率。

二是选择在各行各业中有影响力的企业，如快消行业的立白，房地产行业的万科集团、万达集团等，通过这些企业带动行业内其他企业的档案管理信息化建设。

3. 贵公司的客户主要分布在哪些行业？为何目前主要集中在这些行业，考虑过拓展到其他行业的可行性吗？

客户分布：综合档案局（馆）、通信行业、能源电力行业、汽车制造行业、金融行业、保险行业、建筑房地产行业、税务行业、医疗行业、航空行业。

业务拓展：量子伟业公司考虑过业务拓展，主要采用两种方式：第一，采用事业部的形式，按区域细分更多事业部，将服务的市场范围进一步扩展和深化。第二，通过 BPO 业务，将客户扩展到中小型企业，给更多的中小型企业提供实体和电子文档的寄存服务。目前在北京已建立了 BPO 数据处理中心，还将在昆山和东莞建立两个基地。

4. 不同行业的客户对贵公司产品和服务的需求有什么不同点吗？贵公司又是如何满足这些不同需求的？

产品和服务的需求上：外资企业对产品和服务的要求十分高，看重产品和服务的质量，看重在实际过程中执行效果如何；国内企业看重服务的规范性、标准性，即是否符合国家档案管理和信息化方面相关的规定。

公司采取的措施：（1）PDE2 项目实施策略，是量子伟业开展服务所遵循的基本流程指南，涵盖了 119 个模板，可快速指导员工解决如何分析需求、如何开展调研、如何进行架构等问题。（2）PDE数字档案管理系统 V9.0 在研发时，参照了 CMMI3 级项目管理标准，96 个档案业务类标准、27 个软件开发类标准，充分满足用户对标准化合规性的要求。

三、运营模式

1. 贵公司采用的运营模式是什么？独立运营还是合作运营？为何采用这种运营模式？

独立运营。

2. 企业运营模式大体上分为行政管理、销售、生产、技术、财务这五个层面，作为档案领域的服务型企业，贵公司在以上几个方面与其他企业相比，运营模式上有什么特色？

技术方面，在南京成立研发中心，南京高校众多，计算机专业的毕业生数量庞大，南京大学、南京航空航天大学、南京邮电大学等为南京研发中心提供了大量优秀的人才，同时与北京相比，人力资源成本更低。

财务方面，公司内部的华南、华东、华中、华北、东北事业部及研发中心在财务上都是独立核算的，更多的独立自主权和利益，有利于考核工作效率和激励各部之间的竞争。

对外与北京联合大学、苏州大学等高校开展合作，每年提供 15 万元赞助经费，一部分用于培训学生熟悉量子伟业的软件，一部分用于支持学生申报的科研项目经费，通过此种方式宣传企业同时为企业寻找潜在人才。

四、内部制度

1. 贵公司目前形成了哪些制度，大体的制度框架是怎样的？

各部门具有各自的工作白皮书，与具体工作内容相关，指导员工开展工作。

2. 贵公司制定这些制度时的原则是什么？

公司级别的制度——由总裁办公室制定。

各个部门的制度——各个事业部结合自身情况制定。

3. 贵公司的制度中哪些是与企业发展密切相关的核心制度？哪些是与其他企业不同的、体现专业特色的独特制度？

特色制度：

量子伟业项目实施策略，是量子伟业开展服务所遵循的基本流程指南，涵盖了 119 个模板，可快速指导员工解决如何分析需求、如何开展调研、如何进行架构等问题，以便开展业务工作。

设立有质量管理中心，根据项目实施策略，不定期考察各个部门的工作情况。

4. 这些核心、特色制度的建立为企业带来了怎样的影响与效果？能否举例？

未回答。

五、人员队伍

1. 贵公司招聘人才的条件和要求有哪些？

招聘人才更看重是态度＋潜力，具体能力可在进入公司后培养。

2. 贵公司的组织架构是怎样的？

有七大事业部、研发中心、运营中心和数字化中心等。

3. 各部门的人员数量、学历（专、本、硕、博的比例）、专业分布情况如何？

数量：公司本部 400 人，数字化扫描团队 800 多人。

学历：2％中专；5％大专；88％本科；2％硕士（民营企业对于硕士及以上的高端人才吸引力不够，他们更愿意去国企等）。

专业分布：60％的人员是计算机专业的，20％的人员是档案专业的，20％为其他专业的。

特点：核心骨干—正式员工—实习生（师徒制）。

核心人才流动性小，主要是因为服务的领域专业性强、圈子较小。

4. 贵公司是否为员工提供一些培训项目，主要采取哪些形式的培训，能否满足本公司的需求?

有培训项目，分为内部培训和外聘讲师。

内部培训：主要包括行业概况、业内大事记、政策法规解读、量子伟业的产品及业务介绍、法规落地解读、国外 OAIS 与 ERA 项目介绍。

外聘讲师：针对企业中高层管理者的管理类培训；请各企业档案馆馆长开展业务类的培训。

5. 贵公司在人员队伍建设中面临的最大困难和挑战是什么?采用什么方式来应对?

对专业高端人才的吸引力不足。

应对方式：与高校开展合作。与北京联合大学、苏州大学等高校开展合作，每年提供 15 万元赞助经费，一部分用于培训学生熟悉量子伟业的软件，一部分用于支持学生申报的科研项目经费，通过此种方式宣传企业同时为企业寻找潜在人才。

六、硬件环境建设

1. 维持贵公司的业务开展需要哪些硬件设备?

未回答。

2. 除了一般的办公设备外，作为档案领域的服务机构，需要配备哪些专业性的建筑和设备?

数字化扫描团队开展数据处理服务时，配备国内领先的 600 余台专业数字化加工设备，包括图纸扫描仪、高速扫描仪、平板扫描仪、拍摄扫描仪等，可根据客户需求配备设备，具备每年 2 亿页以上的加工能力。

开发软件产品的研发中心配备了高性能的服务器和存储设备。

BPO 业务基地，在北京市大兴区独立租楼，有严格的安保系统，保证文件实体和电子版本的安全。

七、价值取向

1. 贵公司在档案领域的专业优势是什么?

提供全流程服务，包括咨询、数字化加工、扫描、整理、软件开发、项目定制等，尤其体现在 IT 技术、管理以及业务能力方面，例如绍兴地区人口户籍档案热点挖掘。

2. 贵公司主要从哪些方面提高客户满意度?

主要从保证产品质量，提高项目实施标准方面强化客户对系统的依赖性，提升客户满意度。

3. 贵公司提供的服务对社会发展的意义表现在哪些方面?

第一，推动企业档案规范化管理。目前公司已有 10 000 余家客户，通过公司提供的服务，能有效提高企业档案管理水平。

第二，普及档案信息化理念。公司通过举办高端论坛等活动，展示档案信息化成效，加快档案信息化建设速度。

第三，抓重点项目，扶持薄弱行业。例如为青少年发展基金会和南京大屠杀纪念馆等公益事业提供档案服务。

4. 贵公司认为档案社会化服务走向科学化发展还存在哪些不足，应从哪些方面弥补?

不足主要体现在社会对于档案领域的重视程度不够。应加强档案人才建设。

5. 贵公司在企业发展中摸索出的规律有哪些?

第一，要资本化。第二，管理人员专家化，引进外围高端人才。第三，开拓国外市场。

6. 贵公司认为档案专业怎样才能与社会持续发展紧密结合

起来?

第一，政策推动，例如数字化加工保密检查工作。第二，制定规范。由企业推动行业标准建设是一把双刃剑，会有一定利益因素在内。第三，强化保障。第四，得到上级单位指导。

八、保障条件

1. 贵公司对档案服务的国家政策法规有哪些期待?

希望国家政策法规能与实际工作相符，重点关注国家档案局出台的法规政策及各种动向。

2. 贵公司对档案社会化服务的市场需求如何看待?

对前景非常看好，认为档案社会化服务市场潜力巨大，国家机关、企事业单位是需求主体。公司连续四年实现100%增长。再加上中西部数字档案馆工程项目的推动，总共有8万多个点。企业档案室有50多万家，量非常大。尤其是金融业外包服务的推动，其档案实体、电子版都实现外包，扩充了市场。

3. 贵公司认为档案社会化服务的行业应如何发展?

行业应实现有效整合。目前从事档案社会化服务的各种IT企业、文档服务部很多，规模、质量都参差不齐。要保证建设质量，提升门槛，建立高标准，提升档案专业人员能力。

4. 贵公司认为档案社会化服务的关键性技术有哪些?（按通用办公技术和专业技术两个维度来解读）技术的发展对这个行业的发展有何影响?

关键技术在于信息化技术，如建立云档案平台，用户只需注册，录入档案信息，后台便可保障档案信息内容的安全，经济便捷。

5. 贵公司认为社会应怎样为档案社会化服务企业提供人员培训或资质（格）认证?

加强用户培训，加强与学校的合作。

6. 贵公司认为档案服务的国家政策法规哪些有利于这个行业的发展？企业是如何运用的？

《档案法》和涉及信息服务方面的法规有利于该行业的发展。

7. 贵公司认为档案社会化服务的市场需求状况如何？怎么判断与衡量？行业的发展前景如何？

市场需求强劲，其他未回答。

8. 贵公司如何看待档案社会化服务的行业监管？（有没有相关的行业组织，有没有相关的监管活动？）

需要监管，但具体情况不太了解。

9. 除了上面提到的政策法规、市场需求、行业监管、技术支持、人员建设，贵公司认为档案社会化服务的发展还需要哪些保障条件？（可从企业发展的外部资源角度来谈）

未回答。

附录三 典型档案社会化服务机构紫光公司访谈记录

访谈时间：2012－07－23　　访谈地点：紫光公司会议室

访谈对象：齐技、王娜等　　调研人：黄霄羽、陆慧、宋萍萍

访谈内容：（根据访谈整理而成）

一、经营理念

1. 贵公司主要的经营理念是什么?

“专业、持续、创新”，为客户提供专业、持续的档案产品和服务，并不断提升产品和创新服务理念，是我们作为一家专业的档案软件厂商的理念。

2. 贵公司是如何实现这些理念和目标的?（采取了哪些措施，请举例说明）

以客户的需求为导向，结合档案行业的国家标准及行业标准，提供最优质的档案产品和服务。首先，我们在销售档案软件时，将档案专业人才的咨询服务嵌入其中，从档案专业的角度，结合用户档案管理的实际情况，帮助用户完善和规范档案管理制度，为档案管理系统的更好运行做好基础工作；其次，充分了解客户的需求，在前期，我们会与客户的档案管理部门充分沟通，了解其业务流程及档案需求，有针对性地提供档案服务，在成熟的软件产品上，结合必要的二次开发模式；最后，为了充分了解档案

行业的新法规、新政策、新理念，我们也经常开展与开设档案专业的高校合作活动，并每年举行老用户培训会，通过与学术机构及老用户的沟通，不断创新产品和服务。

二、客户选择

1. 贵公司的主要客户有哪些？

以央企、国有企业、国家部委、档案各级行政机构为主，近年来大型民营企业类客户也不断增多。客户涉及多个行业，以能源（电力、煤炭、水利等）、制造、军工、建筑建设等行业为主。

2. 贵公司对于客户是有选择地合作还是来者不拒？如果有选择的话，贵公司进行客户选择时考虑的标准和重点是什么，更愿意与什么样的客户合作？

“客户是上帝”，是企业赖以生存的基础，有档案业务需求的机构，都是我们的潜在客户；但在选择客户时，我们更看重客户的档案管理基础和行业地位，客户的档案管理基础较好，开展档案信息化建设条件成熟，档案管理软件运用起来也效果更好。

3. 贵公司的客户主要分布在哪些行业？为何目前主要集中在这些行业，考虑过拓展到其他行业的可行性吗？

客户涉及多个行业，以能源（电力、煤炭、水利等）、制造、军工、建筑建设等行业为主。能源行业，尤其是电力行业，档案管理较规范，信息化基础好，档案信息化建设需求明确。近些年来，随着金融、地产和大型民营企业的快速发展，尤其是地产行业，文件数量剧增，急需规范的档案管理工作，因此，对档案外包服务（包括档案软件、档案咨询）需求旺盛，是未来可重点拓展的行业和领域。

4. 不同行业的客户对贵公司产品和服务的需求有什么不同点吗？贵公司又是如何满足这些不同需求的？

不同行业的客户的需求差异主要体现在以不同档案门类为核心的管理需求差异，例如：机关事业类单位、集团总部以文书类为主，生产制造企业以科技类为主，建筑建设企业以工程项目类为主。针对不同需求的客户，我们可提供专业成熟的档案管理平台（行业版）满足客户主体需求，并结合必要的二次开发满足客户个性化需求。在对档案咨询业务的需求方面，大部分客户的档案管理工作都比较薄弱，需要专业的档案咨询服务，尤其是民企，缺少档案行政机构的档案业务指导。因此，我们的产品服务中，包含档案咨询服务，让客户在选择我们的档案软件产品时，也能规范本单位的档案管理工作，二者相互补充。

三、运营模式

1. 贵公司采用的运营模式是什么？独立运营还是合作运营？为何采用这种运营模式？

我公司是档案管理软件独立开发商（软件研发、营销和技术支持独立运营），独立运营模式可保证品牌统一、标准售后服务和可持续发展。

2. 企业运营模式大体上分为行政管理、销售、生产、技术、财务这五个层面，作为档案领域的服务型企业，贵公司在以上几个方面与其他企业相比，运营模式上有什么特色？

技术方面在业界领先，紫光档案是档案软件新技术应用、国际和国内标准成功实践的先行者。

四、内部制度

1. 贵公司目前形成了哪些制度，大体的制度框架是怎样的？

主要包括以下几个方面：人力资源管理制度、财务管理制度、行政管理制度、营销制度、产品开发制度、产品实施制度、咨询服务制度、数字化制度等。每个制度下由若干实施细则组成。

2. 贵公司制定这些制度时的原则是什么?

制定制度时参考的原则主要有：可操作性、公平性、有效性、系统性和稳定性等方面。确保制定的制度具有可操作性，并在一段时间内保持稳定，并针对全员展开制度的执行和考核，将制度的贯彻纳入到员工的绩效考核之中。

3. 贵公司的制度中哪些是与企业发展密切相关的核心制度?哪些是与其他企业不同的、体现专业特色的独特制度?

涉及产品的制度是核心制度，如营销制度、研发制度等，这些管理制度是非常符合我们企业的发展状况的，也体现了档案软件的研发、销售、实施特点。体现专业特色的应是咨询方面的制度，为客户提供增值服务所建立的制度。

4. 这些核心、特色制度的建立为企业带来了怎样的影响与效果?能否举例?

核心和特色的制度，极大地提高了员工的积极性，降低了企业的管理成本。特色制度的建立为档案管理软件的销售带来了亮点，也得到了大部分客户的认可和肯定，提供了除软件之外的可持续服务。

五、人员队伍

1. 贵公司招聘人才的条件和要求有哪些?

一般要求本科以上学历，与产品相关的职位一般要求是计算机专业，并有一定的行业经验，要求员工认同企业的经营理念和产品，并具有一定的稳定性，对于档案数字化岗位的要求会适当放宽。

2. 贵公司的组织架构是怎样的？

如下图所示。

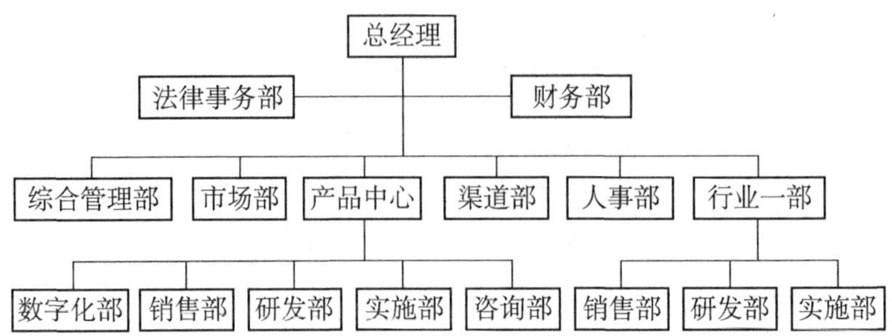

3. 各部门的人员数量、学历（专、本、硕、博的比例）、专业分布情况如何？

北京总部约120人（不包含数字化员工及各地平台人员）。与产品相关岗位以计算机专业和档案学专业为主。学历分布以本科为主，无博士，硕士占10%左右。

4. 贵公司是否为员工提供一些培训项目，主要采取哪些形式的培训，能否满足本公司的需求？

培训方式较多，不同岗位培训项目不同，入职时会有统一的公司经营理念等公司层面的培训，旨在培养员工的企业价值观，针对不同的岗位，会有针对性的培训。入职后，定期举行各种技术和专业培训。同时，每年举行老用户培训会也会邀请优秀员工参加，与客户互动，了解客户需求。每年公司会定期举行各种户外培训活动，如户外拓展等。公司提供的培训基本上能满足需求，但还需引进外来师资有针对性地进行培训。

5. 贵公司在人员队伍建设中面临的最大困难和挑战是什么？采用什么方式来应对？

在人才队伍建设中面临的最大困难就是“招不到、留不住”。重要岗位不易招到匹配度较高的员工，尤其是新毕业的学生往往眼高手低，操作能力较差，工作态度不端正。优秀人才流动性也较大，IT行业竞争激烈，人才需求量大，人才变动也频繁。这个问题也存在于档案数字化工作中，入门门槛低，员工年龄偏小，对职业规划不清晰，往往工作变动比较频繁。因此，加强培训，给员工更好的发展和成长空间，保障其工作具有一定的挑战性和积极性。同时，针对不同岗位制定公平和具有挑战性的绩效考核。再次，营造良好的工作氛围，让员工在积极、宽松、温馨、人性化的氛围中工作。通过以上种种措施，基本上能应对人才队伍建设中的困难。

六、硬件环境建设

1. 维持贵公司的业务开展需要哪些硬件设备？

支撑软件开发、测试、调试和代码管理所需的服务器、存储及备份设备；数字化加工所需输入、输出设备，如扫描仪、打印机、复印机；档案实体管理的专业设备等。

2. 除了一般的办公设备外，作为档案领域的服务机构，需要配备哪些专业性的建筑和设备？

作为档案领域的服务机构，还需要专业的扫描仪、修图软件、数字化加工系统及其他档案工作所需工具。

七、价值取向

1. 贵公司在档案领域的专业优势是什么？

作为较早进入档案领域，并专业从事档案软件等相关产品开发与服务的厂商，“紫光档案”这个品牌已在档案市场占领了一席之地，“专业、持续”是紫光档案的优势，广大用户的良好口碑及信赖为紫光档案在档案领域的发展奠定了坚实的基础。

2. 贵公司主要从哪些方面提高客户满意度？

(1) 充分了解客户需求，提供满足其档案业务需求的相关产品及服务。

（2）提供档案业务相关的咨询服务，为产品和服务增值，改善客户的档案管理状况。

（3）提供持续、高效的售后服务，并实现客户与软件实施工程师一对一服务的模式。

（4）紫光档案提供档案产品的同时，通过销售、研发、实施、咨询等各个环节，与客户建立良好的信任基础并建立可持续合作关系。

3. 贵公司提供的服务对社会发展的意义表现在哪些方面？

国内档案信息化建设的先行者，国际国内档案标准的实践者、专业 IT 和档案专业人才的培训基地、高校学术成果的推广基地。

4. 贵公司认为档案社会化服务走向科学化发展还存在哪些不足，应从哪些方面弥补？

（1）不足：档案社会化服务还处在摸索阶段，各项服务行业规范和标准有待完善，社会对档案社会化服务重视程度不高、认同范围有限。首先，国家和社会在档案社会化服务方面未有成熟的法律法规及行业标准，导致此行业入行门槛较低，鱼龙混杂，客户的体验差别较大；其次，档案社会化服务的厂商仍处在发展阶段，很难形成统一的服务标准和规范；最后，档案业务在社会上及企业中普遍不被重视，管理资源和资金投入不足。

（2）弥补措施：完善产品和服务，提升社会对档案社会化服务的认知度；再次加强与行业专家、管理机构和协会的合作，积极推进新标准、新规范的制定。

5. 贵公司在企业发展中摸索出的规律有哪些？

（1）提升品牌知名度、维护企业信誉是企业发展的王道。

（2）选拔、培养合适的人才，从公司层面提供更好的职业发展前景，并努力留住优秀的人才。

（3）完善售后服务，给客户提供完善的、科学的、持续的售后服务，是企业发展的必要保证。

（4）坚持诚信原则。

6. 贵公司认为档案专业怎样才能与社会持续发展紧密结合起来？

档案专业要与社会持续发展紧密结合，就必须时刻关注社会发展的动向，与社会发展的核心、热门话题结合起来，不能故步自封。同时，要借助先进的技术，解放劳动力，挖掘档案中的信息资源。再次，要改变观念，创新档案管理理念。

八、保障条件

1. 贵公司对档案服务的国家政策法规有哪些期待？

国家档案行政机构能对档案服务行业制定相关的从业要求、规范等，并针对不同行业制定相关的标准和规范；同时与时俱进地更新相关政策、法规、国家及行业标准等。

2. 贵公司对档案社会化服务的市场需求如何看待？

随着社会的进步，行业分工越来越细，档案社会化服务市场也是越来越明朗的，但这个过程需要档案社会化服务机构及相关机构共同开发，挖掘潜在客户及老客户的潜在需求。

3. 贵公司认为档案社会化服务的行业应如何发展？

具有独立知识产权，具备技术优势、规范的管理体系和可持续的发展战略，扩大品牌影响力和市场占有率。

4. 贵公司认为档案社会化服务的关键性技术有哪些？

档案社会化服务的关键性技术是产品研发技术、服务流程管理、培训。

5. 贵公司认为社会应怎样为档案社会化服务企业提供人员培

训或资质（格）认证?

现在一些档案行政机构会提供相关的档案培训，但只是区域性的，相关证书没有通用性。国家档案行政机构及社会服务机构应多提供些档案行业的从业资格、计算机相关知识、外包服务管理、流程管理等相关方面的培训，并提供相关资质获得的机会。

参考文献

一、中文文献

专著及教材

1. 黄霄羽．文件、信息商业化服务机构建设研究［M］．北京：中国人民大学出版社，2014.

2. 邵金菊，姜丽花，刘东林．服务外包：经济效应和影响因素研究［M］．杭州：浙江大学出版社，2011.

3. 黄霄羽主编．外国档案事业史（第二版）［M］．北京：中国人民大学出版社，2011.

4. 王帮佐．政治学辞典［M］．上海：上海辞书出版社，2009.

5. 黄霄羽主编．外国档案管理学［M］．北京：中国人民大学出版社，2008.

6. 陈黎琴．企业联盟的实现方式研究［M］．北京：经济管理出版社，2008.

7. ［美］沈杰·安南．萨班斯—奥克斯利法案精要［M］，曾嵘译．北京：中国时代经济出版社，2008.

8. 北京索尔维斯企业管理咨询中心编著．服务管理体系概论［M］．北京：中国标准出版社，2007.

9. 巫景飞．企业战略联盟：动因、治理与绩效［M］．北京：

经济管理出版社，2007.

10. 孙德忠．社会记忆论［M］．武汉：湖北长江出版集团，2006.

11. 冯惠玲，张辑哲．档案学概论［M］．北京：中国人民大学出版社，2006.

12. ［英］亚当·斯密．国富论［M］．唐日松译．北京：华夏出版社，2005.

13. 郑晓明．人力资源管理导论［M］．北京：机械工业出版社，2005.

14. 阮青．价值哲学［M］．北京：中共中央党校出版社，2004.

15. 黄保强．现代企业制度［M］．上海：复旦大学出版社，2004.

16. 刘永福．价值哲学的新视野［M］．北京：中国社会科学出版社，2002.

17. 李淮春．马克思主义哲学全书［M］．北京：中国人民大学出版社，1996.

18. 马国泉，张品兴，高聚成．新时期新名词大辞典［M］．北京：中国广播电视出版社，1992.

19. 陈国强．简明文化人类学词典［M］．杭州：浙江人民出版社，1990.

20. 国家档案局．曾三档案工作文集［M］．北京：档案出版社，1990.

21. 汝信．社会科学新辞典［M］．重庆：重庆出版社，1988.

22. 马克思，恩格斯．马克思恩格斯全集（第23卷）［M］．北京：人民出版社，1972.

期刊论文

23. 王天泉．档案与认同［J］．中国档案，2012（10）：1.

24. 李丽．2004—2011年我国档案职业资格认证制度研究综述［J］．中国档案，2012（10）：58－59.

25. 黄婷．导入品牌理念 提高档案服务质量［J］．中国品牌，2012（8）：78－79.

26. 张衍，丁子涵．档案服务社会化研究述评［J］．图书情报工作网刊，2012（6）：45－50.

27. 路江曼，姬申建．1992—2011年我国档案中介机构研究综述［J］．档案管理，2012（5）：62－65.

28. 匡导球．现代服务业的跨产业融合发展：动因、模式与效应［J］．经济决策分析，2012（3）：45－49.

29. 杨雅婷．档案中介机构品牌创建的SWOT分析及策略应对［J］．晋图学刊，2012（3）：73－74.

30. 孙洪光．档案服务社会化问题透视［J］．黑龙江档案，2012（3）：59.

31. 付长翠．关于建立我国档案职业资格认证制度的探讨［J］．兰台世界，2012（2）：10－11.

32. 余益飞，李刚．档案学在校生专业认同的实证研究［J］．档案学通讯，2012（1）：60－64.

33. 张寒．档案工作社会化的实践与探索［J］．四川档案，2012（1）：31－32.

34. 张玲，王凌霞．档案工作者职业认同现状调查与分析［J］．档案，2012（1）：44－46.

35. 刘维秦．数字档案系统的安全保障［J］．西安文理学院学报，2011（12）：90－92.

36. 钟国文，童霞．提高档案数字化外包质量的策略探析[J]. 机电兵船档案，2012 (1)：48－50.

37. 黄霄羽．国外商业化文件信息服务业的监管体系 [J]. 中国档案，2011 (10)：58－60.

38. 黄霄羽．国外商业化文件信息服务业的保障途径 [J]. 中国档案，2011 (9)：63－65.

39. 黄霄羽．国外商业化文件信息服务业的发展历史与行业文化 [J]. 中国档案，2011 (8)：61－63.

40. 包蓉．论档案服务与利用工作 [J]. 商业文化，2011 (7)：52.

41. 于众，张彤．办公室档案工作业务外包“要不得” [J]. 秘书，2011 (4)：12－13.

42. 刘娜．中美商业性文件中心比较分析 [J]. 兰台世界，2011 (4)：11－12.

43. 肖旭红．利用科技创新 提升档案服务 [J]. 档案管理，2011 (3)：91.

44. 杨妍红．个人档案存在价值刍议 [J]. 商业文化，2011 (3)：295.

45. 张云霞．档案服务工作中需要注意的几个问题 [J]. 治黄科技信息，2011 (3)：30－32.

46. 黄霄羽．商业性文件中心的经营理念和客户分群 [J]. 北京档案，2011 (3)：14－17.

47. 姜延延．档案服务方式多元化实现途径浅析 [J]. 中国地名，2011 (2)：44.

48. 张萌．档案整理工作中的业务外包问题 [J]. 北京档案，2011 (2)：33－34.

49. 薛健．我国档案业务外包前景展望［J］．黑龙江档案，2011（2）：27.

50. 刘志红．由“被动”到“主动”——谈档案服务方式的转变［J］．职大学报，2011（1）：89－91.

51. 单岗．简析社会分工与社会发展的相互关系［J］．科教文汇，2011（1）：195－196.

52. 王再兴．我国档案业务外包的发展策略［J］．黑龙江档案，2011（1）：39.

53. 黄霄羽．商业性文件中心的专业优势、形象优势和社会价值［J］．档案学研究，2011（1）．

54. 王运彬．近十年来档案用户需求研究综述［J］．档案学通讯，2011（1）：66－70.

55. 袁海燕．新时期档案服务工作的新形势［J］．黑龙江史志，2011（18）：49－50.

56. 樊继红．整合档案信息资源 创新档案服务机制［J］．黑龙江史志，2011（15）：24－25.

57. 蓝岚．谈中国档案学会与美国档案工作者协会的比较［J］．兰台世界，2010（12）：11.

58. 詹罗成，吴少龙．简论建立商业性文件中心的必要性和可行性［J］．云南档案，2010（11）：13－14.

59. 刘秀芬．浅议档案中介服务的开展［J］．科技致富向导，2010（11）：83－84.

60. 吴月红，叶常林．政府信息外包的理论依据与模式选择［J］．图书情报工作，2010（11）：112.

61. 黄霄羽．商业性文件中心的业务内容与服务优势［J］．中国档案，2010（10）：64－67.

62. 张春霞．档案服务工作创新［J］．河南科技，2010（8）：29.

63. 杜媛媛．浅论档案专业社会化服务的难点及解决办法［J］．现代商业，2010（8）：283－284.

64. 左宏娜．我国档案中介机构的生存状况及发展对策［J］．兰台世界，2010（8）：8－9.

65. 何世藻．档案服务外包的实践与思考［J］．中国档案，2010（7）：26－27.

66. 罗亚利．地方高校档案数字化外包策略研究［J］．兰台世界，2010（6）：30－31.

67. 姚淼．我国档案职业资格认证制度分析［J］．山西档案，2010（3）：24－25.

68. 陈姝．关于构建档案专业社会化服务体系的思考［J］．北京档案，2010（3）：17－18.

69. 赵红梅．创新档案服务理念 拓展档案服务天地［J］．兰台内外，2010（2）：35.

70. 张兵．从长治亚和的实践看民企参与城建档案社会化服务［J］．山西档案，2010（1）：28－30.

71. 丁建雄，贾秀娥．对企业档案管理工作引入服务外包的思考［J］．兰台世界，2009（11）：38－39.

72. 曹建峰．档案行政管理部门对改制企业档案工作的监管与服务［J］．北京档案，2009（10）：23－25.

73. 王友良，周罗轩．高校档案服务创新的必要性及实施路径研究［J］．湖南冶金职业技术学院学报，2009（9）：66－70.

74. 颜海，张恺．大学生创建档案咨询服务中心的价值取向与功能定位［J］．湖北档案，2009（9）：12－14.

75. 黄明东．构建和完善教育部门集中采购服务监管体系的思考［J］．中国教育技术装备，2009（8）：71－74.

76. 饶圆．档案服务社会化研究［J］．档案学通讯，2009（6）：51－53.

77. 蒋敏华．整合机关档案资源创新档案管理手段——武汉市机关文档中心运转情况调查［J］．湖北档案，2009（6）：6－7.

78. 闫磊．基于市场化进程的生产要素市场演进动态判断［J］．商业时代，2009（6）：10.

79. 马智鑫，刘东红．试论档案服务社会化的内涵、主体和范围界定［J］．云南档案，2009（6）：44－46.

80. 曾雨．浅论国外商业性文件中心的综合特点［J］．兰台世界，2009（6）：2－3.

81. 黄霄羽．全面解析商业性文件中心［J］．档案学通讯，2009（6）：75－78.

82. 黄霄羽，陈香．商业性文件中心之典型调查及思考［J］．中国档案，2009（5）：55－57.

83. 王平，徐莹，张爱华．档案中介机构与档案专业服务社会化［J］．湖北档案，2009（4）：15－18.

84. 黄霄羽．美国选择商业性文件中心的考虑因素［J］．北京档案，2009（3）：42－44.

85. 孟旭，张树青．关于服务定义研究视角的探讨［J］．商业时代，2009（15）：17－18.

86. 黄霄羽．美国商业性文件中心的发展历程和演变特点［J］．北京档案，2008（12）：36－38.

87. 张玮琼．论我国建立商业性文件中心的必要性和可行性［J］．北方经贸，2008（7）：154－156.

88. 付双双．档案服务社会化问题透视［J］．档案，2008（4）：38－39.

89. 聂云霞．全球化过程中档案遗失的认同与重构［J］．档案学通讯，2008（4）：12－16.

90. 杜栋．协同、协同管理与协同管理系统［J］．现代管理科学，2008（2）：92－94.

91. 侯爱华，张士琴．档案服务机制的创新与实践［J］．山东档案，2008（2）：51－52.

92. 高峰，刘志彪．产业协同集聚：长三角经验及对京津唐产业发展战略的启示［J］．河北学刊，2008（1）：143－146.

93. 杨美玲．浅议医院档案服务的社会化［J］．科技情报开发与经济，2008（21）：101－102.

94. 臧耀成．挖掘文化资源 拓展服务领域［J］．中国档案，2007（12）：18－19.

95. 黄霄羽，陈艳．美国商业性文件中心 Iron Mountain 的运作模式分析及启示［J］．北京档案，2007（11）：38－39.

96. 王艳艳，孙红雷．当前档案服务工作遇到的问题及对策［J］．图书与档案管理，2007（21）：270.

97. 邱国栋，白景坤．价值生成分析：一个协同效应的理论框架［J］．中国工业经济，2007（6）：88－95.

98. 沈丽宁．企业协同知识管理框架构建与策略研究［J］．信息系统，2007（6）：833－836.

99. 潘玉民，陈晓．地方档案法规关于档案中介服务规定的集成与分析［J］．档案学研究，2007（6）：45－50.

100. 白列湖．协同论与管理协同理论［J］．甘肃社会科学，2007（5）：228－230.

101. 欧其健. 档案中介服务机构的规范和监督 [J]. 档案时空，2007 (4)：8-9.

102. 刘增军. 档案事业可持续发展的内涵、特征及政策选择 [J]. 邯郸职业技术学院学报，2007 (3)：89-91.

103. 岳佐华，李录堂. 生产要素演进规律及其对我国农村经济发展的启示 [J]. 中国农史，2007 (3)：88-95.

104. 刘萌. 提高档案培训效果探析 [J]. 档案与建设，2007 (2)：24-25.

105. 王协舟，刘安福. 档案信息服务与产业型档案信息服务——档案信息服务及其产业化的经济学分析之一 [J]. 图书馆，2007 (1)：105-108.

106. 武红. 谈高校档案服务的社会化 [J]. 山西档案，2007 (1)：86-87.

107. 刘宏. 以市场化运作方式发展档案中介服务 [J]. 科技创新导报，2007 (34)：168.

108. 笪素林，钱钢. 中国政府监管机制的现状与理论构建 [J]. 现代经济探讨，2006 (10)：51-53.

109. 潘玉民. 论建立现代企业档案工作服务机制的意义[J]. 档案学通讯，2006 (6)：22-24.

110. 汪洵. 国外商业性文件中心的产生和发展 [J]. 档案管理，2006 (6)：85.

111. 刘春燕. 民营化：公共服务领域管制的路径选择 [J]. 四川行政学院学报，2006 (5)：12-15.

112. 叶庭卫. 对企业文化三个概念之辨析 [J]. 经济师，2006 (5)：198.

113. 安文革. 对档案服务机制创新的思考 [J]. 兰台世界，

2006（5）：20.

114. 杨俊霞．档案工作社会化服务功能建设的思考［J］．中州煤炭，2006（3）：107.

115. 苑丽华．地质档案资料社会化服务工作若干问题的思考［J］．兰台内外，2006（3）：28.

116. 过言之．我国档案中介机构与美国商业性文件中心几点区别的认识［J］．甘肃农业，2006（3）：189.

117. 余青，满丽娜，热夏体．图书馆多元化服务模式［J］．图书情报工作，2006（2）：72－73.

118. 黄力．建立我国档案职业资格认证制度的思考［J］．北京档案，2006（1）：25.

119. 肖媛媛．构建我国的商业性文件中心［J］．山西档案，2006（1）：27－29.

120. 颜先卓．图书馆多元化服务机理探究［J］．图书馆界，2006（1）：5－8.

121. 成永付．商业性档案中介服务的解析［J］．兰台世界，2005（12）：12－14.

122. 王新才，谭必勇．档案职业资格认证制度与中国档案教育的发展前途［J］．图书情报知识，2005（12）：18－22.

123. 张敏，王霞．美国文件中心的发展特点［J］．北京档案，2005（5）：38－39.

124. 黄丹黎．档案信息管理系统的安全防范和对策［J］．中山大学学报论丛，2005（4）：47－49.

125. 陈东宝．高校档案服务社会化问题探讨［J］．兰台世界，2005（4）：35－36.

126. 王玉真．走出误区搞好档案服务工作［J］．科技档案，

2005 (3): 12-15.

127. 张丽，陈东宝. 试论高校档案信息服务的社会化倾向 [J]. 山东档案，2005 (2): 1-4.

128. 葛阳生. 树立科学发展观 促进档案事业与经济社会全面协调持续发展 [J]. 档案与建设，2004 (11): 7-8.

129. 李辰. 全国档案中介服务发展概述 [J]. 中国档案，2004 (10): 18-19.

130. 吴加琪，罗辉. 档案中介服务功能的完善与拓展 [J]. 北京档案，2004 (7): 24-25.

131. 黄力，李圭雄. 业务外包：档案中介机构发展面临的机遇与挑战 [J]. 北京档案，2004 (5): 27-28.

132. 胡鸿杰. 档案与文化 [J]. 档案学通讯，2004 (5): 12-14.

133. 丁海斌，吴仁. 论档案技术工具的演进及对档案工作的影响 [J]. 山西档案，2004 (4): 15-19.

134. 黄力. 企业档案管理业务外包可行性研究 [J]. 档案学研究，2004 (4): 17-20.

135. 韩亚楠. 电子档案管理系统的安全保障 [J]. 机电兵船档案，2004 (3): 39-41.

136. 于佩常. 开拓进取 扎实工作 为实现全面建设小康社会的战略目标提供全面优质高效档案服务 [J]. 黑龙江档案，2004 (2): 8-13.

137. 潘玉民. 关于档案中介服务的法制建设问题 [J]. 兰台世界，2003 (12): 6-7.

138. 王郁萍，刘晓春. 档案中介组织规范发展刍议 [J]. 中国档案，2003 (10): 20-21.

139. 隋金光．加快档案工作社会化进程的思考 [J]. 办公室业务，2003 (6)：30-31.

140. 慈云力，任善军．发展档案中介服务的必要性 [J]. 黑龙江档案，2003 (5)：15-16.

141. 李文彬．档案服务社会化的发展趋势 [J]. 档案管理，2003 (2)：20-21.

142. 张彦，徐健，李红霞，宋青霞．档案服务市场化应打破的四种瓶颈 [J]. 山东档案，2003 (2)：24.

143. 兰小玲．浅议档案服务"市场化" [J]. 湖南档案，2002 (6)：26-27.

144. 梅松枝，刘洋，孟汉松．档案中介机构及其业务运作 [J]. 黑龙江档案，2002 (4)：14.

145. 莫陌．档案服务创新系列谈之一"机关档案管理中心"档案管理服务创新的有益尝试——北京市西城区档案馆在机构改革中走出的一条新路 [J]. 北京档案，2002 (4)：6-7.

146. 金凤清，常欣，韩滨婕．档案工作的社会化 [J]. 兰台内外，2002 (3)：33-34.

147. 李培芳．信息化时代档案工作的策略取向 [J]. 科技档案，2002 (2)：37-39.

148. 张中科．客户选择分析 [J]. 经济师，2001 (9)：183-184.

149. 黄霄羽．美国档案界对文件中心的全面认识 [J]. 上海档案，2001 (1)：46-47.

150. 林学奇．感受文件中心 [J]. 档案学通讯，2001 (1)：78-79.

151. 张玉珍．档案工作要讲究效益 [J]. 华北矿业高等专科学校学报，2000 (12)：106 - 107.

152. 李灿玉，张兆忠．档案工作社会化与档案社会化管理 [J]. 中国档案，2000 (8)：11 - 12.

153. 臧华军，周长岱，郭宝英．超值服务：档案信息开发利用的新取向 [J]. 山东档案，2000 (6)：14 - 15.

154. 李正宁．档案工作社会化和市场化发展趋势 [J]. 城建档案，2000 (5)：13 - 14.

155. 孔令秋，谭福河．论社会分工和产业结构调整 [J]. 商业研究，2000 (4)：9 - 10.

156. 赵莉．档案工作社会化与现代档案咨询服务 [J]. 档案时空，2004 (4)：4 - 6.

157. 洋苗，王永平，李海艳．面向21世纪的档案工作价值取向 [J]. 黑龙江档案，1999 (4)：26.

158. 郦懿清．议档案工作社会化服务 [J]. 山西档案，1999 (4)：33.

159. 张聪梅，施光木．档案管理高起点带来经济高效益[J]. 湖北档案，1999 (1)：30 - 31.

160. 舒国雄．关于档案事业可持续发展战略的几点认识[J]. 档案学研究，1999 (1)：33 - 35.

161. 李国伟．将档案文献服务强化发展为信息产业的思考 [J]. 北京档案，1998 (4)：25.

162. 吴品才．建立商业性文件中心的必要与可能 [J]. 档案学通讯，1998 (1)：13.

163. 李财富．我国档案信息服务产业化问题研究 [J]. 兰台内外，1997 (5)：38 - 40.

164. 李淑毅．建立档案工作社会化服务体系的几点设想[J].

山东档案，1997 (5)：27.

165. 李正宁．档案价值与档案价值取向 [J]. 北京档案，1996 (5)：26.

166. 林桂香．市场经济的挑战与档案的改革取向 [J]. 山东档案，1995 (3)：17－18.

167. 高淑兰．社会主义市场经济条件下档案工作的价值取向 [J]. 四川档案，1994 (4)：1－5.

168. 王丽华．浅谈档案信息在市场经济体制建设中的价值取向 [J]. 吉林档案，1994 (3)：22.

169. 王国兴．档案社会化服务问题略论 [J]. 档案管理，1992 (5)：25.

170. 苗壮．试谈档案工作社会化 [J]. 档案，1990 (5)：9－12.

171. 李彩艳．浅论档案工作的社会化 [J]. 档案时空，1990 (2)：13－16.

172. 李建君．略谈新时期档案的价值取向 [J]. 湖南档案，1989 (2)：7.

173. 于绵琪．开辟档案服务的第三产业 [J]. 齐齐哈尔社会科学，1985 (4)：78－79.

学位论文

174. 张葆霞．商业性档案中介机构发展趋势研究 [D]. 天津：天津师范大学，2012.

175. 王晓琳．档案业务外包理论与实践研究 [D]. 苏州：苏州大学，2010.

176. 刘艺．我国档案中介组织社会发展环境研究 [D]. 南宁：广西民族大学，2009.

177. 宋霞．我国政府信息公开的价值取向研究 [D]. 武汉：华中师范大学，2008.

电子文献

178. 中信信息．S1 服务 [EB/OL]. [2013-04-26]. http：//www. cesgroup. com. cn/zx/platformData/infoplat/pub/zxxx _ 12/web/s1services. jsp.

179. 量子伟业．PDE 安全防扩散系统 [EB/OL]. [2013-04-26]. http：//www. pde. cn/inside _ article. php? ctid=15 & id=519.

180. 量子伟业．东方航空建设档案信息化新航道 [EB/OL]. [2013-04-26]. http：//www. pde. cn/inside _ article. php? ctid=19 & id=899.

181. 紫光慧图．解决方案 [EB/OL]. [2013-02-20]. http：//www. thams. com. cn/solutions _ gov. php.

182. 百度百科．制度 [EB/OL]. [2013-02-03]. http：//baike. baidu. com/view/78391. htm.

183. 烟草在线．皖南烟叶公司着力推行烟叶生产社会化服务体系 [EB/OL]. [2013-01-20]. http：//www. tobaccochina. com/news/China/agriculture/20093/200932583543 _ 351094. shtml.

184. 上海市家庭服务业行业协会 [EB/OL]. [2012-12-26]. http：//www. shjtfwxh. com/index. aspx.

185. 山东省家庭服务业行业协会 [EB/OL]. [2012-12-26]. http：//www. sdjx. net. cn/.

186. 中国家庭服务业协会 [EB/OL]. [2012-12-26]. http：//www. chsa. com. cn/Default. aspx.

187. 广东省现代信息服务行业协会 [EB/OL]. [2012-12-

25]. http://www.gdmisa.org.cn/article.asp? a_id=1.

188. 上海市信息协会 [EB/OL]. [2012-12-21]. http://www.sia.org.cn/.

189. 百度百科．可持续发展 [EB/OL]. [2012-12-20]. http://baike.baidu.com/view/18480.htm.

190. 上海市信息服务业行业协会 [EB/OL]. [2012-12-15]. http://www.sisa.net.cn/about.aspx? typeid=60&id=414.

191. 百度百科．中国档案学会 [EB/OL]. [2012-12-11]. http://baike.baidu.com/view/3330968.htm.

192. 紫光慧图．解决方案 [EB/OL]. [2012-11-21]. http://www.thams.com.cn/solutions_gov.php.

193. 百度百科．运营模式 [EB/OL]. [2012-11-21]. http://baike.baidu.com/view/1268127.htm.

194. 紫光档案 [EB/OL]. [2012-11-07]. http://www.tsams.com.cn/_d1479.htm.

195. 百度百科．价值取向 [EB/OL]. [2012-09-29]. http://baike.baidu.com/view/1151623.htm.

196. 紫光慧图．关于我们 [EB/OL]. [2012-10-22]. http://www.thams.com.cn/about.php.

197. 量子伟业．关于我们 [EB/OL]. [2012-10-22]. http://www.pde.cn/pde_article.php? ctid=28&id=417.

198. 信安达（中国）．关于我们 [EB/OL]. [2012-10-22]. http://www.grmchina.com/zh/about/.

199. 百度百科．技术 [EB/OL]. [2012-06-30]. http://baike.baidu.com/view/45517.htm.

200. 百度百科．信息技术 [EB/OL]. [2012-06-30]. ht-

tp：//baike. baidu. com/view/3226. htm.

201. 百度百科．培训 [EB/OL]． [2012 - 06 -30]. http：//baike. baidu. com/view/9787. htm.

202. 百度百科．市场需求 [EB/OL]． [2012 - 06 -14]. http：//baike. baidu. com/view/123758. htm.

203. 百度百科．行业协会 [EB/OL]． [2012 - 06 -14]. http：//baike. baidu. com/view/670853. htm＃sub670853.

204. 百度百科．制度 [EB/OL]． [2012 - 06 -03]. http：//baike. baidu. com/view/78391. htm.

205. 百度百科．人力资源管理 [EB/OL]． [2012 - 06 -03]. http：//baike. baidu. com/view/4692. htm.

206. MBA智库百科．背景调查 [EB/OL]． [2012 - 06 -03]. http：//wiki. mbalib. com/wiki/%E8%83%8C%E6%99%AF%E8%B0%83%E6%9F%A5.

207. Recall. 射频识别精度更高 [EB/OL]． http：//www. recall. com. cn/why-recall/radio-frequency-id，2012 - 06 - 02.

208. 百度百科．经营理念 [EB/OL]． [2012 - 05 -23]. http：//baike. baidu. com/view/1442412. htm.

209. 百度百科．法律行业 [EB/OL]． [2012 - 05 -23]. http：//baike. baidu. com/view/3252720. htm.

210. 百度百科．零售业 [EB/OL]． [2012 - 05 -23]. http：//baike. baidu. com/view/175601. htm.

211. 北京星瑞兰台档案技术服务有限公司 [EB/OL]． [2012 - 05 - 02]． http：//www. beijingxingrui. com/index. asp.

212. 深圳市世纪科怡科技发展有限公司 [EB/OL]． [2012 - 05 - 02]． http：//www. infosoft. com. cn/newpages/11gsjj. asp.

213. 深圳档案［EB/OL］.［2012－05－02］. http：//www.szdaj.gov.cn/content.aspx? cid=300aaa73-6ebd-4344-aa18-4937d7ec74d9.

214. 武汉市汉阳区机关档案管理中心模式在省内推广［EB/OL］.［2012－05－02］. http：//www.yaan.gov.cn/yadaj/showxx.aspx? id=1290.

215. Recall. 通过创新和经验节省时间和金钱，并提高效率［EB/OL］.［2012－04－11］. http：//www.recall.com.cn/why-recall/efficiency.

216. 百度百科．会计师事务所［EB/OL］.［2012－03－27］. http：//baike.baidu.com/view/134754.htm.

217. 百度百科．家政服务公司［EB/OL］.［2012－03－27］. http：//baike.baidu.com/view/3470922.htm.

二、外文文献

电子文献

218. Company-Ethics & Governance［EB/OL］.［2013－02－10］. http：//www.ironmountain.com/Company/Corporate-Responsibility/Ethics-and-Governance.aspx.

219. Jobs in Technology［EB/OL］.［2013－02－10］. http：//www.ironmountain.com/Company/Careers/Jobs-in-Technology.aspx.

220. Iron Mountain. About Us［EB/OL］.［2013－02－04］. http：//www.ironmountain.com/Company/About-Us/History.aspx.

221. Jobs in Technology［EB/OL］.［2013－02－03］. http：//www.ironmountain.com/Company/Careers/Jobs-in-Technology.aspx.

222. About Certification [EB/OL]. [2013-01-16]. http://www.icrm.org/about/.

223. Information Management Jobs at Iron Mountain [EB/OL]. [2013-01-16]. http://www.ironmountain.com/Company/Careers.aspx.

224. Iron Mountain Appoints William Meaney President and Chief Executive Officer [EB/OL]. [2013-01-16]. http://www.ironmountain.com/Company/Company-News/News-Categories/Press-Releases/2012/December/3.aspx.

225. Solutions-Architecture Information Management [EB/OL]. [2012-11-21]. http://www.grmims.com/solutions/architecture-construction-engineering/overview.

226. Law [EB/OL]. [2012-11-07]. http://www.recall.com/search-results.aspx? q=law.

227. Member-Map [EB/OL]. [2012-10-22]. http://www.prismintl.org/news/2011/03/member-map-0.

228. About Us [EB/OL]. [2012-10-22]. http://www.ironmountain.com/company/about-us.html.

229. About Us [EB/OL]. [2012-10-22]. http://www.recall.com/about-us/corporate-information.

230. About Us [EB/OL]. [2012-10-22]. http://www.grmims.com/about-us.

231. GRM China [EB/OL]. [2012-06-30]. http://www.grmchina.com/zh/records_centers/media_vaults.php.

232. Iron Mountain. Records Storage [EB/OL]. [2012-04-11]. http://www.ironmountain.com/Services/Records-Manage-

ment -And-Storage/Records-Storage. aspx.

期刊论文

233. Churchill，Chris. Outsourcing Document Management [J]. Infonomics，2010，11（S4）：13－16.

234. Rosén，Frederik. Off the Record：Outsourcing Security and State Building to Private Firms and the Question of Record Keeping，Archives，and Collective Memory [J]. Archival Science，2008（11）：13－15.

235. Juliano，Elizabeth B. Consider Outsourcing Your Medical Records Management，but Ask These Questions First [J]. Managed Care Outlook，2007（3）：7－9.

236. Decman，Mitja，Long Term Digital Archiving-Outsourcing or Doing It [J]. 7th European Conference on E-Government，Proceedings，2007：101－109.

237. Horton，Sarah. Social Capital，Government Policy and Public Value：Implications for Archive Service Delivery [J]. Aslib Proceedings：New Information Perspectives ，2006，58（6）：502－512.

238. Daddieco，R J. Retrieving Knowledge in E-Government：The Prospects of Ontology for Regulatory Domain Record Keeping Systems [J]. Knowledge Management in Electronic Government，Proceedings，2004：95－105.

239. Ball D，Earl C. Outsourcing and Externalization：Current Practice in UK Libraries，Museums and Archives [J]. Journal of Librarianship and Information Science，2002（12）：197－206.

240. Anonymous. From the Editor：Setting the Standard for

RIM [J]. Information Management Journal，2001，30 (S3)：25 - 26.

241. Faber，Michael J. The Evolving Commercial Records Center Industry [J]. Information Management Journal，2001，35 (3)：4 -9.

242. Dykeman，John. It's Time for Another Look at Commercial Records Centers [J]. Managing Office Technology，1997，10 (S4)：20 - 25.

243. Faber，Michael J. Selecting an Offsite Commercial Records Center [J]. Records Management Quarterly，1997，31 (1)：28 - 32.

244. Barrese，Edward F. The Resolution Trust Corporation at Sunset：Transferring a Records Management Function [J]. ARMA Records Management Quarterly，1996，30 (S4)：26 - 30.

245. Hempstead. The Commercial Records Center [J]. Information and Records Management，1978 (11)：7 - 9.

246. Evans，Donald F. Costs &Questions about Commercial Records Centers [J]. Information and Records Management，1977 (12)：22 - 24.

247. Hempstead. Using Underground Vaults &Commercial Records Centers [J]. Information and Records Management，1974 (4)：13 - 14.

图书在版编目（CIP）数据

档案社会化服务研究/黄霄羽著．—北京：中国人民大学出版社，2016.2
（当代档案学理论丛书）
ISBN 978-7-300-22444-2

Ⅰ．①档… Ⅱ．①黄… Ⅲ．①档案工作—研究 Ⅳ．①G27

中国版本图书馆 CIP 数据核字（2016）第 021595 号

当代档案学理论丛书
档案社会化服务研究
黄霄羽 著
Dang'an Shehuihua Fuwu Yanjiu

出版发行	中国人民大学出版社		
社　　址	北京中关村大街 31 号	**邮政编码**	100080
电　　话	010－62511242（总编室）		010－62511770（质管部）
	010－82501766（邮购部）		010－62514148（门市部）
	010－62515195（发行公司）		010－62515275（盗版举报）
网　　址	http://www.crup.com.cn		
经　　销	新华书店		
印　　刷	唐山玺诚印务有限公司		
开　　本	890 mm×1240 mm　1/32	**版　　次**	2016 年 6 月第 1 版
印　　张	13 插页 2	**印　　次**	2024 年 7 月第 2 次印刷
字　　数	272 000	**定　　价**	78.00 元
